新HSK词汇精讲精练

五级

刘 云 主编

图书在版编目（CIP）数据

新HSK词汇精讲精练（五级）/刘云主编.—北京：北京大学出版社，2014.4
（北大版新HSK应试辅导丛书）
ISBN 978-7-301-21926-3

Ⅰ.①新… Ⅱ.①刘… Ⅲ.①汉语—词汇—对外汉语教学—水平考试—自学参考资料—Ⅳ.①H195.4

中国版本图书馆CIP数据核字（2013）第005536号

书　　　名：	新HSK词汇精讲精练（五级）
著作责任者：	刘　云　主编
责 任 编 辑：	唐娟华
标 准 书 号：	ISBN 978-7-301-21926-3/H·3230
出 版 发 行：	北京大学出版社
地　　　址：	北京市海淀区成府路205号　100871
网　　　址：	http://www.pup.cn　新浪官方微博：@北京大学出版社
电　　　话：	邮购部 010-62752015　发行部 010-62750672　编辑部 010-62753374　出版部 010-62754962
电 子 邮 箱：	zpup@pup.cn
印 刷 者：	北京虎彩文化传播有限公司
经 销 者：	新华书店
	787毫米×1092毫米　16开本　24印张　500千字
	2014年4月第1版　2025年1月第5次印刷
定　　　价：	69.00元（含MP3盘1张）

未经许可，不得以任何方式复制或抄袭本书之部分或全部内容。
版权所有，侵权必究
举报电话：010-62752024　电子信箱：fd@pup.cn

Contents

目录

Unit 01（哎 ~ 包含） 1

Unit 02（包括 ~ 背景） 5

Unit 03（被子 ~ 标志） 9

Unit 04（表达 ~ 不得了） 13

Unit 05（不耐烦 ~ 惭愧） 17

Unit 06（操场 ~ 朝） 21

Unit 07（潮湿 ~ 成立） 25

Unit 08（成人 ~ 翅膀） 29

Unit 09（冲 ~ 初级） 33

Unit 10（除非 ~ 刺激） 37

Unit 11（匆忙 ~ 打交道） 41

Unit 12（打喷嚏 ~ 单位） 45

Unit 13（单元 ~ 等待） 49

Unit 14（等于 ~ 顶） 53

Unit 15（动画片 ~ 兑换） 57

Unit 16（吨～发票）..61

Unit 17（发言～仿佛）...65

Unit 18（非～讽刺）..69

Unit 19（否定～干脆）...73

Unit 20（干燥～个人）...77

Unit 21（个性～功能）...81

Unit 22（恭喜～拐弯儿）..85

Unit 23（怪不得～归纳）..89

Unit 24（规矩～海关）...93

Unit 25（海鲜～恨）..97

Unit 26（猴子～化学）...101

Unit 27（话题～活跃）...105

Unit 28（火柴～记录）...109

Unit 29（记忆～价值）...113

Unit 30（驾驶～健身）...117

Unit 31（键盘～结实）...121

Unit 32（接触～尽快）...125

Unit 33（尽力～桔子）...129

Unit 34（巨大～开幕式）..133

Unit 35（开水～空闲）...137

Unit 36（控制～老板）...141

Unit 37（老婆～立刻）...145

Unit 38（利润～铃）..149

Contents

Unit 39（零件~逻辑） ... 153

Unit 40（落后~秘密） ... 157

Unit 41（秘书~命令） ... 161

Unit 42（命运~脑袋） ... 165

Unit 43（内部~女士） ... 169

Unit 44（欧洲~疲劳） ... 173

Unit 45（匹~凭） ... 177

Unit 46（迫切~欠） ... 181

Unit 47（枪~青少年） ... 185

Unit 48（轻视~全面） ... 189

Unit 49（劝~人事） ... 193

Unit 50（人物~嗓子） ... 197

Unit 51（色彩~上当） ... 201

Unit 52（蛇~生动） ... 205

Unit 53（生长~时髦） ... 209

Unit 54（时期~事物） ... 213

Unit 55（事先~输入） ... 217

Unit 56（蔬菜~私人） ... 221

Unit 57（思考~太极拳） ... 225

Unit 58（太太~提纲） ... 229

Unit 59（提问~偷） ... 233

Unit 60（投入~歪） ... 237

Unit 61（外公~围绕） ... 241

Unit 62（唯一～文明） ... 245

Unit 63（文学～物质） ... 249

Unit 64（雾～县） ... 253

Unit 65（现代～项目） ... 257

Unit 66（象棋～心理） ... 261

Unit 67（心脏～性质） ... 265

Unit 68（兄弟～押金） ... 269

Unit 69（牙齿～一辈子） ... 273

Unit 70（一旦～意外） ... 277

Unit 71（意义～拥抱） ... 281

Unit 72（拥挤～语气） ... 285

Unit 73（玉米～灾害） ... 289

Unit 74（再三～战争） ... 293

Unit 75（长辈～振动） ... 297

Unit 76（争论～执照） ... 301

Unit 77（直～中旬） ... 305

Unit 78（种类～主张） ... 309

Unit 79（煮～追） ... 313

Unit 80（追求～字母） ... 317

Unit 81（字幕～作文） ... 321

Keys & Listening Script 答案及听力文本 ... 327

Unit 01

哎	暗
唉	熬夜
爱护	把握
爱惜	摆
爱心	办理
安慰	傍晚
安装	包裹
岸	包含

1 哎 āi 叹 (interj.) why, hey, ouch, look out

例句：哎，你再早来一会儿就好了。
　　　哎，今天晚上你不要再睡那么晚了！

2 唉 āi 叹 (interj.) (a response to a call, an order, etc.)

例句：唉，又输了。
　　　唉，真没意思！

3 爱护 àihù 动 (v.) cherish, take good care of

搭配：爱护动物，爱护儿童，爱护公共设施
例句：这些是学校的公共设施，每个人都要爱护。
　　　我们要爱护花草树木，不要随意践踏。

4 爱惜 àixī 动 (v.) cherish, treasure

搭配：爱惜粮食，爱惜生命
例句：他十分爱惜这个手机，因为买这个手机花了他两个月的工资。
　　　这个玩具是她爸爸送给她的生日礼物，她非常爱惜。

5 爱心 àixīn 名 (n.) a loving heart, affection, compassion, love, sympathy

搭配：有爱心，奉献爱心
例句：她是个很有爱心的女孩儿。
　　　谁愿意为这个可怜的小孩儿献出一点儿爱心？

6 安慰 ānwèi 动/形 (v./adj.) comfort, console, express sympathy to sb.; comfortable

搭配：安慰她，心理安慰，精神安慰，寻求安慰，得到安慰；安慰的话
例句：她哭了，不知道发生了什么事，咱们去安慰安慰她吧。
　　　有男朋友陪着她，她感到很安慰。

7 安装 ānzhuāng 动 (v.) install, fix, set up

搭配：安装空调，安装电话，安装先进的设备，安装电脑软件
例句：你好，我昨天在你们那儿买的空调，你们什么时候派工人过来安装？
　　　你可以帮我安装一个杀毒软件吗？

8 岸 àn 名 (n.) bank, shore, coast

搭配：河岸，两岸，岸边，岸上，南岸
例句：岸上种着一排树。
　　　你看，岸边站着的那个人是不是你妈妈？

Unit

9 暗 àn (形) (adj.) dark, dim

搭配：黑暗，灯光很暗

例句：房间里太暗了，他什么也看不清。
灯光这么暗，你最好别看书了！

10 熬夜 áo yè (动) (v.) stay up late, stay up all night

搭配：熬夜加班，天天熬夜

例句：你要爱惜身体，别再熬夜了。
明天考试，今晚我要熬一会儿夜复习复习。

11 把握 bǎwò (动/名) (v./n.) grasp, hold, seize; assurance, certainty

搭配：把握机会；有把握

例句：这么好的机会你应该把握住，否则以后后悔就晚了。
这次汉语水平考试你有没有把握通过？

12 摆 bǎi (动) (v.) put, arrange, set in order

搭配：摆书，摆花儿，摆在哪儿，摆好

例句：这盆花儿摆在哪儿比较好呢？
书架上的书太乱了，你应该把它们摆好。

13 办理 bànlǐ (动) (v.) deal with, attend to, conduct, handle, apply for

搭配：办理护照，办理身份证，办理结婚证，办理存款业务

例句：他们虽然已经举行了婚礼，但是还没有办理结婚证。
我的身份证丢了，我要去重新办理一下。

14 傍晚 bàngwǎn (名) (n.) nightfall, dusk, evening

搭配：昨天傍晚，傍晚的时候

例句：你傍晚的时候能回来吗？
现在已经是傍晚了，我要回去吃饭了。

15 包裹 bāoguǒ (动/名) (v./n.) bundle, package, parcel

搭配：包裹得很严实；一个包裹，寄包裹，打开包裹

例句：她怕冷，总是用衣服把自己包裹得严严实实的。
我刚刚收到了妈妈寄来的包裹。

16 包含 bāohán (动) (v.) contain, embody, include

搭配：包含了，包含在……里面，包含着

例句：其实，很多营养成分都包含在果皮里。
这本书包含了大量历史、地理、文化、政治等领域的内容。

实战练习（一）

一、听对话，选择正确答案

1. A. 9:00　　　　B. 14:00　　　　C. 17:30　　　　D. 20:00
2. A. 妈妈送了一本书　　　　　　B. 男的是女的老师
   C. 女的收到了一个包裹　　　　D. 女的不知道妈妈会送礼物给她

二、选词填空

A 安慰　B 岸　C 把握　D 爱护　E 唉　F 爱心　G 熬夜　H 包含　I 摆

1. 作为一个有经验的教练，一定要学会怎样（　　）队员的心理变化。
2. （　　），今天又得加班了！
3. 他把那个落水的儿童救上了（　　）。
4. 你要像（　　）自己的眼睛一样来对待它。
5. 她还是那么伤心，刚才我说的话一点儿（　　）作用都没起到。
6. 这个方案之所以能获得成功，是因为它（　　）了集体的智慧。
7. 经常（　　）对身体不好。
8. 你把那盆花儿（　　）在那儿吧。
9. 李红很有（　　），经常帮助有困难的人。
10. 我觉得一个连小动物都不喜欢的人不会对别人有太多（　　）。

三、完成句子

1. 重新　我　身份证　要去　办理　一张
2. 杀毒软件　一个　赶紧　吧　安装　你
3. 粮食　妈妈　我们　教育　爱惜　要
4. 的　时候　儿子　又　开始　傍晚　发烧　了
5. 朋友　给我　这个　是　从外地　寄过来　包裹　的

四、选词填空

　　这个　1　太难得了，不抓住真是太　2　了，我一定要好好儿　3　。如果能在这次比赛中拿奖的话，对我的家人也是一种　4　。

1. A. 机会　　　B. 运气
2. A. 可惜　　　B. 爱惜
3. A. 掌握　　　B. 把握
4. A. 安慰　　　B. 安抚

Unit 02

包括　　　报到
薄　　　　报道
宝贝　　　报告
宝贵　　　报社
保持　　　抱怨
保存　　　背
保留　　　悲观
保险　　　背景

17 包括 bāokuò 动 (v.) include

搭配：包括你，包括我，包括大家

例句：所有人，包括老师在内，都希望他参加这次比赛。
　　　我知道他说的这些人中并不包括小王。

18 薄 báo 形 (adj.) thin, flimsy, light, slight

搭配：书很薄，词典很薄，衣服很薄

例句：这么冷的天，他居然穿这么薄的衣服。
　　　这么薄薄的一本书，我两天就看完了。

19 宝贝 bǎobèi 名 (n.) darling, baby

搭配：我的宝贝，亲爱的宝贝

例句：宝贝，不要跑，等等爸爸。
　　　这是你家的宝贝吗？真是太可爱了！

20 宝贵 bǎoguì 形 (adj.) valuable, precious

搭配：宝贵的时间，宝贵的意见，宝贵的经验，宝贵的资源，宝贵的财富，非常宝贵

例句：人生最宝贵的是什么？生命？爱情？还是自由？
　　　时间太宝贵了，我们一定要珍惜。

21 保持 bǎochí 动 (v.) keep, hold, retain, maintain

搭配：保持沉默，保持安静，保持冷静，保持联系

例句：电影就要开始了，请大家保持安静。
　　　虽然已经毕业好几年了，但是我们还一直保持着联系。

22 保存 bǎocún 动 (v.) preserve, keep, reserve, hold, maintain

搭配：保存下来，保存完好

例句：刚才电脑上的文件你保存了吗？
　　　这本古书已经有500年的历史了，但是保存得非常完好。

23 保留 bǎoliú 动 (v.) retain, keep

搭配：保留意见，保留一部分，保留下来

例句：经过努力，这些古代的建筑终于保留了下来。
　　　许多少数民族地区还保留着传统的风俗习惯。

24 保险 bǎoxiǎn 名 (n.) insurance

搭配：买保险，人身保险，医疗保险，保险公司

例句：我给自己买了一份人身保险。
　　　我姐姐在一家保险公司工作。

Unit

㉕ **报到** bào dào (v.) report for duty, check in, register, report one's arrival
搭配：开学报到，报到时间，报到地点
例句：新生九月六号开始报到。
　　　本次会议的报到地点在北京饭店。

㉖ **报道** bàodào (n./v.) news; report
搭配：新闻报道，重要报道；报道消息
例句：我在好多报纸上都看到过关于他的报道。
　　　这个新闻及时报道了目前投资行业的最新信息。

㉗ **报告** bàogào (n./v.) report; report
搭配：工作报告，检查报告；向……报告
例句：经理，这是这个月的工作报告。
　　　下午我去医院拿体检报告。
　　　如果发现什么不对的地方，你应该及时向班主任报告。

㉘ **报社** bàoshè (n.) newspaper office, general office of a newspaper
搭配：一家报社，著名报社，在报社工作
例句：他是上个月来报社实习的。
　　　这位是报社记者，他想采访一下李先生。

㉙ **抱怨** bàoyuàn (v.) complain, grumble, murmur at
搭配：抱怨别人，停止抱怨
例句：学生们都在抱怨食堂的饭不好吃。
　　　你不要再抱怨了，想想接下来该怎么办吧！

㉚ **背** bēi (v.) bear, shoulder, carry on the back
搭配：背她，背包
例句：她突然肚子疼，我赶紧背她去医院。
　　　我最喜欢一个人背着包去旅行。

㉛ **悲观** bēiguān (adj.) pessimistic
搭配：悲观的态度，对……感到悲观，对……表示悲观
例句：她是个很悲观的人，做什么事都觉得成功的希望不大。
　　　我对我的未来前途感到非常悲观。

㉜ **背景** bèijǐng (n.) background, setting
搭配：照相的背景，有背景，背景很深
例句：这张照片人照得不错，可是背景太乱了。
　　　这家公司虽然刚刚成立，但是有很深的背景。

7

实战练习（二）

一、听对话，选择正确答案

1. A. 想看天气预报　　　　　　B. 自己觉得不舒服
   C. 现在感觉非常冷　　　　　D. 提醒男的穿的衣服太少
2. A. 女儿　　　B. 同事　　　C. 领导　　　D. 女朋友

二、选词填空

A 薄　B 报社　C 宝贵　D 宝贝　E 报到　F 背　G 保存　H 悲观　I 包括　J 保留

1. 小王在一家（　　）上班。
2. （　　），你真棒，又拿了个第一，不过不能骄傲哦。
3. 九月是大学新生（　　）的日子。
4. 你把这个牛肉切（　　）一点儿。
5. 不好意思，占用您的（　　）时间了，对不起。
6. 你不要太（　　），情况会好起来的。
7. 这个包太重了，我（　　）不动。
8. 先生，抱歉，我们这儿预订的房间只（　　）到中午12点。
9. 这份材料很重要，你可要（　　）好。
10. 很多人不想办理这个业务，（　　）我在内。

三、完成句子

1. 自己的车　买　一份　她　保险　打算　给　_____
2. 大海　我　背景　是　照片　最喜欢　这张　的　_____
3. 工作　上去　明天　这份　就要　交　报告　_____
4. 向我　熬夜加班的　王东　抱怨　次数　太多　_____
5. 把　这次的　他　下来　会议　保留了　纪录　_____

四、选词填空

你不要这么__1__，也不能一直把这次失败__2__在身上，失败也是一种____3____的经验。相信我，只要__4__你原来的那种状态，下次一定会成功的。

1. A. 悲观　　　B. 平静　　　　　2. A. 背　　　B. 抱
3. A. 宝贝　　　B. 宝贵　　　　　4. A. 保持　　B. 保存

Unit 03

被子	毕竟
本科	避免
本领	编辑
本质	鞭炮
比例	便
彼此	辩论
必然	标点
必要	标志

33 被子 bèizi (n.) quilt

搭配：一床被子，盖被子，晒被子

例句：今天天气很好，把被子拿出来晒晒，晚上睡觉时就可以闻到阳光的味道。
今天晚上冷，你最好多盖一点儿被子。

34 本科 běnkē (n.) undergraduate

搭配：本科生，读本科

例句：我是 2000 年本科毕业于北京大学的。
本科读完，我还要继续读硕士。

35 本领 běnlǐng (n.) skill, talent, ability

搭配：学习本领，掌握本领，有本领

例句：每个人都应该学会一些自救的本领。
这种鸟，别看它小，但是它有特殊的飞行本领。

36 本质 běnzhì (n.) nature, innate character, essence

搭配：……的本质，本质上

例句：他这个人虽然常常做错事，但本质上还是好的。
很多人在买画儿时只考虑以后它能否升值，很少真正欣赏其内在的本质。

37 比例 bǐlì (n.) proportion, ratio

搭配：1:10 的比例，符合比例

例句：这张地图是 1:500 的比例。
这个设计图是按 1:10 的比例制作的。

38 彼此 bǐcǐ (pron.) each other, both parties, one another

搭配：不分彼此，彼此信任

例句：我和他是不分彼此的好朋友。
他们在一起玩儿了一下午，但是居然彼此不知道对方的名字。

39 必然 bìrán (adj.) inevitable, certain, necessary

搭配：……是必然的，必然趋势，必然结果，必然选择

例句：经济的发展必然会带来文化的繁荣。
刚来中国时总会遇到一些麻烦，这是必然的。

40 必要 bìyào (adj.) necessary, certainly need, essential

搭配：有必要，没有必要，必要的时候

例句：你说有没有必要给 10 岁的孩子买一台电脑？
了解一些常见病的知识，是很有必要的。
你真没必要为了一块钱和他吵架。

Unit

41 毕竟 bìjìng 副 (adv.) after all, all in all
例句：你不能太随便，毕竟这里不是你自己的家。
他的汉语说得已经很不错了，毕竟只学了一个月。

42 避免 bìmiǎn 动 (v.) avoid, refrain from, avert
搭配：避免受伤，避免误会，避免尴尬，不可避免，难以避免
例句：你还是早点儿告诉她吧，避免产生误会。
失败是人生不可避免的一部分。

43 编辑 biānjí 名/动 (n./v.) editor; edit, compile
搭配：做编辑，当编辑，编辑部；编辑出版，编辑成书
例句：我有个朋友在报社当编辑。
她把她在非洲拍的照片和一些文章编辑成了一本书。

44 鞭炮 biānpào 名 (n.) firecrackers
搭配：一挂鞭炮，放鞭炮，鞭炮声
例句：过年或者结婚的时候，中国人常常放鞭炮庆祝。
我被窗外的鞭炮声吵醒了。

45 便 biàn 副 (adv.) just, then, in that case
搭配：……便走了，……便不见了
例句：说完她便走了。
吃过饭我便回来了。

46 辩论 biànlùn 动 (v.) argue, debate
搭配：辩论赛，进行辩论，激烈地辩论
例句：下个星期我要参加中文辩论赛。
她这个人特别认真，一点儿事都要和别人辩论清楚。

47 标点 biāodiǎn 名 (n.) punctuation
搭配：标点符号，加标点
例句：中文和英文的标点符号并不完全一样。
你的文章里很多标点符号都用得不对。

48 标志 biāozhì 动/名 (v./n.) mark, symbolize, indicate; symbol, sign
搭配：标志着……；停车标志
例句：交通信号灯以红色标志禁止通行，以绿色标志允许通行。
现在很多地方都有"禁止吸烟"的标志。

实战练习（三）

一、听对话，选择正确答案

1. A. 想去旅游　　　　　　B. 可能不高兴
   C. 马上要出门　　　　　D. 工作非常累
2. A. 女的把碗打烂了　　　B. 经理批评了男的
   C. 男的对经理没礼貌　　D. 小王和顾客发生矛盾

二、选词填空

A 彼此　B 避免　C 本质　D 必要　E 毕竟　F 标点　G 必然　H 本科　I 本领　J 被子

1. 其实这个人的（　　）并不坏，只是不太会说话。
2. 你们既然（　　）相爱，那还有什么好犹豫的呢？
3. 你的事情那么多，有（　　）在这儿浪费时间和他吵架吗？
4. 她现在能把车开成这样已经很不错了，（　　）才刚学两天。
5. 为了（　　）发生不愉快的事情，他们先离开了。
6. 这篇作文写得不错，只是好多地方用错了（　　）。
7. 他昨天晚上睡觉没盖（　　），结果生病了。
8. 他的脾气那么坏，如果知道了这件事，（　　）会来大吵大闹的。
9. 王东最大的（　　）就是能够及时把握机会。
10. 小李去年七月份（　　）毕业就到公司来上班了。

三、完成句子

1. 这场　我们班　赢得了　最终　辩论赛 ＿＿＿＿＿＿＿＿
2. 男女　这一组的　是　二比一　比例 ＿＿＿＿＿＿＿＿
3. 已经　李红　工作　在　快十年了　编辑部 ＿＿＿＿＿＿＿＿
4. 过年　的　许多　不准　时候　放鞭炮　城市 ＿＿＿＿＿＿＿＿
5. 便把　挂掉了　说完　她　电话　这句话 ＿＿＿＿＿＿＿＿

四、请结合下列词语，写一篇80字左右的短文

避免　吵架　便　毕竟　彼此

Unit 04

表达	播放
表面	脖子
表明	博物馆
表情	补充
表现	不断
冰激凌	不见得
病毒	不安
玻璃	不得了

(49) **表达** biǎodá / 动 (v.) / show, express

搭配：表达能力，表达水平，表达心情，表达意见

例句：我看不出他想要表达什么意思。

这样练习可以快速提高你的汉语表达水平。

(50) **表面** biǎomiàn / 名 (n.)surface, skin

搭配：光滑的表面，表面上

例句：这种金属制品的表面非常光滑。

有的人表面上看起来很爱你，其实他一点儿都不在乎你。

(51) **表明** biǎomíng / 动 (v.) / indicate, demonstrate, manifest, state

搭配：这表明……，研究表明……

例句：这表明你们心里还是想着彼此的。

研究表明，母亲对孩子的影响比父亲大。

(52) **表情** biǎoqíng / 名 (n.) / expression, countenance, look

搭配：脸部表情，表情丰富，表情自然

例句：他总是一副面无表情的样子。

一般说谎的时候，脸上的表情会不自然。

(53) **表现** biǎoxiàn / 动 (v.) / show, express, display, manifest

搭配：表现很好，表现得很积极，表现出……

例句：她是个好学生，在学校里的表现很不错。

领导来了，他就表现出一副认真工作的样子。

(54) **冰激凌** bīngjīlíng / 名 (n.) / ice cream

搭配：吃冰激凌，冰激凌蛋糕

搭配：他吃了太多冰激凌，所以肚子才会不舒服。

这个冰激凌蛋糕是我前天在网上订购的。

(55) **病毒** bìngdú / 名 (n.) / virus

搭配：感染病毒，消除病毒

例句：在医院工作一定要小心，千万别感染了什么病毒。

我的电脑里有病毒了，你快帮我装个杀毒软件吧。

(56) **玻璃** bōli / 名 (n.) / glass

搭配：一块玻璃，玻璃窗，玻璃杯

例句：弟弟踢球时把窗户上的玻璃打碎了。

我这个杯子是玻璃的，你小心点儿。

Unit

57 播放 bōfàng (动) (v.) pay, playback, broadcast
搭配：播放音乐，播放电影
例句：这部电影在电影院只播放了三天。
　　　广播里在反复地播放着寻人启事。

58 脖子 bózi (名) (n.) neck
搭配：脖子上，脖子疼，伸长脖子，脖子很长
例句：她觉得脖子上凉凉的，才发现自己没戴围巾。
　　　李红伸长脖子向外看了半天，也没有人经过。

59 博物馆 bówùguǎn (名) (n.) museum
搭配：参观博物馆，历史博物馆
例句：这里刚刚建立了一个历史博物馆。
　　　我特别想去北京故宫博物馆参观，那里有很多漂亮的艺术品。

60 补充 bǔchōng (动) (v.) complement, add, supply, replenish
搭配：补充材料，补充内容，补充水分，补充营养
例句：课文后面还有一些补充生词，请大家回去预习一下。
　　　孕妇要特别注意补充营养。

61 不断 búduàn (副) (adv.) continuously, ceaselessly, incessantly, uninterruptedly
搭配：不断发生，不断提高
例句：今年物价还在不断上涨。
　　　自从我登了一个征婚广告后，不断有人给我打电话。

62 不见得 bújiàndé (副) (adv.) not likely, not necessarily, unlikely
搭配：不见得是好事，不见得就会输
例句：看样子，他不见得能来。
　　　女孩子留长发不见得会显得年轻。

63 不安 bù'ān (形) (adj.) uneasy, uncomfortable, worried
搭配：觉得不安，很不安
例句：一想到下周的考试，她就觉得不安。
　　　没见到儿子，他心里总是很不安。

64 不得了 bùdéliǎo (形) (adj.) very, extremely, exceedingly, terrible
搭配：好得不得了，贵得不得了，不得了了
例句：你去过那个商场吗？那里的东西贵得不得了。
　　　不得了了，麦克被车撞了。

实战练习（四）

一、听对话，选择正确答案

1. A. 他今天不舒服　　　　　B. 脖子今天受伤了
   C. 他平时表现不好　　　　D. 他今天表现很好
2. A. 今天有可能加班　　　　B. 马上准备下班了
   C. 自己要去拿材料　　　　D. 王东在经理室里

二、选词填空

A 播放　B 病毒　C 表达　D 玻璃　E 表面　F 表明　G 表现　H 冰激凌　I 补充　J 脖子

1. 人们通过放鞭炮来（　　）自己激动的心情。
2. 电视上正在（　　）辩论赛的决赛。
3. 王东（　　）很支持，实际上一直都在抱怨这个计划。
4. 这种（　　）很难杀，我看你还是重新给电脑装系统吧。
5. 这种（　　）不透明，从车外是看不到车里面的。
6. 在这里要（　　）说明一下，这次检查非常重要，希望大家认真对待。
7. 最新研究（　　），熬夜对健康极其不利。
8. 父母们要避免给孩子吃太多（　　）。
9. 医生，我这几天总感觉（　　）疼，您帮我看看是怎么回事。
10. 作为一名编辑，王东在报社里的（　　）好得不得了。

三、完成句子

1. 价格　最近　不断　汽油　的　上涨　几年 _____
2. 气得　这件事　爸爸　之后　知道　不得了 _____
3. 组织　历史　参观　我们　学校　明天去　博物馆 _____
4. 她　一直　做了　后　不安　心里　那件事　都很 _____
5. 儿子　打算　李红　在学校的　了解一下　表现　找老师 _____

四、请结合下列词语，写一篇80字左右的短文

当然　紧张　不安　表现　补充

Unit 05

不耐烦　　财产
不然　　　采访
不如　　　采取
不要紧　　彩虹
不足　　　踩
布　　　　参考
步骤　　　参与
部门　　　惭愧

65 不耐烦 búnàifán be impatient

搭配：很不耐烦，不耐烦地说

例句：她没有耐心，稍微多等一会儿她就不耐烦了。
　　　妈妈不耐烦地说："你还是回房间做作业吧！"

66 不然 bùrán 连 (conj.) if not so, otherwise, or else

搭配：幸亏……，不然……；好在……，不然

例句：快点儿走吧，不然我们就要迟到了。
　　　幸亏你提醒了我，不然我都忘了今晚的聚会。
　　　好在我们做好了应急方案，不然这个项目就完成不了了。

67 不如 bùrú 连 (conj.) not equal to, not as good as, had better, would rather

搭配：A 不如 B，与其……不如……

例句：做老师挣的钱还不如卖鸡蛋的挣的钱多。
　　　与其去上什么培训班，不如出去打打工，这样既可以赚钱还可以增加社会经验。

68 不要紧 búyàojǐn 形 (adj.) it doesn't matter, never mind

例句：下雨也不要紧，我带着伞呢。
　　　晚一点儿到也不要紧，路上一定要注意安全。

69 不足 bùzú 形/名 (adj./n.) not enough, insufficient, inadequate

搭配：光线不足，睡眠不足；存在不足

例句：这两天我睡眠严重不足，你看我这黑眼圈。
　　　这次比赛我们虽然赢了，但是也有很多不足的地方。

70 布 bù 名 (n.) cloth, textile

搭配：一块布，棉布

例句：我想去买一些漂亮的布做窗帘。
　　　你拿一块布，把这些东西都包起来。

71 步骤 bùzhòu 名 (n.) step, procedure

搭配：两个步骤，按照步骤

例句：安装这个软件，一共需要十个步骤。
　　　你会化妆吗？我只用四个步骤就可以让你眼睛变大。

72 部门 bùmén 名 (n.) department, branch

搭配：这个部门，各个部门

例句：一个学校有多少部门？你们知道吗？
　　　解决这个难题，需要各个部门的相互配合。

Unit

73 财产 cáichǎn (名) (n.) property, assets, estate
搭配：公共财产，私人财产
例句：这位老人去世了，他留下了很多财产给他的子女。
　　　私人财产应该受到法律的保护。

74 采访 cǎifǎng (动) (v.) interview
搭配：采访她，采访录音
例句：我是一名记者，每天都要出去采访。
　　　这是采访录音，你听一听吧。

75 采取 cǎiqǔ (动) (v.) adopt, take
搭配：采取措施，采取办法
例句：我们会采取一些措施鼓励大家多消费。
　　　无论采取什么办法，你都要把这个人找出来。

76 彩虹 cǎihóng (名) (n.) rainbow
搭配：一条彩虹，雨后的彩虹
例句：你看，那条彩虹真美！
　　　我喜欢夏天，因为我喜欢雨后的彩虹。

77 踩 cǎi (动) (v.) step on, stamp, trample, tread
搭配：踩了一下，踩了我的脚
例句：她生气地把手机扔在地上，又使劲踩了两下。
　　　公共汽车上人很多，我的脚被人踩了好几下。

78 参考 cānkǎo (动) (v.) consult, refer to
搭配：提意见供你参考，参考书，参考资料，参考参考
例句：我想写一篇关于中国历史方面的文章，有哪些书可以参考啊？
　　　这些参考资料非常有参考价值。

79 参与 cānyù (动) (v.) take part in, participate in
搭配：参与此事，参与活动
例句：他曾参与这个法案的制定工作。
　　　作为经理，你应该多参与一些管理工作。

80 惭愧 cánkuì (形) (adj.) ashamed
搭配：觉得很惭愧，心里非常惭愧
例句：欺骗了我最好的朋友，我觉得很惭愧。
　　　听了李冬的话，我心里非常惭愧，原来是我误会了他。

实战练习（五）

一、听对话，选择正确答案

1. A. 羡慕　　　　　　　　B. 难过
   C. 感激　　　　　　　　D. 委屈
2. A. 在银行汇款　　　　　B. 在车站等车
   C. 在医院看病　　　　　D. 给家人打电话

二、选词填空

A 步骤　B 不如　C 不然　D 彩虹　E 不要紧　F 不耐烦　G 惭愧　H 踩　I 采取　J 采访

1. 你还是先走吧，（　　）一会儿下雨了就更不好走了。
2. 我看（　　）让王东开车送你去，这样还能快一点儿。
3. 雨后，天边出现了一条美丽的（　　）。
4. 医生，我妈的病（　　）吧？
5. 我是按照说明书上的（　　）做的，怎么还不行呢？
6. 你准备（　　）什么样的行动？可以先和我说说吗？
7. 你来得太晚，李红等得（　　），她先走了。
8. 王总，外面有一位电视台的记者，说想（　　）您。
9. 听了老师的话，他（　　）地低下了头。
10. 真是不好意思，我不是故意（　　）你的脚的。

三、完成句子

1. 他们的　这个　我　参与　不想　计划　_____
2. 给妈妈　裤子　她　那块布　想用　做　一条　_____
3. 被　王东　部门　经理　有可能　升为　_____
4. 资料　有帮助　吗　这些　对　你的　参考　考试　_____
5. 应该　你　好好儿　不足之处　自己的　找一找　_____

四、请结合下列词语，写一篇80字左右的短文

餐厅　参与　部门　惭愧　财产

Unit 06

操场	拆
操心	产品
册	产生
测验	长途
曾经	常识
叉子	抄
差距	超级
插	朝

81 操场 cāochǎng 名 (n.) playground

搭配：去操场，在操场，操场上

例句：王雨每天下午都去操场锻炼身体。

同学们都在操场看足球比赛呢。

82 操心 cāo xīn 动 (v.) worry about, trouble about

搭配：为……操心，不必操心，不用操心

例句：这个孩子学习不好，整天在外面打架，父母很为他操心。

婚姻是我自己的事，就不用你来操心了。

83 册 cè 量 (classifier) copy, volume

搭配：一册书，上册，第一册

例句：这套书分上、下两册。

这套书一共有十册，我才看完第一册。

84 测验 cèyàn 名 (n.) test, exam, quiz

搭配：小测验，期末测验，智力测验

例句：同学们，明天我们要做一个小测验。

你快来看这些智力测验题，太有意思了。

85 曾经 céngjīng 副 (adv.) once

搭配：曾经见过，曾经去过

例句：这个地方我曾经来过。

曾经有一段美好的爱情摆在我的面前，我却没有珍惜。

86 叉子 chāzi 名 (n.) fork

搭配：一把叉子，用叉子

例句：中国人吃饭用筷子，外国人喜欢用叉子。

她什么也没说，拿起勺子、叉子就吃了起来。

87 差距 chājù 名 (n.) gap, disparity

搭配：找差距，贫富差距，差距很大

例句：他们之间的差距越来越大了。

你知道自己与别人的差距在哪里吗？

88 插 chā 动 (v.) interpose, insert, stick in

搭配：插花儿，插进去，插上，插电源

例句：你从这儿插进去，再往下一按就行了。

她擅长插花儿，她插的每一盆花儿都很漂亮。

Unit 06

89 拆 chāi (动) (v.) pull down, demolish, dismantle

搭配：拆包裹，拆房子，把……拆开

例句：这个包裹都拿来三天了，你怎么还没有拆开啊！

我们下个月要搬家了，因为原来的老房子快要拆了。

90 产品 chǎnpǐn (名) (n.) product, produce

搭配：新产品，农产品

例句：这是我们公司的新产品，您试试看。

这种新设备既可以节省时间，又可以提高产品质量。

91 产生 chǎnshēng (动) (v.) produce, engender, emerge

搭配：产生敬意，产生好感，产生影响，产生作用

例句：电脑对人们的生活产生了巨大的影响。

第一次见面我就对那个女孩儿产生了好感。

92 长途 chángtú (形) (adj.) long-distance

搭配：长途电话，长途汽车，长途旅行

例句：经理下午将接受北京记者的长途电话采访。

他坐了十几个小时的长途汽车，现在感觉很累。

93 常识 chángshí (名) (n.) common sense

搭配：生活常识，科学常识，卫生常识

例句：安全用电对大家来说已经成了基本生活常识。

你都这么大的人了，连饭前洗手这个基本的卫生常识都不知道？

94 抄 chāo (动) (v.) copy, transcribe

搭配：抄写，抄作业，抄文件

例句：你这题一定是抄王东的，连错的地方都一样。

她把自己喜欢的句子都抄在这个本子上。

95 超级 chāojí (形) (adj.) super

搭配：超级快，超级大国

例句：这家小商店里的东西超级便宜。

老师对他这次的表现超级满意。

96 朝 cháo (动/介) (v./prep.) face, look; to, towards

搭配：脸朝外面，坐北朝南；朝前看

例句：他脸朝里坐着，没看见我进来。

我刚才看见王东朝这儿走过来了，你没看到他吗？

实战练习（六）

一、听对话，选择正确答案

1. A. 同事　　　　B. 邻居　　　　C. 夫妻　　　　D. 同学
2. A. 学习努力　　B. 忙生意　　　C. 成绩不好　　D. 没去上课

二、选词填空

A 操场　B 册　C 朝　D 拆　E 操心　F 插　G 曾经　H 叉子　I 产生　J 产品

1. 这份礼物的包装太巧妙了，我都不知道从哪儿才能（　　）开。
2. 这本书很好看，我昨天一晚上就把上（　　）看完了。
3. （　　）上有几个运动员在跑步。
4. 她正（　　）着办公室的方向走过来。
5. 你别再为我（　　）了，我的事情会自己看着办的。
6. 他用（　　）插了一块西瓜，递到我面前。
7. 这瓶花儿（　　）得真漂亮。
8. 您放心，这些（　　）的质量都是合格的。
9. 我们（　　）是很好的朋友，但现在彼此间也没有联系了。
10. 我不希望这件事会对孩子（　　）不好的影响。

三、完成句子

1. 孩子　你　得　卫生常识　最基本的　教　一些　_____
2. 没有　测验　又　这次　及格　李强　_____
3. 李红的　他　把　抄在　电话号码　那张纸上　了　_____
4. 没课的时候　李明　去操场　喜欢　打球　_____
5. 从　北京　王玲　接到　长途　打来的　电话　李东　_____

四、选词填空

　　我正跟着电视学习＿＿1＿＿花儿时，王东从上海打来了＿＿2＿＿电话，问我女儿这次的＿＿3＿＿成绩怎么样。他这个人就是这样爱＿＿4＿＿，去外地出差几天也放心不下家里。

1. A. 插　　　　　B. 拆　　　　　2. A. 长途　　　　B. 咨询
3. A. 检查　　　　B. 测验　　　　4. A. 操心　　　　B. 小心

Unit 07

潮湿	趁
吵	称
吵架	称呼
炒	称赞
车库	成分
车厢	成果
彻底	成就
沉默	成立

97 潮湿 cháoshī (adj.) damp, moist, humid

搭配：潮湿的天气，潮湿的衣服，很潮湿

例句：潮湿的衣服贴在身上很不舒服。
　　　房间里太潮湿了，把窗户打开透透气吧。

98 吵 chǎo (adj./v.) make a noise, disturb by making noise; quarrel

搭配：太吵了，吵死了，吵醒；吵起来

例句：这里实在太吵了，我们还是换个地方吧。
　　　邻居家小狗的叫声吵得他睡不着觉。
　　　没过一会儿，他就听到李红和经理吵了起来。

99 吵架 chǎo jià (v.) quarrel, wrangle, brawl

搭配：不要吵架，害怕吵架，吵了一架

例句：小王非常老实，来公司这么长时间从没和别人吵过架。
　　　李明和王东前两天吵架了，到现在还不说话呢。

100 炒 chǎo (v.) fry, stir-fry

搭配：炒菜，炒鸡蛋，炒股票

例句：你炒的什么菜？闻起来这么香！
　　　他这两年炒股票挣了不少钱。

101 车库 chēkù (n.) garage

搭配：车库里，车库外面

例句：等一下，我先把车停到车库里。
　　　这个车库太小了，我的车停不进去。

102 车厢 chēxiāng (n.) railway carriage, coach, cart, compartment

搭配：一节车厢，无烟车厢

例句：对不起，先生，这里是无烟车厢，禁止抽烟。
　　　车厢里人特别多，根本找不到空座位。

103 彻底 chèdǐ (adj.) thorough

搭配：彻底消灭，彻底检查，彻底失望，彻底改变

例句：到现在他才彻底明白，原来是自己做错了。
　　　自从老师和他谈过话以后，他就彻底改掉了玩儿游戏的习惯。

104 沉默 chénmò (adj./v.) silent, speechless; speak no words, keep silent

搭配：沉默无语，沉默少言，沉默了一会儿

例句：他这个人太沉默了，一天也说不了几句话。
　　　小王沉默了一会儿，才继续给大家介绍起他的工作计划。

Unit

105 趁 chèn 介 (prep.) taking advantage of, availing oneself of

搭配：趁早，趁热，趁机，趁热打铁

例句：趁着妈妈高兴，他提出想和同学一起去旅游的请求。
　　　我趁中午休息的时候，上街逛了一会儿。

106 称 chēng 动 (v.) say, fit, match, suit, state, call, weigh

搭配：自称，简称，统称，称重量

例句：小王，外面有个自称是你哥哥的人找你。
　　　你帮我把这袋米称一下，看有没有五十斤。

107 称呼 chēnghu 动 (v.) call, address

搭配：如何称呼，怎么称呼

例句：小王快来介绍一下，这位先生应该怎么称呼？
　　　你觉得等会儿我该怎么称呼你妈妈才合适？

108 称赞 chēngzàn 动 (v.) praise, acclaim, commend

搭配：得到称赞，称赞别人，称赞大家

例句：李老师对同学们的要求非常严格，他从不轻易称赞别人。
　　　小王因为努力工作，得到了经理的称赞。

109 成分 chéngfèn 名 (n.) ingredient, composition

搭配：化学成分，有害成分，营养成分

例句：这种新药的成分非常复杂。
　　　这些都是垃圾食品，一点儿营养成分都没有，以后不要给孩子吃了。

110 成果 chéngguǒ 名 (n.) achievement, fruit, result

搭配：劳动成果，技术成果

例句：快来看看，这就是我这一个月的工作成果。
　　　这个劳动成果是大家共同努力换来的，是属于大家的。

111 成就 chéngjiù 名/动 (n./v.) achievement, accomplishment, success; achieve, accomplish, succeed

搭配：艺术成就，成就感，取得成就；成就一番事业

例句：人类登上月球是一项了不起的成就。
　　　他告诉自己，一定要努力成就一番事业来证明自己。

112 成立 chénglì 动 (v.) found, set up, establish, form

搭配：成立一家公司，成立一所学校

例句：1949年10月1日，是中华人民共和国成立的日子。
　　　你的这种想法是不成立的，这不符合实际。

实战练习（七）

一、听对话，选择正确答案

1. A. 飞机上　　　B. 火车上　　　C. 出租车内　　　D. 公共汽车上
2. A. 男的想和李玲分手　　　B. 李玲现在想去看电影
   C. 李玲是男的女朋友　　　D. 女的想给男的介绍对象

二、选词填空

A 炒　B 称赞　C 车库　D 称呼　E 车厢　F 沉默　G 成分　H 趁　I 成就

1. 听别人这样（　　）我，我觉得挺不好意思的。
2. 你们先吃，我再（　　）一个鸡蛋就来。
3. 下雨了，你把车停到（　　）里去吧。
4. （　　）里几乎没有人，空座位很多。
5. 今天老师（　　）李明最近进步很大。
6. 冰激凌的（　　）很复杂。
7. 大部分的时间，他只是（　　）着，并不回答我的话。
8. （　　）着这会儿人还没来，我们把这儿整理一下吧。
9. 我该怎么（　　）您呢？
10. 这位著名记者的（　　）非常大。

三、完成句子

1. 不得了　车库　潮湿　里　得 _____
2. 上午　彻底　一遍　他　把　打扫了　房间 _____
3. 外面　太　实在　是　了　吵 _____
4. 不承认　王玲　男朋友　自己的　一直　李刚　是 _____
5. 吵架　她　爸爸　非常　妈妈　害怕 _____

四、看图作文（80字左右）

Unit 08

成人	程度
成熟	程序
成语	吃亏
成长	池塘
诚恳	迟早
承担	持续
承认	尺子
承受	翅膀

113 成人 chéngrén 名 (n.) adult
搭配：成人考试，成人教育
例句：你已经是成人了，要为自己所做的事情负责任！
这孩子虽然只有十五岁，但考虑问题比一些成人还要成熟。

114 成熟 chéngshú 形 (adj.) ripe, mature
搭配：成熟男人，不太成熟
例句：这两年王玲变得成熟多了。
他的想法还不太成熟。

115 成语 chéngyǔ 名 (n.) set phrase, idiom
搭配：成语故事，四字成语
例句：这个成语故事她从小就听妈妈讲过。
成语大多由四个字组成。

116 成长 chéngzhǎng 动 (v.) grow up
搭配：健康成长，成长过程，成长环境
例句：不要太娇惯孩子，这样不利于他们的成长。
我希望给孩子创造一个良好的成长环境。

117 诚恳 chéngkěn 形 (adj.) sincere, earnest
搭配：态度诚恳，为人诚恳
例句：他的态度如此诚恳，让人无法拒绝他提出的要求。
我非常诚恳地跟李红说了事情的经过，她表示能够理解我。

118 承担 chéngdān 动 (v.) bear, undertake, assume
搭配：承担责任，承担损失，承担义务
例句：我现在承担的工作太多，身体有些受不了。
他必须承担这次事故的一切责任。

119 承认 chéngrèn 动 (v.) admit, acknowledge
搭配：承认错误，承认事实，得到承认
例句：他主动向老师承认错误，老师也原谅了他。
东东不承认是自己把花瓶打破的。

120 承受 chéngshòu 动 (v.) bear, support, endure
搭配：承受考验，无法承受，承受痛苦
例句：他的心理承受能力太差，失败一次就受不了了。
这段时间我承受的压力是你无法想像的。

Unit

121 程度 chéngdù 名 (n.) level, degree
搭配：很大程度，文化程度，某种程度
例句：我选择这个专业在很大程度上是受了姐姐的影响。
　　　这个职位要求有研究生以上的学历，我的文化程度不够。

122 程序 chéngxù 名 (n.) order, procedure, sequence, course
搭配：会议程序，程序安排，按照程序
例句：按照会议程序，下午我们将对公司的未来发展计划进行讨论。
　　　有关部门将按照法律程序对这件事进行调查。

123 吃亏 chī kuī 动 (v.) suffer losses, get the worst of it
搭配：吃了一点儿亏，吃过几次亏，吃了……的亏
例句：我之前提醒你，你不听，非要等到吃亏了才后悔。
　　　我就是吃了文化程度低的亏，在公司一直得不到重用。

124 池塘 chítáng 名 (n.) pool, pond, etange
搭配：池塘边，池塘养殖
例句：这个池塘的水很深。
　　　他父亲在池塘里养了很多鱼。

125 迟早 chízǎo 副 (adv.) sooner or later; early or late
搭配：迟早会来，迟早解决
例句：她迟早是要离开这个地方的。
　　　这个问题迟早要解决。

126 持续 chíxù 动 (v.) continue, last, sustain
搭配：持续发展，持续不断，持续增长
例句：这场大雨已经持续下了三天三夜。
　　　希望这样的好天气可以持续到下周。

127 尺子 chǐzi 名 (n.) ruler
搭配：木头尺子，用尺子量
例句：你用尺子量一下这面墙的高度。
　　　王老师画直线不用尺子也可以画得非常直。

128 翅膀 chìbǎng 名 (n.) wing
搭配：一对翅膀，飞机翅膀，鸟的翅膀，张开翅膀
例句：这只小鸟的翅膀受伤了，所以一直飞不起来。
　　　小鸡们受了惊，都躲到母鸡的翅膀下面去了。

实战练习（八）

一、听对话，选择正确答案

1. A. 工作不积极　　B. 态度不好　　C. 喜欢开玩笑　　D. 不让别人占便宜
2. A. 早上六点半　　B. 上午十一点　　C. 下午三点半　　D. 晚上十点

二、选词填空

A 程度　B 承担　C 诚恳　D 成人　E 迟早　F 吃亏　G 翅膀　H 成熟　I 成长　J 尺子

1. 对不起，本次活动只对儿童半价，（　　）没有优惠。
2. 事情发展到这个（　　），是谁都没有想到的。
3. 他们天天吵架，（　　）得离婚。
4. 你放心去做吧，出了任何问题由我来（　　）。
5. 她非常（　　）地向老师承认了自己的错误。
6. 每个父母都希望自己的孩子能健康（　　）。
7. 在篮球场上，个子矮非常（　　）。
8. 工作之后，小王变得（　　）了，不再像个长不大的孩子了。
9. 老师用（　　）在黑板上画了一个三角形。
10. 这只蝴蝶的（　　）上有许多种颜色。

三、完成句子

1. 意义　这个　教育　成语　非常　故事　有　_____
2. 好心情　我　希望　持续　你的　能　一直　下去 _____
3. 编　教我　你　能　怎么　吗　程序 _____
4. 不了　我　承受　已经　我　快要　觉得　了 _____
5. 很多　这个　里　有　鱼　池塘 _____

四、选词填空

　　公司　1　十周年的庆祝晚会上，总裁非常　2　地向大家表示感谢。他说，公司的　3　离不开大家的支持，他同时也表示，如果公司想要　4　不断地进一步发展，更需要大家努力地工作。

1. A. 成立　　　B. 成就　　　　2. A. 诚实　　　B. 诚恳
3. A. 成长　　　B. 生长　　　　4. A. 陆续　　　B. 持续

Unit 09

冲　　　　丑
充电器　　臭
充分　　　出版
充满　　　出口
重复　　　出色
宠物　　　出示
抽屉　　　出席
抽象　　　初级

129 冲 chōng (v.) wash away, dash, flush, rush
搭配：冲洗，冲过来，向前冲，冲出来
例句：请你用水把那只碗冲干净。
　　　他冲出人群，飞快地向那边跑过去。

130 充电器 chōngdiànqì (n.) battery charge, charger
搭配：手机充电器，电池充电器
例句：你看到我的充电器了吗？我的手机没电了。
　　　这个充电器好像坏了，充不进去电。

131 充分 chōngfèn (adj.) full, abundant, sufficient
搭配：理由充分，充分了解，充分说明
例句：我承认，是我们的准备工作做得不够充分才导致这个结果。
　　　她充分利用一切机会来练习自己的英语口语。

132 充满 chōngmǎn (v.) be filled with, be full of
搭配：充满信心，充满力量，充满爱
例句：他的话不多，但句句都充满自信。
　　　我的心里充满了愤怒，恨不得马上就去找他说个清楚。

133 重复 chóngfù (v.) repeat
搭配：内容重复，意思重复，重复了一遍
例句：我再重复一遍，明天早上任何人都不许迟到。
　　　老师让他把刚才那个动作再重复做一遍。

134 宠物 chǒngwù (n.) pet
搭配：养宠物，宠物狗，宠物猫，宠物医院
例句：她认为养宠物是一件很麻烦的事情。
　　　王东把家里的小猫带到宠物医院做了健康检查。

135 抽屉 chōuti (n.) drawer
搭配：一只抽屉，打开抽屉，整理抽屉
例句：抽屉里只有几本书，没有你说的那封信。
　　　文件在我桌子左边的第一个抽屉里，你找一下。

136 抽象 chōuxiàng (adj.) abstract
搭配：抽象的概念，抽象思维
例句：他的画太抽象了，我看不懂。
　　　我们会通过一些方法，把这些抽象的知识变得生动形象。

Unit 09

137 丑 chǒu (adj.) ugly, hideous

搭配：很丑，长得丑，丑态

例句：她一直认为自己长得丑，所以在很多方面都没有自信。
你们怎么都说李红的丈夫丑？我觉得他挺帅的啊。

138 臭 chòu (adj./adv.) smelly, foul, stinking; severely, mercilessly

搭配：臭气，臭味，臭名远扬；臭骂

例句：快把你的鞋子拿出去，太臭了。
经理今天很生气，把销售组的人都臭骂了一顿。

139 出版 chūbǎn (v.) publish, come out

搭配：出版社，出版物，新书出版

例句：李教授的新书将在下个月出版。
他在一家出版社当编辑，工作非常忙。

140 出口 chū kǒu/chūkǒu (v./n.) export; exit

搭配：出口商，出口产品；安全出口

例句：这批货是要出口到国外的，时间很紧，大家都加把劲儿。
我在地下车库的出口那儿等你，你快点儿回来。

141 出色 chūsè (adj.) outstanding, remarkable, splendid, excellent

搭配：表现出色，成绩出色，出色的表演

例句：她今天的表演非常出色。
这次去北京旅游参观的，都是近期工作表现特别出色的员工。

142 出示 chūshì (v.) show, exhibit for inspection, produce

搭配：出示证件，出示证明

例句：对不起，请出示您的车票。
裁判在这场球赛中出示了三张黄牌。

143 出席 chūxí (v.) attend, be present

搭配：出席晚会，出席宴会，出席记者招待会，无法出席

例句：王总，今天晚上六点有个宴会需要您出席。
一些企业代表也出席了本次会议。

144 初级 chūjí (adj.) elementary, primary

搭配：初级中学，初级阶段，初级水平

例句：我的英语是初级水平，现在只能进行简单的对话。
目前我们公司仍处于初级发展阶段。

实战练习（九）

一、听对话，选择正确答案

1. A. 期待　　　　　　　　B. 着急
   C. 佩服　　　　　　　　D. 谦虚
2. A. 她们公司不生产手机　　B. 手机充电器丢了
   C. 向男的借手机　　　　D. 主管手机出口业务

二、选词填空

A 充电器　B 抽象　C 充满　D 冲　E 出席　F 出色　G 丑　H 出口　I 初级　J 出示

1. 明天下午的那个会议我不能（　　）了，让小王去吧。
2. 我的手机快没电了，（　　）也忘了带。
3. 大家对我的鼓励使我全身（　　）了力量。
4. 车库里（　　）出来一辆小汽车。
5. 你说得太（　　）了，我不太明白。
6. 对不起，打扰一下，请问超市的（　　）在哪儿？
7. 她最近表现很（　　），得到了经理的表扬。
8. 妈妈给他报了一个英语（　　）辅导班。
9. 在全班同学面前出（　　）了，真是不好意思。
10. 警察要求我（　　）身份证。

三、完成句子

1. 桌子左边　钱　都　抽屉里　放在　的　了　我　把
2. 将在　她　下个月　新作品　的　出版
3. 讲的话　你　重复　我　刚刚　再　一遍　把
4. 一个　最好　我　充分的　能给　理由　你
5. 一股　这个　怎么　里　房间　有　臭味儿

四、请结合下列词语，写一篇80字左右的短文

充满　臭　宠物　处理　不然

Unit 10

除非	闯
除夕	创造
处理	吹
传播	词汇
传染	辞职
传说	此外
传统	次要
窗帘	刺激

145 除非 chúfēi (conj./prep.) unless, only if, only when; except

搭配：除非……才……，除非……否则……；……除非……

例句：除非努力学习，你才能取得好成绩。
除非李红也出席这个会议，否则我是不会去的。
那件事，除非他没人知道。

146 除夕 chúxī (n.) New Year's Eve (by lunar new year)

搭配：除夕夜，除夕联欢会，热闹的除夕

例句：中国人有除夕之夜吃饺子的习惯。
他坐了两天两夜的火车，只为除夕晚上回家陪父母吃团圆饭。

147 处理 chǔlǐ (v.) handle, deal with, manage, treat

搭配：及时处理，严肃处理，处理日常事务

例句：他犯了严重的错误，学校对他进行了严肃处理。
这些东西超市都是降价处理的，非常便宜。

148 传播 chuánbō (v.) spread, diffuse, propagate

搭配：传播消息，文化传播，传播先进经验

例句：这个消息很快就在学校里传播开了，一时间大家都议论纷纷。
有些植物可以自己传播种子。

149 传染 chuánrǎn (v.) infect, be contagious, communicate

搭配：传染病，传染病房，被……传染

例句：他的紧张情绪传染了大家，办公室里一下子就安静了下来。
我可能被你传染感冒了。

150 传说 chuánshuō (n./v.) legend, lore, saga; it is said that, they say

搭配：一个传说，美丽的传说；传说……

例句：这只是传说里的一个人物，并不是真实存在的。
大家都传说李红要辞职了，这到底是不是真的？

151 传统 chuántǒng (n./adj.) tradition, convention; traditional, conventional

搭配：优良传统，文化传统；传统艺术，传统节日

例句：艰苦朴素的优良传统值得我们一代代传下去。
我爸爸是个思想比较传统的人，接受新事物比较慢。

152 窗帘 chuānglián (n.) curtain

搭配：换窗帘，新窗帘，拉开窗帘

例句：你家卧室里的那个窗帘换了吧？我记得以前是个红色的。
你帮我把窗帘拉开好吗？

Unit 10

153 闯 chuǎng (v.) rush, dash, break through
搭配：闯进去，走南闯北，闯祸
例句：这些年在外面走南闯北，他比以前成熟多了。
　　　他不顾秘书的阻拦，直接闯进了会议室。

154 创造 chuàngzào (v.) create, produce, bring about
搭配：创造条件，创造机会
例句：他创造了一项新的世界纪录。
　　　我一直在努力为孩子创造一个良好的生活环境。

155 吹 chuī (v.) blow, puff, boast, flatter, break off
搭配：吹风，吹了一口气，吹头发，风吹雨打，吹牛，和……吹了
例句：她一口气就把蜡烛吹灭了。
　　　他这个人就爱吹牛，说到却做不到。
　　　你那个女朋友看起来挺不错的，你怎么和她吹了？

156 词汇 cíhuì (n.) vocabulary, words and phrases
搭配：词汇表，基本词汇，汉语词汇，英语词汇
例句：这种方法对增加词汇量很有效。
　　　你知道汉语词汇是如何分类吗？

157 辞职 cí zhí (v.) resign, quit
搭配：辞职书，辞职请求，打算辞职
例句：李红昨天已经把辞职书交给了经理。
　　　说说你想辞职的原因，好吗？

158 此外 cǐwài (conj.) besides, in addition to, furthermore, moreover
例句：我去超市买了青菜、肉、油，此外，还买了一些日用品。
　　　他在包里装了两件衣服、一双鞋，此外还带了一本书。

159 次要 cìyào (adj.) less important, subordinate, secondary
搭配：次要位置，次要问题
例句：钱和朋友比起来，肯定是次要的。
　　　你说的这个问题是次要的，我们现在面临的主要问题是如何打开市场。

160 刺激 cìjī (v.) stimulate, excite, provoke
搭配：刺激很大，很刺激，刺激食欲
例句：老王的突然去世对他的刺激很大。
　　　这个比赛特别刺激，你一定会喜欢的。

实战练习（十）

一、听对话，选择正确答案

1. A. 想自己开店 B. 会修理汽车 C. 已经离开公司 D. 想去看望叔叔
2. A. 觉得自己现在很丑 B. 怕男的和王东生病
   C. 自己不想被人打扰 D. 自己马上就要出院了

二、选词填空

A 处理 B 吹 C 次要 D 传说 E 窗帘 F 传递 G 刺激 H 传染 I 此外 J 除非

1. 这两件事相比之下，去看电影肯定是（　　）的。
2. 龙是（　　）中的动物，并不是真实存在的。
3. 我们商量一下如何（　　）这个问题吧。
4. 我想把这个（　　）换掉，因为颜色有些暗。
5. 刚出门，我的头发就被风（　　）乱了。
6. 王东只能答应去上海的分公司，（　　）别无选择。
7. 试卷是从前排同学开始（　　）的，最后终于传到了我手上。
8. 我的胃不好，不能吃辣椒这样的（　　）食物。
9. 我得了感冒，还（　　）了全家人。
10. （　　）写完作业，不然我不会出去玩儿的。

三、完成句子

1. 能 你 辞职的 你 原因 吗 说说 _____
2. 非常 对 传统 中国人 节日 重视 _____
3. 现在 不太 你 闯进去 合适 _____
4. 都在 除夕 全家人 等着 看 我们 联欢会 _____
5. 他的 很欣赏 能力 经理 发明创造 _____

四、看图作文（80字左右）

Unit 11

匆忙	醋
从此	催
从而	存在
从前	措施
从事	答应
粗糙	达到
促进	打工
促使	打交道

161 匆忙 cōngmáng (adj.) in a hurry, in haste

搭配：匆忙地做，非常匆忙，匆匆忙忙

例句：听到小王在外面叫他，他放下碗就匆忙出去了。
　　　王东匆忙赶到公司的时候，却发现钥匙忘记带了。

162 从此 cóngcǐ (adv.) from now on, from then on

搭配：从此以后，从此开始

例句：从此以后我都不会再去公司找你了。
　　　如果你能从此改掉这个毛病，那我就再给你一次机会。

163 从而 cóng'ér (conj.) thus, thereby, then

搭配：从而大大提高，从而改变现状

例句：我希望大家能好好儿交流，从而为下一步的工作提供更多的好建议。
　　　她利用一切机会学习，从而大大提高了自己的成绩。

164 从前 cóngqián (n.) before, once upon a time, in the past

搭配：从前的事情，从前的邻居

例句：从前的事你就不要再提了。
　　　他是我从前的邻居，现在搬到西城去住了。

165 从事 cóngshì (v.) devote oneself to, be engaged in, be busy with

搭配：从事……工作，从事……职业

例句：你以前从事过这种工作没有？
　　　李红的爸爸从事了一辈子的教育工作。

166 粗糙 cūcāo (adj.) coarse, rough, crude

搭配：很粗糙，粗糙的皮肤，做工粗糙

例句：因为长期的劳动，他的手看起来有些粗糙。
　　　这件衣服的做工太粗糙了。

167 促进 cùjìn (v.) promote, advance, boost, accelerate, facilitate

搭配：促进学习，促进工作，促进合作关系，促进作用

例句：良好的售后服务会促进我们产品的销售。
　　　多呼吸新鲜空气对他身体的恢复有促进作用。

168 促使 cùshǐ (v.) impel, urge

搭配：促使发生变化，促使……下定决心

例句：爸爸的话促使我认识到了自己的不足。
　　　这件事促使我改变了要辞职的决定。

Unit 11

169 醋 cù (n.) vinegar
搭配：一瓶醋，米醋，陈醋，吃醋
例句：这个菜醋放多了，有点儿酸。
　　　这瓶醋马上就用完了，你去超市再买一瓶吧。

170 催 cuī (v.) urge, hasten, speed up
搭配：催促，催……做某事，催肥
例句：你别再催我了，我十分钟以后就到。
　　　我不好意思催他还我的钱。

171 存在 cúnzài (v.) exist, live, survive
搭配：存在问题，存在缺点，同时存在
例句：王东针对目前工作中存在的问题写了一份报告。
　　　很多科学家都认为，火星上没有生命存在。

172 措施 cuòshī (n.) measure, step
搭配：采取措施，有力措施，合理的措施
例句：天气预报提醒大家大风降温时要采取防冻措施。
　　　公司采取这些措施只是希望大家能认真工作。

173 答应 dāying (v.) answer, promise, comply with, agree
搭配：答应一声，不答应，答应我们
例句：我在外面叫你这么久，你怎么也不答应一声？
　　　经理已经答应让我们下周去旅游了。

174 达到 dá dào (v.) achieve, attain, reach
搭配：达到目的，达到要求，达到标准
例句：今年公司的总收入没有达到他的期望。
　　　为了达到这个目的，他做了很多准备工作。

175 打工 dǎ gōng (v.) work to earn a living, work temporarily
搭配：打工妹，出门打工，在外打工
例句：他没有固定工作，这么多年一直在外打工。
　　　她用暑假打工挣的钱给妈妈买了一部手机。

176 打交道 dǎ jiāodao (v.) make contact with, contact, communicate
搭配：跟……打交道，不打交道，没打过交道
例句：我和他没怎么打过交道，只是开会时见过两次。
　　　我们两家公司打了十几年交道，熟悉得很。

实战练习（十一）

一、听对话，选择正确答案

1. A. 没完成作业就去玩儿　　B. 和同学打架
   C. 不认真听课　　　　　　D. 对老师没礼貌
2. A. 喜欢男的　　　　　　　B. 还在打工
   C. 家里有钱　　　　　　　D. 不太可靠

二、选词填空

A 匆忙　B 答应　C 促使　D 存在　E 从而　F 措施　G 从此　H 粗糙　I 从事　J 打交道

1. 我（　　）朋友，旅游回来给他带纪念品。
2. 老师不断地鼓励我，（　　）我对自己更加有信心了。
3. 心脏老是不舒服（　　）他决定提前退休。
4. 李红走得太（　　）了，钱包都忘带了。
5. 投资股票（　　）一定的风险。
6. （　　）以后，她就成了我最好的朋友。
7. 妈妈天天做很多家务，手都变（　　）了。
8. 他积极地采取（　　），消除了朋友之间的误会。
9. 她（　　）幼儿教育几十年，非常有经验。
10. 作为农业技术人员，他总是和农民（　　）。

三、完成句子

1. 炒菜　不喜欢　我　放醋　的　时候 ＿＿＿＿＿＿
2. 达到　这个　体重　一百五十斤　竟　十岁的孩子 ＿＿＿＿＿＿
3. 她　都要　每天　催　抓紧　早晨　时间　儿子 ＿＿＿＿＿＿
4. 消化　能　胃的　吸收　促进　运动 ＿＿＿＿＿＿
5. 为自己　假期　赚到的钱　他用　学费　打工　交了 ＿＿＿＿＿＿

四、请结合下列词语，写一篇80字左右的短文

从前　打工　从事　打交道　达到

Unit 12

打喷嚏	代替
打听	贷款
大方	待遇
大厦	担任
大象	单纯
大型	单调
呆	单独
代表	单位

177 打喷嚏 dǎ pēntì / sneeze

搭配：打了好几个喷嚏

例句：我可能感冒了，从早上起来就不停地打喷嚏。
　　　厨房里传来的辣椒味儿刺激得他老打喷嚏。

178 打听 dǎting / 动 (v.) / ask about, inquire about

搭配：打听消息，打听情况

例句：你帮我打听一下现在还能不能买到去北京的火车票。
　　　我想办法去打听一下事情的进展。

179 大方 dàfang / 形 (adj.) / generous, in good taste

搭配：出手大方，举止大方，大大方方

例句：王东这人很大方，经常请同事吃饭。
　　　这孩子可真行，年龄这么小就能大大方方地上台表演。

180 大厦 dàshà / 名 (n.) / edifice, large building, mansion polystyle, prytaneum

搭配：一座大厦，高楼大厦

例句：他的办公室在这座大厦的二十二楼。
　　　她亲自领着我们到大厦各处参观。

181 大象 dàxiàng / 名 (n.) / elephant

搭配：一头大象，一群大象，保护大象

例句：大象的鼻子非常长。
　　　这家动物园里有许多大象。

182 大型 dàxíng / 形 (adj.) / large, large-scale

搭配：大型演出，大型企业，大型活动，大型比赛

例句：我是第一次参加这种大型比赛，所以现在很紧张。
　　　参加这次产品展览会的都是一些大型企业。

183 呆 dāi / 形 (adj.) / dull, blank, slow-witted

搭配：发呆，吓呆了，呆头呆脑

例句：李红好像是有什么心事，一直坐在那儿发呆。
　　　听到这个坏消息，她简直被吓呆了。

184 代表 dàibiǎo / 动/名 (v./n.) / represent; representative

搭配：代表我们，代表大家；会议的代表　代表人物

例句：他是代表经理去参加这次会议的。
　　　我代表全班同学去医院看望王老师。
　　　作为这次会议的代表，老王在会上做了一场精彩的发言。

Unit 12

185 代替 dàitì (v.) take the place of, replace, substitute for
搭配：无法代替，代替他
例句：王东不舒服，只能你代替他去出差了。
       没有任何人能代替李丽的位置。

186 贷款 dàikuǎn (v./n.) loan, credit
搭配：向银行贷款；借贷款，还贷款，银行贷款
例句：为了购买那台大型设备，他打算向银行贷款二十万。
       这笔贷款下个月就到期了，你现在有能力还吗？

187 待遇 dàiyù (n.) treatment, pay, salary, terms of employment
搭配：工资待遇，提高待遇，待遇不好
例句：他辞职的最主要原因就是觉得公司待遇不好。
       大家希望能在会议上讨论一下如何提高工资待遇的问题。

188 担任 dānrèn (v.) assume the office of, hold the post of
搭配：长期担任，不再担任，担任……的职务
例句：他担任总经理一职已经有四年了。
       下学期我不想再担任这个班的班主任了。

189 单纯 dānchún (adj.) simple, pure
搭配：思想单纯，性格很单纯，单纯追求利益
例句：她是个单纯的孩子，考虑问题很简单。
       我们不能只是单纯追求销售量，售后服务也很重要。

190 单调 dāndiào (adj.) monotonous, dull
搭配：生活单调，式样单调，色彩单调
例句：他的生活很单调，每天除了上班就是在家看书。
       李红觉得现在的生活很单调，她想换一份新鲜刺激的工作。

191 单独 dāndú (adv.) alone, by oneself, on one's own
搭配：单独行动，单独生活，单独训练
例句：你现在有时间吗？我想单独和你谈谈。
       我希望大家有团队合作精神，不要自己单独行动。

192 单位 dānwèi (n.) unit(as a standard of measurement; as an organization, department, division, section, etc.)
搭配：长度单位，各个单位，事业单位，机关单位
例句："米"是计量长度的一种单位。
       这家单位的待遇一直都很好。

实战练习（十二）

一、听对话，选择正确答案

1. A. 开一家公司 　　　　B. 去王东的公司工作
   C. 找经理谈一谈 　　　D. 给女的打电话
2. A. 宝贝很不听话 　　　B. 女的不想洗澡
   C. 男的想出去运动 　　D. 他们在说一只宠物

二、选词填空

A 单调　B 单纯　C 呆　D 大型　E 打喷嚏　F 担任　G 代替　H 大方　I 贷款　J 待遇

1. 第一次现场观看（　　）演唱会，李东显得有些激动。
2. 儿童房里只用一种颜色，显得有些（　　）了。
3. 他对花粉过敏，见到鲜花儿就会不停地（　　）。
4. 小李真是太（　　）了，别人说什么话她都相信。
5. 你别在这儿发（　　）了，咱们出去散散步吧。
6. 他对自己花钱挺（　　），可对朋友却很小气。
7. 自从他（　　）部门经理以后，回家的时间就更晚了。
8. 王东生病了，所以由我来（　　）他担任班长。
9. 中国人已经习惯了（　　）买房。
10. 我不满意现在公司给我的（　　），我正准备辞职呢。

三、完成句子

1. 参加　我　还是　单独　这样的　第一次　活动 ＿＿＿＿＿
2. 买　的　小王　用贷款　这辆车　是 ＿＿＿＿＿
3. 你帮我　李红　打听　最近的　一下　情况　吧 ＿＿＿＿＿
4. 大型公司　大厦里　有　这座　很多 ＿＿＿＿＿
5. 每年　安排　身体检查　我们单位　都会　员工　做一次 ＿＿＿＿＿

四、请结合下列词语，写一篇80字左右的短文

担任　单位　贷款　大型　待遇

Unit 13

单元	导致
耽误	岛屿
胆小鬼	倒霉
淡	到达
当地	道德
当心	道理
挡	登记
导演	等待

193 单元 dānyuán 名 (n.) unit, cell, element
搭配：单元房，单元考试，单元练习
例句：我家住在九号楼三单元302室，很好找。
今天下午我们将进行第一单元测试，希望大家做好准备。

194 耽误 dānwu 动 (v.) delay, hold up
搭配：耽误时间，耽误事情，耽误不了
例句：你快点儿说，别耽误我的时间。
王明因为玩儿游戏而耽误了学习。

195 胆小鬼 dǎnxiǎoguǐ 名 (n.) coward
搭配：一个胆小鬼，真是胆小鬼
例句：你可真是个胆小鬼，这么怕黑。
她在心里骂自己是个胆小鬼，连和他打招呼的勇气都没有。

196 淡 dàn 形 (adj.) tasteless, light, feint, dull, slack
搭配：味道很淡，颜色很淡，淡淡的香味，淡季
例句：这个菜有些淡了，再放点儿盐吧。
现在是淡季，没什么生意，到秋天应该会好些。

197 当地 dāngdì 名 (n.) local, in the locality
搭配：当地人，当地政府，当地时间
例句：他在当地是一位很有名的人物。
每到一个地方，他都喜欢与当地人聊天儿。
针对此事，当地政府在第一时间迅速做出了反应。

198 当心 dāngxīn 动 (v.) take care, be careful, watch out
搭配：当心碰头，当心火灾
例句：你这样没日没夜地工作，一定要当心身体啊！
你要当心点儿，这些东西可千万不能打破。

199 挡 dǎng 动/名 (v./n.) keep off, block, resist, cover; gear, fender
搭配：挡住，挡风，挡太阳；空挡
例句：你站在这儿正好挡着我看电视了。
现在我应该是挂一挡还是二挡？

200 导演 dǎoyǎn 名/动 (n./v.) director; direct
搭配：一位导演，著名导演，导演专业；导演了三场电影
例句：我的理想是长大后当一名著名导演。
他导演的每一部电影都很火。

Unit 13

201 导致 dǎozhì (v.) result in, bring about on, lead to
搭配：导致受伤，导致死亡，导致失败
例句：你的一个小错误就会导致生产出来的产品都不合格。
他现在的病就是因为喝酒导致的。

202 岛屿 dǎoyǔ (n.) islands and islets
搭配：岛屿群，岛屿国家
例句：这是一座还未开发的岛屿。
他们在大海上又漂流了两天，终于看到了一座岛屿。

203 倒霉 dǎoméi (adj.) have bad luck, be out of luck, unlucky
搭配：真倒霉，倒霉透了
例句：今天真倒霉，逛街的时候我把钱包弄丢了。
太倒霉了，我刚赶到火车站车就开走了。

204 到达 dàodá (v.) arrive, get to, reach
搭配：安全到达，准时到达，到达机场，到达车站
例句：请大家一定在下午三点前到达会场。
妈，你别担心，我会安全到达那儿的。

205 道德 dàodé (n./adj.) morals, morality, ethics; moral
搭配：道德水平，职业道德；不道德
例句：各行各业的人都应该遵守自己的职业道德。
现在社会上存在着不少不道德的行为。

206 道理 dàolǐ (n.) reason, argument, sense
搭配：有道理，讲道理，没有道理
例句：你要给孩子讲道理，让他认识到自己的错误。
这件事怎么能怪我呢？你有些太不讲道理了。

207 登记 dēngjì (v.) register, check in
搭配：登记表，登记日期，认真登记
例句：从明天起，停放在这儿的每一辆车都要登记。
我才刚到宾馆，还没办理登记手续呢。

208 等待 děngdài (v.) wait, await
搭配：耐心等待，等待命令，不再等待
例句：他一直在等待着比赛结果，觉都没有睡好。
大家虽然都已经准备好了，但没接到命令，只能耐心等待着。

实战练习(十三)

一、听对话,选择正确答案

1. A. 拍戏　　B. 旅游　　C. 看朋友　　D. 见导演
2. A. 机场　　B. 火车上　　C. 飞机上　　D. 出租车里

二、选词填空

A胆小鬼　B道理　C道德　D挡　E当心　F淡　G导致　H倒霉　I到达　J岛屿

1. 他这么做,虽然不犯法,但是违背了(　　)。
2. 这几天气温下降,(　　)感冒。
3. 作为成年人,却害怕放鞭炮,难怪儿子叫他(　　)。
4. 你别不讲(　　)了,这件事明明是你做错了,还说别人不对。
5. 你最好带把伞,可以(　　)一下太阳。
6. 这是个(　　)国家,四面都是海。
7. 他将在下午两点钟(　　)机场,我想去接他。
8. 真是(　　),我排了半天的队,票却卖完了。
9. 今天的菜味道有点儿(　　),你觉得呢?
10. 占小便宜往往(　　)吃大亏。

三、完成句子

1. 旅游　他们　去　计划　今年　那个岛国　暑假 ＿＿＿＿＿
2. 有关部门　办理　要先到　进行　前　登记　营业执照 ＿＿＿＿＿
3. 我们这儿　要来　那个　导演　选演员　著名的 ＿＿＿＿＿
4. 紧张地　他　等待　手术台上　医生的　躺在　到来 ＿＿＿＿＿
5. 说的　你　不　我　有道理　认为　吗 ＿＿＿＿＿

四、选词填空

我知道你想见＿＿1＿＿,可你看这一院子的人都在这儿＿＿2＿＿半天了,都是想当演员的,咱们无论干什么都得讲＿＿3＿＿,要按顺序来是不是?这样吧,你先在这个本子上＿＿4＿＿,轮到你了,我再叫你,好吗?

1. A. 导演　　　　B. 明星　　　　2. A. 光临　　B. 等候
3. A. 道理　　　　B. 理由　　　　4. A. 登记　　B. 申请

Unit 14

等于
滴
的确
敌人
地道
地理
地区
地毯

地位
地震
递
点心
电池
电台
钓
顶

209 等于 děngyú (动) (v.) equal to, be equivalent to
搭配：1 加 1 等于 2，等于多少，等于没做
例句：你再仔细想想，5 加 8 等于多少？
　　　你这样做就等于告诉别人，你承认自己错了。

210 滴 dī (动)/(量) (v./classifier) drip, drop; drooplet
搭配：滴下来，滴水穿石；一滴汗水，一滴酒
例句：她的泪水不断流下来，滴在她的手上。
　　　他连一滴酒都不喝，更别说这一大杯了。

211 的确 díquè (副) (adv.) really, indeed
搭配：的确不错，的确是真的
例句：我的确没见李红来过，不信你问王东。
　　　他这次的表演的确很精彩。

212 敌人 dírén (名) (n.) enemy, foe
搭配：消灭敌人，大批敌人，几个敌人
例句：他发现有几个敌人偷偷地走过来。
　　　你要看清楚，我是你的敌人还是你的朋友！

213 地道 dìdào/dìdao (名)/(形) (n./adj.) subway, tunnel, underpass; real, pure, typical
搭配：一条地道；非常地道
例句：他怎么也找不到这条地道的出口。
　　　她来中国已经十年了，所以普通话说得非常地道。

214 地理 dìlǐ (名) (n.) geography
搭配：地理环境，地理学
例句：我们学习地理知识离不开地图。
　　　这儿的地理环境不适合那种植物的生长。

215 地区 dìqū (名) (n.) area, district, region
搭配：西北地区，危险地区，安全地区
例句：不同地区的风俗习惯也是不一样的。
　　　刚刚接到通知，我们这个地区明天下午要停电。

216 地毯 dìtǎn (名) (n.) carpet, rug, floor cover
搭配：一块地毯，漂亮的地毯
例句：她刚才把茶杯弄倒了，地毯湿了一大块。
　　　这块地毯是结婚时朋友送给他的。

Unit 14

217 地位 dìwèi (名) (n.) place, position, standing
搭配：国际地位，社会地位，地位平等
例句：他在公司里的地位非常高。
　　　你这样对我，说明我在你心里什么地位也没有。

218 地震 dìzhèn (名) (n.) earthquake
搭配：发生地震，强烈的地震，六级地震
例句：这次地震使数万人失去了自己的家园。
　　　看了电视她才知道自己的家乡发生了地震。

219 递 dì (动) (v.) hand over, pass, give
搭配：递给我，递过来，投递
例句：王东，请把那份文件递给我。
　　　请帮我把这张纸递到主席台上去。

220 点心 diǎnxin (名) (n.) pastry, dessert
搭配：一盒点心，几块点心，吃点心
例句：李红去超市给妈妈买了两盒点心。
　　　饭还没做好，你要是饿了，就先吃点儿点心吧。

221 电池 diànchí (名) (n.) battery
搭配：一块电池，一节电池，充电电池
例句：这个手机的电池不好，每天都得充电。
　　　妈妈，你帮我买两节电池好不好？我的小汽车没电了。

222 电台 diàntái (名) (n.) broadcasting station, radio station
搭配：电台节目，广播电台，电台主持人
例句：我很喜欢电台的这档谈话节目。
　　　他是国际广播电台的主持人。

223 钓 diào (动) (v.) angle, fish
搭配：钓鱼，钓具，垂钓
例句：小王没事的时候就喜欢去钓鱼。
　　　我昨天钓了三四斤鱼。

224 顶 dǐng (名/动/量) (n./v./classifier) crown, peak, top; prop, sustain, support; measure word for a hat
搭配：头顶，山顶；顶球；一顶帽子
例句：他一口气爬到山顶才停下来休息。
　　　她从里面顶着门，不让我进去。
　　　看，我昨天刚买了一顶新帽子！

实战练习（十四）

一、听对话，选择正确答案

1. A. 丢了　　　　B. 坏了　　　　C. 关机了　　　　D. 没有带
2. A. 李玲很疼爱豆豆　　　　B. 男的在超市工作
   C. 女的不喜欢宠物　　　　D. 男的已经下班了

二、选词填空

A 地毯　B 钓　C 地位　D 等于　E 敌人　F 滴　G 地道　H 地震　I 电池　J 递

1. 周末咱们去（　　）鱼吧，我知道一个好去处。
2. 你不应该把批评你的人当成（　　），他们才是你真正的朋友。
3. 我非常喜欢这块（　　），就是价格太贵了。
4. 吸烟（　　）慢性自杀，你还是戒烟吧。
5. 在我们家，爷爷的（　　）最高。
6. 他在这次（　　）中失去了三位亲人。
7. 麻烦你把那个杯子（　　）给我。
8. 别把油（　　）到衣服上，很难洗的。
9. 这只钟越来越慢了，可能该换（　　）了。
10. 我特别爱吃姑姑做的家乡菜，非常（　　）！

三、完成句子

1. 妹妹　广播电台　在　我们　做　当地的　主持人 ＿＿＿＿＿＿＿＿＿＿
2. 这个地区　种植　的　气候　小麦和棉花　最适合 ＿＿＿＿＿＿＿＿＿＿
3. 这本书　吗　你　能　把　递给　我 ＿＿＿＿＿＿＿＿＿＿
4. 竞赛中　第一名　地理知识　她　在　得了 ＿＿＿＿＿＿＿＿＿＿
5. 我　今天　的确　这件事　是　错了 ＿＿＿＿＿＿＿＿＿＿

四、看图作文（80字左右）

Unit 15

动画片	断
冻	堆
洞	对比
豆腐	对待
逗	对方
独立	对手
独特	对象
度过	兑换

225 动画片 dònghuàpiàn 名 (n.) cartoon, animation
搭配：一部动画片，看动画片
例句：他放学回家连作业都没做，就打开电视看动画片。
这部动画片很有趣，连大人都喜欢看。

226 冻 dòng 动 (v.) freeze
搭配：冻病了，冻坏了
例句：今天衣服穿少了，把我冻坏了。
今天太冷了，缸里的水都冻上了。

227 洞 dòng 名 (n.) hole, cave
搭配：山洞，洞口
例句：我的衣服不知道什么时候破了一个洞。
他一直在洞口守到下午，也没见有人出来。

228 豆腐 dòufu 名 (n.) bean curd, tofu
搭配：一块豆腐，炒豆腐，臭豆腐，吃豆腐
例句：豆腐的营养丰富，价格便宜，很多人都喜欢吃。
这种豆腐适合煎着吃，要不你试试？

229 逗 dòu 动/形 (v./adj.) amuse, play with, provoke (laughter,etc.); funny
搭配：逗人，逗笑，逗……玩儿……；真逗
例句：他不停地做鬼脸逗邻居家的孩子。
李红刚刚讲的那个故事可真逗，我到现在还想笑。

230 独立 dúlì 动 (v.) stand alone, independent, on one's own
搭配：宣布独立，独立生活，经济独立
例句：他从小就在外地上学，独立生活的能力很强。
这些工作是我利用休息的时间独立完成的。

231 独特 dútè 形 (adj.) unique, distinctive, special
搭配：风格独特，独特的习惯
例句：这个地方以它独特的地理环境吸引了大批游客。
她穿衣服的风格很独特。

232 度过 dùguò 动 (v.) spend, pass (of time)
搭配：度过困难，度过危险期
例句：我在奶奶家度过了一个愉快的暑假。
最难过的时候你都度过了，现在还怕什么？

Unit 15

233 断 duàn (动) (v.) break, cut off
搭配：断开，断电，挂断
例句：毕业后，他与好多同学都断了联系。
她没等我说完就挂断了电话。

234 堆 duī (动)/(量) (v./classifier) pile up, heap up, stack; heap, pile, crowd
搭配：堆积，堆满；一堆土
例句：他的房间里到处都堆满了书。
这一堆垃圾是谁倒在这儿的？

235 对比 duìbǐ (动)/(名) (v./n.) contrast, compare; contrast, comparison
搭配：对比之下；进行对比
例句：把这两部手机对比一下你就能知道自己应该买哪一部。
现在双方人数对比发生了变化，结果更让人猜不透了。

236 对待 duìdài (动) (v.) treat, handle
搭配：对待朋友，对待客人，对待问题
例句：我们要平等地对待每一位客人，为他们提供同样的服务。
遇到问题，我们要正确对待，想办法解决。

237 对方 duìfāng (名) (n.) the other side, the other party, the opposite side
搭配：尊重对方，了解对方，对方的态度
例句：比赛的时候，我们要先了解对方的特点。
要合作，必须先了解对方公司的情况。

238 对手 duìshǒu (名) (n.) opponent, adversary, rival
搭配：比赛对手，竞争对手，厉害的对手
例句：这次比赛，我们的对手很厉害。
只有我们公司有这种技术，我们根本没有竞争对手。

239 对象 duìxiàng (名) (n.) target, object
搭配：研究对象，调查对象，学习对象
例句：小王是个好学生，他是我们的学习对象。
我的专业是中文，中文的语法、文字都是我的研究对象。

240 兑换 duìhuàn (动) (v.) exchange, convert
搭配：兑换外币，兑换积分
例句：请问哪个窗口可以兑换硬币？
大家都感觉这种兑换规则很不合理。

实战练习（十五）

一、听对话，选择正确答案

1. A. 今天温度很低　　　　　　B. 男的已经工作了
   C. 妈妈穿得非常少　　　　　D. 妈妈在看天气预报
2. A. 遗憾　　　B. 难过　　　　C. 担心　　　　D. 愤怒

二、选词填空

A 对比　B 独立　C 豆腐　D 冻　E 度过　F 兑换　G 独特　H 洞　I 对手　J 堆

1. 病人终于（　）了危险期，他的家人都松了口气。
2. 经过（　），还是全自动洗衣机省时省力、更方便。
3. 她穿得太少了，在寒风中（　）得脸色发青。
4. 老奶奶的牙都掉光了，就爱吃软软的（　）。
5. 别着急，我相信你能（　）做出这道题目。
6. 10000块人民币能（　）多少美元？
7. 这家店点心的味道非常（　）。
8. 你把（　）在桌上的这些书收拾一下吧，太乱了！
9. 猫在（　）口蹲着，耐心地等待那只老鼠的出现。
10. 论能力，他可不是你的（　）。

三、完成句子

1. 对方　的　你　了解　情况　吗　＿＿＿＿＿＿＿＿＿
2. 奶奶　逗弟弟　把　总能　得　很开心　＿＿＿＿＿＿
3. 成功的　今天　他们　对象　要采访的　企业家　是　一位　＿＿＿＿＿＿
4. 不公平　你　对待他　太　这样　了　＿＿＿＿＿＿
5. 最喜欢的　动画片　电视　是　孩子们　节目　＿＿＿＿＿＿

四、看图作文（80字左右）

Unit 16

吨	耳环
蹲	发表
顿	发愁
多亏	发达
多余	发抖
朵	发挥
躲藏	发明
恶劣	发票

241 吨 dūn 量 (classifier) ton

搭配：一吨水，一吨货物

例句：一吨就是一千千克。

这辆车可以装两吨货。

242 蹲 dūn 动 (v.) squat on the heels, crouch, stay

搭配：蹲在地上，蹲在家里

例句：那个小朋友蹲在地上，就是不肯站起来。

他毕业以后就蹲在家里，不出去工作。

243 顿 dùn 量 (classifier.) measure word used to indicate frequency of food, reproach, admonishment, beating, etc.

搭配：三顿饭，打了一顿

例句：活动结束后，经理请大家好好儿吃了一顿。

因为不听话，他昨天被妈妈打了一顿。

244 多亏 duōkuī 动 (v.) thanks to, owing to

搭配：多亏朋友的帮助，多亏运气好

例句：今天出门太晚，多亏司机开车开得快，我才没有迟到。

这个项目难度很大，我能完成，多亏小王帮我。

245 多余 duōyú 形 (adj.) unnecessary, surplus, excessive

搭配：多余的钱，多余的话，多余的东西

例句：你这种担心完全是多余的。

我只需要这些东西，你把多余的那些拿走吧。

246 朵 duǒ 量 (classifier.) measure word for flowers, clouds etc.

搭配：一朵花儿，两朵云

例句：你看，好漂亮的一朵花儿！

今天的天气真好，天蓝蓝的，连一朵云都没有。

247 躲藏 duǒcáng 动 (v.) hide

搭配：躲藏起来，躲藏在山洞里

例句：他躲藏在门后，刚开始时我们没看到，后来才发现。

那个小偷一直躲藏在那个山洞里，最后终于被找到了。

248 恶劣 èliè 形 (adj.) bad, mean, despicable, disgusting

搭配：品行恶劣，手段恶劣，天气恶劣，环境恶劣，态度恶劣

例句：今天的天气真恶劣，我们真不该来爬山。

那个服务员态度很恶劣。

Unit 16

249 耳环 ěrhuán (n.) earrings, ear pendants
搭配：一对耳环，金耳环，新耳环
例句：这对耳环是男朋友送给她的生日礼物。
　　　在所有的饰品中，她最喜欢的就是耳环。

250 发表 fābiǎo (v.) publish, report, issue
搭配：发表讲话，发表意见，发表文章
例句：关于这个问题，大家都纷纷发表了自己的意见。
　　　他一年内发表了好几篇小说。

251 发愁 fā chóu (v.) worry, be anxious
搭配：为工作发愁，常常发愁，令人发愁
例句：他没有钱，常常为生活而发愁。
　　　下个星期考试，我还有很多书没看完，真发愁。

252 发达 fādá (adj./v.) developed, advanced, prosperous; develop, thrive
搭配：肌肉发达，工业发达，经济发达，交通发达；事业发达
例句：上海的地铁交通很发达。
　　　现在的手机可以上网、视频，还可以拍照等等，技术真发达。
　　　你今后发达了，可别忘了老同学啊！

253 发抖 fādǒu (v.) shiver, shake, quiver, tremble
搭配：手脚发抖，冻得发抖，吓得发抖
例句：看那个恐怖电影的时候，我吓得直发抖。
　　　今天太冷了，我冻得都发抖了。

254 发挥 fāhuī (v.) bring into play, elaborate, express, amplify
搭配：发挥水平，发挥能力，发挥想象力
例句：这次比赛，他发挥了应有的水平，得了第一名。
　　　你很有能力，把你的能力发挥出来，给大家看看。

255 发明 fāmíng (v./n.) invent; invention
搭配：发明电话，发明电脑，发明纸；新发明，伟大的发明
例句：电灯是爱迪生发明的。
　　　只要发挥想象力，还会有很多新东西、新发明。

256 发票 fāpiào (n.) bill, receipt, invoice
搭配：开发票，统一发票，专用发票，假发票，报销发票
例句：买东西的时候一定要开发票，这样才能保修。
　　　出差时的发票都要收好，回来时公司可以报销。

实战练习（十六）

一、听对话，选择正确答案

1. A. 女儿觉得辩论会很好　　B. 女儿喜欢听别人发言
   C. 女儿没有在辩论会上说话　　D. 别人不让女儿在辩论会上说话
2. A. 女的电脑没法修　　B. 有发票可免费修理
   C. 女的买电脑没有发票　　D. 女的修电脑需要付钱

二、选词填空

A 耳环　B 蹲　C 多余　D 多亏　E 吨　F 躲藏　G 发表　H 发抖　I 恶劣　J 朵

1. 他递给女朋友一（　　）花儿。
2. 别（　　）着了，坐在椅子上吧。
3. 我叫你买什么就买什么，别买（　　）的东西。
4. 这个房间太小了，完全没有地方（　　）。
5. 空调开得太大了，我冷得（　　）。
6. 今天的讨论，大家可以随便（　　）自己的看法。
7. 山里的生活条件（　　），住在那儿的人很少。
8. 她戴了一副金（　　），挺好看的。
9. 这件事（　　）了你的帮助，否则我一个人解决不了。
10. 他们开着一辆大货车送来了一（　　）食品。

三、完成句子

1. 发明　非常　电脑　重要的　是　_____
2. 他　发愁　工作　没有　为　_____
3. 城市　这个　发达　经济　的　比较　_____
4. 他　比赛　水平　很高的　这次　发挥出　了　_____

四、请结合下列词语（要全部使用），写一篇80字左右的短文

恶劣　必然　发挥　多亏　发愁

Unit 17

发言	反映
罚款	反正
法院	范围
翻	方
繁荣	方案
反而	方式
反复	妨碍
反应	仿佛

257 发言 fā yán / fāyán (v./n.) speak, make a statement; speech, statement
搭配：积极发言；精彩的发言
例句：开会的时候，大家都发言了，只有我没说话。
这次开会，小王的发言最精彩。

258 罚款 fá kuǎn / fákuǎn (v./n.) impose a fine; fine, forfeit, penalty
搭配：罚款五千，乱罚款；交罚款，最高罚款
例句：他喝酒以后开车，被罚款了，罚了二百块钱。
他的公司有问题，为此他交了一万元罚款。

259 法院 fǎyuàn (n.) law court, court of justice, courthouse
搭配：去法院，在法院工作，最高法院，国际法院
例句：他学习法律，以后想在法院工作。
我找了律师一起去法院。

260 翻 fān (v.) turn over, turn around, get over, climb
搭配：车翻了，翻箱子，翻过一座山，翻了一倍
例句：这个箱子翻了，东西都掉出来了。
我的行李箱都被他翻乱了。
这些孩子要翻过一座山，才能到达山那边的学校。
去年他的月收入是3000元，今年是6000元，整整翻了一倍。

261 繁荣 fánróng (adj./v.) flourishing, prosperous; flourish, thrive
搭配：经济繁荣，市场繁荣，城市繁荣；繁荣文化事业，繁荣经济
例句：上海是一个繁荣的城市。
农民们把自己种的菜拿出来卖，既繁荣了市场，又方便了大家。

262 反而 fǎn'ér (adv.) on the contrary, instead, but
搭配：反而悲观，反而不耐烦
例句：风不但没停，反而越刮越大了。
我帮了他一个大忙，他反而说我不该帮他。

263 反复 fǎnfù (adv./v./n.) repeatedly, again and again; repeat; repetition
搭配：反复思考，反复讨论，反复研究；反复无常，态度反复；病情有反复
例句：这件事他们反复讨论了好几次。
他本来同意，后来又不同意了，态度反复，变化不定。
上个星期他的病好多了，现在又变差了，病情一直有反复。

264 反应 fǎnyìng (v./n.) react, respond; reaction, response
搭配：反应得厉害，反应过来，反应快，反应慢；不良反应，化学反应，正常反应

例句：有的病人吃药以后反应得很厉害。
　　　大家对他参加比赛的反应不一样，有人支持，有人反对。

265 反映 fǎnyìng (v.) report, reflect
搭配：反映问题，反映情况
例句：我会把大家说的这些情况向老师反映的。
　　　鸟儿的叫声能够反映出不同的天气变化。

266 反正 fǎnzhèng (adv.) anyway, anyhow, all the same, in any case
搭配：反正不要紧，反正差不多
例句：这次运动会不管你参加不参加，反正我要参加。
　　　反正他已经安排好了，我们就这么做吧。

267 范围 fànwéi (n.) range, scope
搭配：活动范围，正常范围，工作范围
例句：这次降雨的范围主要是在长江下游一带。
　　　很抱歉，先生，这个地址已经超出了我们的送货范围。

268 方 fāng (adj./n.) square, upright; side, direction, party
搭配：方形；四面八方，南方，北方，远方，双方，我方，甲方
例句：他喜欢方形的手表，不喜欢圆形的。
　　　中国南方的经济比北方更繁荣。
　　　这次比赛，我方的能力比对方的能力强。

269 方案 fāng'àn (n.) plan, scenario, proposal
搭配：改革方案，设计方案，提出方案，发展方案，开发方案，采用新方案
例句：每个设计师都对这个工程提出了一个方案。
　　　我们公司已经决定采用新的开发方案了。

270 方式 fāngshì (n.) way, fashion, pattern
搭配：生活方式，工作方式，学习方式，传统方式
例句：东方人和西方人的生活方式有很大不同。
　　　这些食物是用传统方式做的。

271 妨碍 fáng'ài (v.) disturb, hinder, hamper
搭配：妨碍发展，妨碍进步，妨碍工作，妨碍别人
例句：你在这里唱歌跳舞，妨碍了我工作。
　　　你这样大声说话，妨碍了大家学习。

272 仿佛 fǎngfú (adv./v.) seemingly, as if; seem
搭配：仿佛认识，仿佛听过，仿佛不知道；和以前相仿佛
例句：虽然我们是第一次见面，但是仿佛以前就认识。
　　　他的样子还和十年前相仿佛。

实战练习（十七）

一、听对话，选择正确答案

1. A. 小王　　　　B. 小李　　　　C. 小白　　　　D. 小元
2. A. 小白孩子的眼睛不好　　　　B. 小白的孩子不喜欢吃饭
   C. 孩子们都喜欢边看动画片边吃饭　　D. 小白的孩子吃饭时一定要看动画片

二、选词填空

A 法院　B 翻　C 发言　D 繁荣　E 反而　F 反复　G 反应　H 反正　I 方　J 罚款

1. 现在的出版业很（　　）。
2. 用（　　）盘子的人没有用圆盘子的人多。
3. 老师希望同学们上课时能积极（　　）。
4. 他（　　）考虑了几次，终于决定去了。
5. 我们老板今天去（　　）了。
6. 随便扔垃圾会被（　　）的。
7. 我（　　）遍了所有的抽屉也没有找到充电器。
8. 我难过的时候，他不安慰我，（　　）批评我。
9. 我跟他打招呼，可是他没有（　　），好像没听见一样。
10. 你现在有时间旅游了，（　　）你已经辞职了。

三、完成句子

1. 马路边　会　停车　在　被　罚款　乱 ＿＿＿＿＿＿
2. 他的　方式　独特的　表演　有　自己 ＿＿＿＿＿＿
3. 法院　在　存在的　向领导　王东　反映　问题 ＿＿＿＿＿＿
4. 想　参考　活动　我　方案　以前的 ＿＿＿＿＿＿

四、请结合下列词语（要全部使用），写一篇80字左右的短文

报告　存在　反复　研究　方案

Unit 18

非	纷纷
肥皂	奋斗
废话	风格
分别	风景
分布	风俗
分配	风险
分手	疯狂
分析	讽刺

273 非 fēi 前缀/副 (prefix./adv.) not, non-, un-, in-; have got to, simply must

搭配：非卖品，非金属；非去不可

例句：这些是非卖品，不是出售的商品。
你不让我去，但我非去不可。

274 肥皂 féizào 名 (n.) soap

搭配：一块肥皂，买肥皂，用肥皂，生产肥皂

例句：衣服那么脏，不用肥皂洗不干净。
那家工厂生产肥皂、洗衣粉什么的。

275 废话 fèihuà 名/动 (n./v.) nonsense, rubbish; talk nonsense

搭配：一大堆废话，说废话；别废话

例句：你说了一堆废话，都没有用。
这些我们都知道了，你别废话了。

276 分别 fēnbié 动/副/名 (v./adv./n.) part, leave each other; respectively, separately; difference

搭配：分别三年，分别好坏；分别处理，分别对待，分别到达；没有分别

例句：他们分别三年了，最近才刚见面。
买东西的时候要注意分别好坏，小心被骗。
这两件事不一样，要分别处理。
我觉得这两种产品是一样的，没有分别。

277 分布 fēnbù 动 (v.) distribute, spread, scatter

搭配：人口分布，植物分布，分布地区

例句：这种植物分布在南方，你在北方找不到。
汉族人口分布地区很广。

278 分配 fēnpèi 动 (v.) allot, distribute, allocate

搭配：分配房间，分配工作，分配任务，分配时间

例句：我来分配房间，你住这间，小王住那间。
你应该合理分配时间，比如下班以后运动一小时，晚上看书一小时。

279 分手 fēn shǒu 动 (v.) part company, say good-bye

搭配：决定分手，分手之后

例句：我们在车站分手后就各自回家了。
她和男朋友分手后大病了一场。

280 分析 fēnxī 动 (v.) analyse

搭配：分析问题，分析情况，分析形势，分析现象，化学分析

例句：这个问题很复杂，你要好好儿分析。

想知道牛奶里有什么成分，做化学分析就知道了。

281 纷纷 fēnfēn (adj./adv.) numerous and confused; one after another, in succession
搭配：议论纷纷；纷纷报名，纷纷参加
例句：对于这件事，大家议论纷纷，不同的人有不同的看法。
下课以后，同学们纷纷走出教室。

282 奋斗 fèndòu (v.) struggle, fight, strive
搭配：努力奋斗，为理想奋斗
例句：他每天都努力工作，为实现自己的目标而奋斗。
他一直为实现理想而奋斗。

283 风格 fēnggé (n.) style, form, manner
搭配：建筑风格，服装风格，小说的风格，艺术风格，民族风格，独特的风格
例句：这些建筑的风格有西方的特点。
他的小说有独特的风格，和别人的不一样。

284 风景 fēngjǐng (n.) scenery, landscape
搭配：文化风景，风景优美，黄山风景区
例句：桂林的风景非常美丽。
对不起，这儿是风景保护区，您不能抽烟。

285 风俗 fēngsú (n.) custom
搭配：风俗习惯，社会风俗，独特的风俗，有趣的风俗，传统风俗
例句：结婚时穿红色的礼服是中国传统的风俗。
在中国，每个民族都有自己独特的文化和风俗习惯。

286 风险 fēngxiǎn (n.) risk, hazard, danger
搭配：存在风险，承担风险，降低风险，冒风险，高风险
例句：股票市场变化很大，买股票的风险很高。
你最好分配资金投资，这样可以降低风险。

287 疯狂 fēngkuáng (adj.) insane, mad
搭配：疯狂的行为，疯狂的表演，疯狂的球迷，疯狂的罪犯，疯狂开车
例句：看足球比赛的时候，有些球迷很疯狂。
他开车太疯狂了，严重超速，结果被警察罚款了。

288 讽刺 fěngcì (v.) satirize, mock
搭配：巧妙地讽刺，激烈地讽刺，讽刺社会现象
例句：他没有直接批评我，像开玩笑似地讽刺了我。
这些画巧妙地讽刺了社会现象。

实战练习（十八）

一、听对话，选择正确答案

1. A. 太抽象　　　B. 太难懂　　　C. 没有帮助　　　D. 存在错误
2. A. 小周已经辞职了　　　　　　B. 小周让老板很生气
   C. 小周常常和老板吵架　　　　D. 老板不让小周工作了

二、选词填空

A 妨碍　B 肥皂　C 风景　D 分析　E 分布　F 分配　G 分别　H 疯狂　I 风格　J 讽刺

1. 这是单位给我（　　）的宿舍。
2. 没上过大学并不（　　）你取得成功。
3. 我觉得你（　　）得很有道理。
4. 洗衣服的（　　）有好几种。
5. 我喜欢这个电影导演的（　　）。
6. 这个岛屿上的（　　）非常优美。
7. 你是我的朋友，你不安慰我，反而（　　）我，我太伤心了。
8. 他因为受到了刺激变得很（　　）。
9. 我们保险公司的分公司（　　）在大中城市。
10. 我和小安（　　）打扫了厨房和厕所。

三、完成句子

1. 采访　记者们　班主任　纷纷　这位 _____
2. 旅游的时候　风俗　尊重　应该　我们　当地的 _____
3. 公司　他　十年　在　这个　奋斗了 _____
4. 计划　你　风险　实施　冒　会　很大的　这个 _____

四、请结合下列词语（要全部使用），写一篇80字左右的短文

发愁　疯狂　刺激　纷纷　风险

Unit 19

否定	改革
否认	改进
扶	改善
服装	改正
幅	盖
辅导	概括
妇女	概念
复制	干脆

289 否定 fǒudìng (v./adj.) negate, deny; negative

搭配：否定事实，否定这种说法，否定他的主张；否定的态度，否定的意见

例句：他认为应该参加比赛，但是大家否定了他的意见。
　　　我们想开发新产品，但是老板持否定的态度。

290 否认 fǒurèn (v.) deny, repudiate

搭配：否认事实，否认说法，否认消息

例句：有人说他以前是医生，不过他否认了这个说法。
　　　我们老板否认了投资失败的消息，说这是假的。

291 扶 fú (v.) carry from under, hold up, support with the hand

搭配：扶着老人，扶着病人，扶着墙，扶起孩子，救死扶伤

例句：她担心摔倒，就扶着墙慢慢地往前走。
　　　救死扶伤是医生的职责。

292 服装 fúzhuāng (n.) clothing, costume

搭配：民族服装，时尚的服装，统一的服装，设计服装

例句：这个商店专门卖民族服装。
　　　他的专业是服装设计，所以很多衣服都是他自己设计的。

293 幅 fú (classifier) measure word for paintings, cloth, etc.

搭配：一幅画，两幅布

例句：他送了我一幅画。
　　　用这两幅布可以做一个床单。

294 辅导 fǔdǎo (v.) coach, tutor

搭配：辅导学生，辅导孩子学习，心理辅导

例句：我的数学不太好，想找个老师辅导辅导。
　　　我不会英文，所以没办法辅导孩子学习。

295 妇女 fùnǚ (n.) woman

搭配：劳动妇女，家庭妇女，保护妇女，尊重妇女，妇女组织

例句：他妈妈不工作，只是一个家庭妇女。
　　　现在妇女的地位比以前大大提高了。

296 复制 fùzhì (v.) copy, duplicate, reproduce

搭配：复制软件，复制材料，复制文件，复制品

例句：这份文件是用复印机复制的，不是原来的。
　　　这幅名画是复制品，不是真的。

Unit 19

297 改革 gǎigé (v.) reform
搭配：改革制度，经济改革，教育改革，实行改革
例句：政府认为以前的教育制度有问题，因此实行了教育改革。
经济改革以后，我们国家经济发展得更快了。

298 改进 gǎijìn (v.) improve, make better
搭配：改进方法，改进技术，改进设计，改进方案，改进工作
例句：他们改进了工作方法，效率比以前大大提高了。
他们改进了产品的设计，产品比以前更实用了。

299 改善 gǎishàn (v.) improve, perfect, make better
搭配：改善生活，改善条件，改善环境
例句：以前这里的条件很差，现在经过改善，比以前好多了。
现在的环境越来越好，真的改善了很多。

300 改正 gǎizhèng (v.) correct, amend, put right
搭配：改正缺点，改正错误，改正错字
例句：我写的错字都改正过来了，现在没问题了。
你有错误就应该改正，以后不要再犯错了。

301 盖 gài (n.)(~儿)/(v.) cover, shell, shield, lid; cover, shield, build, construct
搭配：瓶盖儿，杯盖儿；盖被子，盖房子
例句：这个杯子的盖儿找不到了。
快点儿把被子盖上吧，天太冷了。
学校为改善教学环境，为学生们盖了两座新教学楼。

302 概括 gàikuò (v./adj.) summarize, generalize; brief, in broad outline
搭配：概括意思，概括规律，概括内容；概括地介绍
例句：这篇文章很长，不过大概的意思可以概括成三句话。
他只是概括地介绍了故事内容。

303 概念 gàiniàn (n.) concept, notion, idea
搭配：基本概念，抽象概念，法律概念，科学概念，新概念
例句：在古代，"中国"的意思是中部地区，和现在的"中国"是不同的概念。
这次考试只考了基本概念，比如"股票"等概念。

304 干脆 gāncuì (adj./adv.) clear-cut, straight-forward; simply, just
搭配：说话干脆，做事干脆，干脆的回答；干脆放弃，干脆退货
例句：你问他什么，他就答什么，回答得很干脆。
你们这里的衣服质量太差了，换了两次都不行，我干脆退了吧。

实战练习(十九)

一、听对话,选择正确答案

1. A. 辞职,不会去出差 　　　　B. 找别的同事去出差
   C. 下次出差,这次照顾孩子　　D. 自己出差,找朋友帮忙照顾孩子
2. A. 新新公司比以前有进步　　　B. 新新公司换了新的方案
   C. 新新公司的设计师有创造力　D. 新新公司的方案都没有创造力

二、选词填空

A否认　B扶　C幅　D服装　E概念　F妇女　G复制　H改善　I概括　J盖

1. 我想把照片(　　)到电脑里。
2. 他画了一(　　)画给我。
3. 我的杯子没有(　　)紧,水都洒了。
4. 自行车快倒了,你(　　)一下。
5. 他妈妈可不是普通的家庭(　　)。
6. 年轻人总是喜欢穿一些奇怪的(　　)。
7. 看你的表情我就知道了,你就别想(　　)了。
8. 想学好数学得先理解一些基本(　　)。
9. 这里恶劣的条件已经(　　)了,你放心吧。
10. 这篇采访太长了,你能不能(　　)一下主要的意思?

三、完成句子

1. 否定　老板　我的　每次　都　建议 ＿＿＿＿＿＿＿＿＿＿
2. 公司的　需要　制度　管理　改革 ＿＿＿＿＿＿＿＿＿＿
3. 妈妈　老师　我　请了　辅导　一个　数学 ＿＿＿＿＿＿＿
4. 改正　所有的　保证　会　错误　我 ＿＿＿＿＿＿＿＿＿

四、选词填空

　　他在会上＿＿1＿＿了,提出了一些＿＿2＿＿措施,有些完全被＿＿3＿＿了,有些措施被采纳了,因为那些措施可以＿＿4＿＿员工的工作环境。

1. A. 发表　　　B. 发言　　　　2. A. 改革　　　B. 改正
3. A. 否定　　　B. 否认　　　　4. A. 改进　　　B. 改善

Unit 20

干燥	高档
赶紧	高级
赶快	搞
感激	告别
感受	格外
感想	隔壁
干活儿	个别
钢铁	个人

305 干燥 gānzào (adj.) dry

搭配：天气干燥，皮肤干燥

例句：这两天天气特别干燥，你要多喝些水才行。
　　　李红觉得最近自己的皮肤非常干燥。

306 赶紧 gǎnjǐn (adv.) hastily, quickly, hurriedly, immediately

搭配：赶紧离开，赶紧回来，赶紧解决

例句：你赶紧出发吧，再不走就赶不上飞机了。
　　　快上课了，你还不赶紧起床？

307 赶快 gǎnkuài (adv.) quickly, immediately, without delay

搭配：赶快回家，赶快吃饭，赶快去医院

例句：电影马上就要开始了，我们赶快进去吧。
　　　他病得很厉害，赶快送他去医院吧！

308 感激 gǎnjī (v.) feel grateful, be thankful

搭配：很感激，感激他，充满感激，感激不尽

例句：我非常感激那些帮助过我的人，真心地想跟他们说声"谢谢"。
　　　那位医生救了我爸爸，我们全家对他感激不尽。

309 感受 gǎnshòu (v./n.) experience, feel; experience, feeling

搭配：感受温暖，感受热情，感受关心，感受变化；内心的感受，感受很深

例句：生病的时候，大家都去看望他、照顾他，让他感受到了温暖和关心。
　　　这本书写的都是他在国外生活的经历和感受。

310 感想 gǎnxiǎng (n.) impressions, reflections, thoughts

搭配：谈感想，发表感想

例句：老师让我们谈谈看完那部电影的感想，但是我没有什么看法。
　　　听完他的故事，我有很多感想。

311 干活儿 gàn huór (v.) labor, work

搭配：给老板干活儿，在工厂干活儿，帮妈妈干活儿

例句：他是工人，平时在工厂干活儿，只有周末休息。
　　　周末在家，我也会帮妈妈干点儿活儿，比如洗碗、擦地什么的。

312 钢铁 gāngtiě (n./adj.) steel and iron; firm, strong, unbreakable

搭配：生产钢铁，钢铁工业，钢铁产量；钢铁的纪律，钢铁战士，钢铁长城

例句：钢铁是生产汽车的重要原料。
　　　他非常坚强，我们都说他有钢铁的性格。

Unit 20

313 高档 gāodàng (形) (adj.) be of top grade, be of superior quality
搭配：高档服装，高档家具，高档汽车，高档酒店，高档品
例句：他很喜欢名牌，穿的都是高档服装。
他买的家具都是高档家具。

314 高级 gāojí (形) (adj.) senior, high-level, high-quality
搭配：高级汽车，高级商品，越来越高级
例句：王东的手机比我的高级多了。
他的英文已经达到高级水平。

315 搞 gǎo (动) (v.) make, do, be engaged in
搭配：搞研究，搞建设，搞教育，搞艺术，搞错了
例句：他是个科学家，每天都在实验室搞研究。
她们全家都是搞艺术的。

316 告别 gàobié (动) (v.) leave, part from, bid farewell to
搭配：告别朋友，告别家乡，和家人告别，告别过去的生活，告别落后
例句：离开北京以前我要和朋友们一一告别，说一声再见。
这里开始使用现代化的生产方式了，已经告别了落后。

317 格外 géwài (副) (adv.) expecially, extraordinarily, all the more
搭配：格外美丽，格外小心，格外重视，格外注意
例句：这是今年最重要的工作，你要格外注意。
这家宾馆可以免费上网，不用格外付钱。

318 隔壁 gébì (名) (n.) next door, neighbor
搭配：住在他的隔壁，隔壁邻居，隔壁房间，隔壁人家
例句：我住他的隔壁。
这个房间隔音不好，我常常能听到隔壁房间的声音。

319 个别 gèbié (形) (adj.) individual, separately, specific, stand-alone
搭配：个别辅导，个别处理，个别谈话，个别情况，个别现象，个别地区，个别人
例句：这只是个别现象，不是普遍现象。
这种产品的质量非常好，有问题的产品是个别情况。

320 个人 gèrén (名) (n.) individual
搭配：个人习惯，个人特点，个人风格，个人的经历，个人利益，个人行为
例句：我个人认为这个办法是合理的。
这不是我们大家的看法，只是他个人的看法。
你不要只考虑个人利益，而不管他人。

实战练习（二十）

一、听对话，选择正确答案

1. A. 价钱贵 　　　　　　　　　　B. 很独特
   C. 很普通 　　　　　　　　　　D. 有创意
2. A. 这是周小姐的包裹 　　　　　B. 送包裹的人态度不好
   C. 周小姐住在王小姐隔壁 　　　D. 周小姐和王小姐是朋友

二、选词填空

A 干燥　B 感激　C 感受　D 感想　E 赶紧　F 钢铁　G 搞　H 告别　I 隔壁　J 高级

1. 这是一家（　　）酒店，非常高档。
2. 听了这个故事，我有很多（　　）。
3. 北京比较（　　），你要多喝水。
4. （　　）工业是这里的传统工业。
5. 我也有这样的经历，所以很了解他的（　　）。
6. 他不了解情况，所以把计划都（　　）乱了。
7. 虽然没有帮上忙，但我还是很（　　）你。
8. （　　）邻居经常吵架，吵得我睡不着觉。
9. 他要去外地工作，所以昨天来和我们（　　）了。
10. 我的登机牌找不到了，你（　　）帮我一起找找。

三、完成句子

1. 我　一个人　家里　只有　干活儿 ＿＿＿＿＿＿
2. 老人　新　接受　一般　很难　概念 ＿＿＿＿＿＿
3. 格外　李红　回答　的　干脆 ＿＿＿＿＿＿
4. 我　完成　赶快　必须　这个　报告 ＿＿＿＿＿＿

四、请结合下列词语（要全部使用），写一篇80字左右的短文

成果　奋斗　感想　感激　曾经

Unit 21

个性	工业
各自	公布
根	公开
根本	公平
工厂	公寓
工程师	公元
工具	公主
工人	功能

321 个性 gèxìng / 名 (n.) / individual character, personality
搭配：个性很强，个性突出，形成个性，保持个性，富有个性，体现个性，追求个性
例句：每个孩子都是不同的，应该让他们保持个性。
这本小说完全体现了作者的个性，一看就知道是谁写的。

322 各自 gèzì / 代 (pron.) / each, by oneself
搭配：各自安排，各自解决，各自旅行，各自负责
例句：我没有和姐姐一起旅行，我们是各自去旅行的。
明天大家可以各自安排自己的活动。

323 根 gēn / 名/量 (n./classifier) / base, root, the bottom of things; measure word for long, thin objects
搭配：树根，牙根，耳根，病根；两根筷子
例句：这种植物的树根和果实一样，都有药用价值。
他总是胃疼，病根就是不好好儿吃饭。
你少拿了三根筷子，请顺便再拿过来吧。

324 根本 gēnběn / 名/形/副 (n./adj./adv.) / root, foundation, base; foundamental, basic; foundamentally, completely, entirely, at all
搭配：发展的根本；根本的原因，根本问题，根本不同意，根本解决
例句：人民是国家的根本，没有人民就没有国家。
他为了去北京找了很多借口，其实根本原因是他想去旅游。
他解释了，可是我根本没听懂他的意思。

325 工厂 gōngchǎng / 名 (n.) / factory, mill, plant
搭配：一家工厂，建立工厂，开办工厂，关闭工厂，工厂倒闭
例句：这里开了一家工厂，专门生产日常用品。
这家工厂由于经营不善，前后倒闭了。

326 工程师 gōngchéngshī / 名 (n.) / engineer
搭配：电脑工程师，软件工程师，建筑工程师，高级工程师，当工程师，担任工程师
例句：他是软件工程师，他的工作就是设计软件。
负责设计这条高速公路的工程师很有经验。

327 工具 gōngjù / 名 (n.) / tool, instrument
搭配：工具包，交通工具
例句：我把工具包忘在刚才那辆出租车上了。
这辆自行车就是我的交通工具。

328 工人 gōngrén / 名 (n.) / worker, workman
搭配：招聘工人，退休工人，普通工人，建筑工人，技术工人，当工人
例句：这里这么多漂亮的大楼，都是建筑工人辛辛苦苦盖起来的。

以前他是农民，现在在工厂工作，当了工人。

329 工业 gōngyè 名 (n.) industry
搭配：轻工业，重工业，汽车工业，食品工业，工业污染，工业化，工业发达
例句：一个国家要有农业、工业和服务业。
中国的汽车工业发展很快。

330 公布 gōngbù 动 (v.) announce, declare, publish
搭配：公布法律，公布政策，公布结果，公布消息，公布数据
例句：政府公布了新的政策，希望大家都能了解。
考完试以后，学校及时向大家公布了考试结果。

331 公开 gōngkāi 形/动 (adj./v.) public, open, overt; make public, open to the public
搭配：公开谈论，公开发表看法，公开访问，公开调查；公开秘密，公开关系
例句：这是一次公开的调查，并不是什么秘密。
大家不知道他们是恋人，因为他们的关系还没有公开。

332 公平 gōngpíng 形 (adj.) fair, just, impartial
搭配：公平的比赛，公平竞争，公平的办法，公平对待，公平处理
例句：我一定会公平地处理这件事，不会因为和谁关系好就帮谁。
这次比赛的方法对我来说不公平。

333 公寓 gōngyù 名 (n.) apartment, flat, boarding house
搭配：一套公寓，租公寓，买公寓，住公寓，学生公寓，老年公寓
例句：他住在学校附近的一个公寓里。
我在公司附近租了一套公寓。

334 公元 gōngyuán 名 (n.) the Christian era
搭配：公元前 200 年，公元 2000 年
例句：人们一般认为公元前 14 世纪出现了最早的汉字。
孔子出生于公元前 551 年。

335 公主 gōngzhǔ 名 (n.) princess
搭配：公主和王子，白雪公主，人鱼公主，保护公主
例句：你听过白雪公主和七个小矮人的故事吗？
爸爸很爱她，她是爸爸的小公主。

336 功能 gōngnéng 名 (n.) function
搭配：常用功能，特殊功能，消化功能，功能强大，功能完善，功能先进
例句：肺的功能是呼吸，胃的功能是消化。
现在的手机功能非常强大，人们可以用手机照相、上网、甚至看电影。

实战练习（二十一）

一、听对话，选择正确答案

1. A. 同事们都喜欢小安　　　　B. 小安觉得老板不公平
   C. 小安和小刘一起做方案　　D. 小安觉得自己比小刘出色
2. A. 女的和经理吵架了　　　　B. 女的还会住这家宾馆
   C. 这家宾馆有的服务员服务态度不好　　D. 女的对经理的处理不满意

二、选词填空

A 工程师　B 个性　C 各自　D 根　E 工具　F 公布　G 公开　H 公寓　I 公元　J 公主

1. 他是一个很有（　　）的演员。
2. 王东在钢铁厂当（　　）。
3. 这本杂志不是（　　）出版的。
4. 调查部门（　　）了调查结果。
5. 他每天要抽十几（　　）香烟。
6. 我把（　　）租给了一个年轻人。
7. 我的孩子们都结婚了，有了（　　）的家庭。
8. 你只是个普通女孩儿，别把自己当成（　　）。
9. 没有工人，也没有（　　），这算什么工厂？
10. 有科学家认为中国人在（　　）前100年左右就已经发明了纸。

三、完成句子

1. 科学技术　经济　革命　促进了　发展 _____
2. 张成　匆忙　格外　离开　得 _____
3. 根本　出席　他　晚会　不想 _____
4. 手机　先进　的　非常　这部　功能 _____

四、选词填空

这个地区的 ___1___ 学校存在一些对学生不 ___2___ 的情况，希望这些学校 ___3___ 进行 ___4___ 。

1. A. 个别　　B. 个人　　　　2. A. 平等　　B. 公平
3. A. 自己　　B. 各自　　　　4. A. 改革　　B. 革命

Unit 22

恭喜	股票
贡献	骨头
沟通	鼓舞
构成	鼓掌
姑姑	固定
姑娘	挂号
古代	乖
古典	拐弯儿

337 恭喜 gōngxǐ (v.) congratulations, wish one joy respectfully
搭配：恭喜你，恭喜发财
例句：恭喜你啊，取得这么好的成绩！
　　　恭喜二位，祝你们新婚快乐！

338 贡献 gòngxiàn (v./n.) contribute, dedicate, devote; contribution, dedication, devotion
搭配：贡献力量，贡献生命，贡献一切；重要的贡献，巨大的贡献，为国家做贡献
例句：全校师生为学校的建设与发展贡献了自己的力量。
　　　他们为国家做出了巨大的贡献。

339 沟通 gōutōng (v.) connect, communicate
搭配：沟通中西文化，沟通贸易，沟通思想，保持沟通，加强沟通，进行沟通
例句：多年来，他为沟通中西方文化做出了巨大的贡献。
　　　父母和孩子要多沟通，才能充分了解孩子的想法。

340 构成 gòuchéng (v./n.) constitute, consist of, compose; constitution, composition
搭配：构成系统，构成犯罪，构成威胁，由……构成；人员构成，部门构成
例句：空气是由多种物质构成的。
　　　这家公司发展很快，对我们公司构成了威胁。
　　　我们公司的部门构成不太合理。

341 姑姑 gūgu (n.) aunt, father's sister
搭配：亲姑姑，表姑姑，堂姑姑，当姑姑了
例句：我哥哥有孩子了，现在我当姑姑了。
　　　那是我表弟的孩子，他叫我表姑姑。

342 姑娘 gūniang (n.) girl
搭配：年轻姑娘，漂亮姑娘，小姑娘，大姑娘，上海姑娘
例句：旁边那个穿红裙子的年轻姑娘是我的大女儿。
　　　他的女朋友是个漂亮的上海姑娘。

343 古代 gǔdài (n.) ancient times
搭配：古代文明，古代建筑，古代艺术，古代中国，古代社会
例句：长城是有 2000 多年历史的古代建筑。
　　　中国的古代历史到公元 1911 年才结束。

344 古典 gǔdiǎn (adj.) classical
搭配：古典文学，古典小说，古典艺术，古典音乐，古典建筑，古典园林，古典风格
例句：一般来说，中国古典建筑的材料是木头。
　　　现在，古典风格又成为时尚了。

Unit 22

345 股票 gǔpiào (名) (n.) share, stock, equity
搭配：买卖股票，投资股票，炒股票，持有股票，股票市场
例句：他喜欢炒股票，他认为这是一种投资。
　　　最近股票市场不太好，他把持有的股票都卖了。

346 骨头 gǔtou (名) (n.) bone, (fig.) character
搭配：一块骨头，骨头断了，骨头疼，懒骨头，硬骨头，挑骨头
例句：人有 206 块骨头。
　　　他很懒，是个懒骨头，不会帮你干活儿的。
　　　我没有讽刺你的意思，你别在我的话里挑骨头。

347 鼓舞 gǔwǔ (动)/(形) (v./adj.) insipire, stimulate; inspiring, stimulating
搭配：鼓舞人心，鼓舞人民；令人鼓舞
例句：这次实验成功了，大大鼓舞了我们的信心。
　　　球迷的支持给了运动员们极大的鼓舞，他们打比赛打得更努力了。

348 鼓掌 gǔ zhǎng (动) (v.) applaud
搭配：热烈鼓掌，为……鼓掌
例句：当运动员代表进场时，大家都鼓掌欢迎。
　　　当他们进入会场时，我们都热烈地为他们鼓掌。

349 固定 gùdìng (形)/(动) (adj./v.) fixed, regular; fix, fasten
搭配：固定工作，固定工资，固定地点，固定的住处；把时间固定下来
例句：他没有固定工作，靠打工生活。
　　　咱们把每周学钢琴的时间固定下来吧！

350 挂号 guà hào (动) (v.) register(at a hospital, etc.), send by registered mail
搭配：在医院挂号，挂号费，挂号信
例句：去医院看病要先挂号。
　　　我想去邮局寄一封挂号信。

351 乖 guāi (形) (adj.) well-behaved, lovely, clever
搭配：乖孩子，乖学生，学乖了
例句：那个孩子很乖，非常讨人喜欢。
　　　上次测验他没准备，这次他学乖了，准备得很充分。

352 拐弯儿 guǎi wānr (动) (v.) turn a corner, turn around
搭配：在前边拐弯儿，拐了三个弯儿，禁止拐弯儿，说话不拐弯儿
例句：你在前边向左拐个弯儿就能看到银行了。
　　　她说话太直接，从来不拐弯儿。

实战练习（二十二）

一、听对话，选择正确答案

1. A. 小白没有姑姑　　　　　　B. 姑姑不能帮助小安
   C. 小白的爸爸没有姑姑　　　D. 小白的姑姑在博物馆工作
2. A. 小高的工作是炒股票　　　B. 小高没有把钱存在银行
   C. 小白觉得存钱比炒股好　　D. 小高觉得炒股风险很大

二、选词填空

A 恭喜　B 姑姑　C 固定　D 挂号　E 贡献　F 沟通　G 构成　H 古代　I 乖　J 鼓舞

1. 看病得提前（　　）。
2. 他学习过中国的（　　）历史。
3. （　　）你拿到了冠军。
4. 他对成功的信心也（　　）了我。
5. 因为没钱租场地，他们没有（　　）的办公地点。
6. 科技革命对经济发展有很大（　　）。
7. 爸爸有很多姐妹，所以我的（　　）很多。
8. 你应该和对方（　　）一下，才能了解他们的想法。
9. 这个考试由初级、中级和高级这三级水平（　　）。
10. 隔壁邻居家的宝宝很（　　），也很有礼貌。

三、完成句子

1. 他　工人　是　高速公路　修建　的　＿＿＿＿＿
2. 瘦得　你　只　骨头　剩下　了　＿＿＿＿＿
3. 古典　兴趣　我妈妈　音乐　感　对　很　＿＿＿＿＿
4. 那位　他　跟　姑娘　试着　打招呼　＿＿＿＿＿

四、请结合下列词语（要全部使用），写一篇80字左右的短文

工程师　产品　功能　独特　贡献

Unit 23

怪不得	光滑
关闭	光临
观察	光明
观点	光盘
观念	广场
官	广大
管子	广泛
冠军	归纳

353 怪不得 guàibude (adv./v.) no wonder; not to blame
搭配：怪不得是这样；怪不得孩子，怪不得别人
例句：怪不得你会做西餐，原来你在国外待过。
　　　这件事是你的责任，怪不得别人。

354 关闭 guānbì (v.) close, shut
搭配：关闭门窗，关闭机场，关闭高速公路，关闭学校，关闭工厂
例句：因为下雪，机场关闭了，飞机也停飞了。
　　　那家工厂污染太严重，所以被关闭了。

355 观察 guānchá (v.) observe, watch, inspect, examine
搭配：观察动物，观察表情，观察情况，观察问题，观察地形
例句：观察一个人的表情要注意看他的眼睛和小细节。
　　　他们在吵架，我打算先观察观察情况，再想办法劝他们。

356 观点 guāndiǎn (n.) view, viewpoint, idea, opinion
搭配：科学观点，最新观点，提出观点，改变观点，正确的观点，独特的观点
例句：他提出了自己独特的观点，和大家的看法都不一样。
　　　你应该用科学的观点分析问题，这样才有正确的结论。

357 观念 guānniàn (n.) sense, idea, concept, perception
搭配：家庭观念，道德观念，价值观念，时间观念，传统观念，旧观念
例句：老年人和年轻人在观念上有很多不同。
　　　他没有时间观念，每次开会都迟到。

358 官 guān (n.) government official, officier, organ
搭配：做官，当官，外交官，官方
例句：他爸爸是一位外交官。
　　　做官要有为国家、为人民服务的思想意识，这样才能做好官。

359 管子 guǎnzi (n.) tube, pipe, valve
搭配：一根管子，水管子，铁管子，软管子，粗管子
例句：我家的自来水管子堵了，水出不来了。
　　　墙上有一个洞，是装空调管子的。

360 冠军 guànjūn (n.) champion, first-place winner
搭配：赢得冠军，获得冠军，全国冠军，世界冠军，团体冠军
例句：这次比赛他获得了冠军。
　　　这次排球比赛，我们队的总分第一，赢得了团体冠军。

Unit 23

361 光滑 guānghuá (adj.) smooth, sleek
搭配：光滑的皮肤，光滑的表面，光滑的镜子，光滑的玻璃
例句：地面太光滑了，所以我一不小心就摔倒了。
　　　她的皮肤很光滑，看起来非常细腻。

362 光临 guānglín (v.) presence(of a guest, etc.), be present
搭配：欢迎光临，感谢光临，光临指导
例句：当我们去饭馆吃饭的时候，服务员会说"欢迎光临"。
　　　感谢您的光临指导，欢迎您下次再来！

363 光明 guāngmíng (n./adj.) light; bright, shining, promising
搭配：带来光明；光明的前途，光明的前景，光明的未来，心地光明，光明正大
例句：电灯的发明给人们带来了一片光明。
　　　我们公司发展得很好，有光明的前景。
　　　他做事光明正大，不担心被调查。

364 光盘 guāngpán (n.) light disk
搭配：音乐光盘，电影光盘，空白光盘，刻录光盘，复制光盘，盗版光盘
例句：我家有很多音乐光盘。
　　　他买了一张空白光盘，想把照片刻录进去。

365 广场 guǎngchǎng (n.) square
搭配：天安门广场，人民广场，中心广场，很大的广场
例句：天安门广场是世界上最大的广场。
　　　很多城市都有广场，不过现在有些购物中心也叫广场。

366 广大 guǎngdà (adj.) vast, wide, extensive, large-scaled
搭配：广大地区，广大的市场，广大的组织，广大群众，广大顾客
例句：中国正在计划开发广大的西部地区。
　　　这个牌子的手机功能非常强大，受到了广大顾客的欢迎。

367 广泛 guǎngfàn (adj.) extensive, widespread, wide-ranging
搭配：内容广泛，兴趣广泛，使用广泛，分布广泛，广泛调查，广泛讨论
例句：这本书内容广泛，涉及经济、政治、历史、文化等方面的知识。
　　　这个话题很有趣，引起了大家广泛的讨论。

368 归纳 guīnà (v.) induce, conclude, sum up
搭配：归纳法，归纳分析
例句：大家提的意见归纳起来主要就是这三点。
　　　请把这篇文章的大意归纳一下。

实战练习（二十三）

一、听对话，选择正确答案

1. A. 坐飞机　　B. 坐火车　　C. 自己开车　　D. 坐长途汽车
2. A. 第一名　　B. 第三名　　C. 第六名　　D. 第十名

二、选词填空

A 光滑　B 光明　C 光盘　D 光荣　E 广场　F 广大　G 怪不得　H 官　I 观念　J 归纳

1. 在古代，读书上学是为了做（　　）。
2. 医生治好了他的眼睛，使他重新看到了（　　）。
3. 大家虽然提了很多意见，但（　　）起来只有两点。
4. 他家的桌子表面非常（　　）。
5. 我想把电脑里的照片复制到这张（　　）里。
6. 他得到了（　　）观众的支持和喜爱。
7. 他的电脑里有病毒，（　　）总是出问题。
8. 为国家做贡献是（　　）的事。
9. 我父母很传统，他们很难接受这么新的（　　）。
10. 我女儿很喜欢去（　　）喂鸽子。

三、完成句子

1. 意见　应该　新方案　征求　广泛　大家的 ＿＿＿＿＿
2. 热水器　的　连接　坏了　管子 ＿＿＿＿＿
3. 开会的时候　新　他　提出了　观点　一些 ＿＿＿＿＿
4. 导演　演员的　观察了　每个　表现　仔细 ＿＿＿＿＿

四、请结合下列词语（要全部使用），写一篇 80 字左右的短文

工厂　工人　关闭　干活儿　怪不得

Unit 24

规矩	国王
规律	果然
规模	果实
规则	过分
柜台	过敏
滚	过期
锅	哈
国庆节	海关

369　规矩 guīju (n./adj.) rule, custom, regulation; disciplined, well-behaved

搭配：立规矩，守规矩，违反规矩，老规矩；人很规矩

例句：他做事很守规矩。
　　　这个孩子的字写得很规矩，一点儿也不乱。

370　规律 guīlǜ (n.) rule, law, regular pattern

搭配：自然规律，发现规律，研究规律，经济规律，客观规律

例句：生老病死是人的一生不可抗拒的自然规律。
　　　他每天生活很有规律。

371　规模 guīmó (n.) scale, scope, dimensions

搭配：初具规模，形成规模，规模大，规模小，扩大规模

例句：他的公司开始规模很小，只有十几个人，现在规模扩大了。
　　　这个城市的电子信息产业虽然已经形成规模，但仍然不大。

372　规则 guīzé (n./adj.) rule, regulation, ordination; regular

搭配：交通规则，比赛规则，遵守规则，违反规则；形状规则，不规则

例句：每个人都应该遵守交通规则。
　　　他画了一个不规则的形状，根本看不出是方还是圆。

373　柜台 guìtái (n.) counter, bar

搭配：商店柜台，银行柜台，食品柜台，手机柜台，站柜台

例句：她在商店当售货员，每天都站好几个小时的柜台。
　　　银行有八个柜台，可是只开了三个，所以排队的人非常多。

374　滚 gǔn (v.) roll, bind, get away, boil

搭配：滚动，滚雪球，滚开，滚出去，水滚了

例句：孩子们在滚雪球，雪球越滚越大。
　　　我不想看见你，你滚出去！
　　　壶里的水滚了，现在可以泡茶了。

375　锅 guō (n.) pan, pot, boiler, cauldron

搭配：一口锅，电饭锅，炒锅，铁锅

例句：我家的电饭锅坏了，不能做饭了。
　　　听说用铁锅炒菜对人体有好处。

376　国庆节 guóqìngjié (n.) National Day

搭配：庆祝国庆节

例句：中国的国庆节是10月1日，一般每年都有庆祝国庆节的活动。
　　　有的国家的"国庆节"也叫"独立日"。

Unit 24

377 国王 guówáng (名) (n.) king
搭配：国王的权力，伟大的国王
例句：他被认为是这个国家最伟大的国王。
新国王让大家看到了这个国家的希望。

378 果然 guǒrán (副/连) (adv./conj.) as expected, really; sure enough
搭配：果然很好，果然漂亮；果然是这样
例句：桌子上果然有一本新词典。
李红果然把翻译工作做得很好。

379 果实 guǒshí (名) (n.) fruit, gains
搭配：一颗果实，结出果实，果实成熟，劳动果实
例句：很多植物开花儿以后就会结出果实。
那篇论文我写了一个月才写完，那是我的劳动果实。

380 过分 guòfèn (形) (adj.) excessive, over, overdone, undue
搭配：过分谦虚，过分小心，过分紧张，过分保护，过分要求，过分的话
例句：你不应该过分保护孩子，这样对孩子并不好。
她唱歌唱得虽然不够好，但你说难听，这样的话有点儿过分了。

381 过敏 guòmǐn (动/形) (v./adj.) be allergic to; allergic, easily-affected, over-reacting
搭配：药物过敏，花粉过敏，食物过敏，对鱼过敏；有点儿过敏，反应过敏
例句：他对这种药物过敏，吃了会有问题。
他没有讽刺你的意思，你想得太多，反应过敏了。

382 过期 guòqī (动) (v.) overdue, expire, exceed the time limit
搭配：过期的食物，过期药，护照过期，证件过期
例句：这些面包过期了，你不能吃了。
我的护照过期了，得办一个新的。

383 哈 hā (动/拟/叹) (v./onomatopoeia/interj.) blow one's breath, breathe out(with the mouth open); haha, the sound of laughing with the mouth wide open, usually reduplicated; expressing triumph or satisfaction, usually reduplicated
搭配：哈了一口气；哈哈大笑
例句：天太冷了，哈气的时候都能看到白气。
他高兴的时候常常哈哈大笑。
这次比赛我赢了，哈哈！

384 海关 hǎiguān (名) (n.) customhouse, customs
搭配：通过海关，海关检查，海关官员，海关税收
例句：离开一个国家或者进入一个国家都要通过海关检查。
海关的基本工作之一是收关税。

实战练习（二十四）

一、听对话，选择正确答案

1. A. 宾馆　　　　B. 车厢　　　　C. 饭馆　　　　D. 医院
2. A. 晚会的场地免费　　　　B. 请明星的费用最高
   C. 参加晚会的人不太多　　D. 大明星不常参加晚会

二、选词填空

A 果实　B 过分　C 过敏　D 海关　E 规模　F 果然　G 规矩　H 锅

1. 他在（　　）部门工作。
2. 我想试试新买的电饭（　　）。
3. 这家工厂（　　）很大，有五万名工人。
4. 秋天是（　　）成熟的季节。
5. 你们家的（　　）太多了，我真不习惯。
6. 你不要（　　）要求孩子，他已经做得很好了。
7. 你不能送她真花儿，她很可能（　　）。
8. 他平时训练不认真，这次（　　）丢了冠军。

三、完成句子

1. 妈妈　孩子　广泛的　有　希望　兴趣　_____
2. 他　柜台　服装　一个　租了　卖　_____
3. 人们　规律　尊重　应该　自然　_____
4. 开车　学习　规则　以前　要　交通　我们　_____

四、看图作文（80字左右）

Unit 25

海鲜	合同
喊	合影
行业	合作
豪华	何必
好客	何况
好奇	和平
合法	核心
合理	恨

385 海鲜 hǎixiān (n.) seafood

搭配：海鲜酒楼，吃海鲜，海鲜过敏

例句：海鲜就是新鲜的海鱼、海虾什么的。
我家附近开了一家海鲜酒楼。

386 喊 hǎn (v.) shout, cry out, yell, call

搭配：喊加油，喊救命，大喊大叫，喊人，喊姑姑

例句：你不要大喊大叫，太吵了。
饭做好了，你去喊大家来吃。
她是爸爸的表妹，我应该喊她姑姑。

387 行业 hángyè (n.) trade, profession, industry

搭配：饮食行业，服务行业，教育行业，医药行业

例句：他从事饮食行业，是个厨师。
发展和管理服务行业都很重要。

388 豪华 háohuá (adj.) luxurious, luxury, splendid, sumptuous

搭配：豪华的生活，豪华饭店，豪华汽车，豪华的房间，豪华的服装，豪华的建筑

例句：他过着豪华的生活，吃一顿饭花的钱是普通人一个月的工资。
这辆豪华汽车的价格是300万元。

389 好客 hàokè (adj.) be hospitable, keep open house

搭配：热情好客，好客的主人

例句：当地人的热情好客使很多游客也参与到这个活动中了。
好客的主人端出水果让大家吃。

390 好奇 hàoqí (adj.) curious, be full of curiosity

搭配：好奇的孩子，好奇的眼光，对……感到好奇，充满好奇，好奇心

例句：人们都有好奇心，想了解自己不知道的事物。
这个孩子用好奇的眼光看着那些新玩具。

391 合法 héfǎ (adj.) legal, lawful, legitimate, rightful

搭配：合法权利，合法地位，合法手段，合法利益，合法代表，合法活动

例句：法律会保护每个人的合法权利。
海关这样做是有法律根据的，是合法的。

392 合理 hélǐ (adj.) rational, reasonable

搭配：合理安排，合理管理，合理使用，合理保护，合理的规定，合理的办法

例句：你要合理安排自己的时间，不要浪费时间。
合理使用电器可以延长电器的使用寿命。

Unit 25

393 合同 hétong 名 (n.) agreement, contract
搭配：签合同，遵守合同，违反合同，租房合同，雇佣合同，无效合同
例句：签合同的双方都要遵守合同，违反合同需要赔偿对方。
我跟公司已经签了三年的工作合同。

394 合影 hé yǐng/héyǐng 动/名 (v./n.) take a group photo; group photo
搭配：合影纪念；一张合影，拍合影
例句：要毕业了，大家一起合个影吧。
这张照片是我们班的合影。

395 合作 hézuò 动 (v.) cooperate, work together, collaborate
搭配：分工合作，国际合作，技术合作，经济合作
例句：这是我们第一次跟别的公司共同合作，一起开发新产品。
各国之间要加强经济合作，共同发展。

396 何必 hébì 副 (adv.) there is no need, why
搭配：何必生气，何必麻烦，何必当初
例句：那里的冬天不冷，你何必带那么多厚衣服呢？
你看不见他就想他，看见了却又吵架，何必呢？

397 何况 hékuàng 连 (conj.) much less, let alone, not to mention that
例句：他在生人面前都不习惯讲话，更何况在那么多人面前呢？
你别买那件衣服了，我不喜欢，更何况那么贵！

398 和平 hépíng 名/形 (n./adj.) peace; peaceful, mild
搭配：世界和平，维护和平；和平共处，和平解决，和平解放
例句：人们都希望世界和平，没有战争。
有人说，猫和狗会打架，没法和平相处，不能一起养。

399 核心 héxīn 名 (n.) core, kernel, heart, centre
搭配：核心工作，核心作用，核心任务，核心技术，核心力量，核心地区，领导核心
例句：发展经济是现在的核心任务，是重点中的重点。
我们已经解决了核心问题，解决其他的问题就容易了。

400 恨 hèn 动 (v.) hate, regret
搭配：恨自己，恨他，含恨
例句：他认为我抢走了他的顾客，于是就开始恨我。
他骗了我，我很恨他。

实战练习（二十五）

一、听对话，选择正确答案

1. A. 1月1号——3号 　　　　B. 6月1号——3号
   C. 9月28号——30号 　　　D. 12月28号——30号
2. A. 小安不能喝冰牛奶 　　　B. 他买了过期的牛奶
   C. 小安喝了坏的牛奶 　　　D. 小安喝了太多牛奶

二、选词填空

A 合作　B 何况　C 和平　D 恨　E 海鲜　F 行业　G 豪华　H 合理

1. 你总是讽刺他，他当然会（　　）你。
2. 我们想找一家出版社（　　）。
3. 你得学会（　　）安排时间。
4. 世界（　　）是人们共同的愿望。
5. 每个（　　）都有自己的规则。
6. 住在海边的人比较喜欢吃（　　）。
7. 他贷款买了一套（　　）的房子。
8. 他都不愿意承认错误，（　　）是承担责任？

三、完成句子

1. 突然　大笑　他　起来　哈哈　_____
2. 小孩子　对　很　事物　好奇　新鲜　都　_____
3. 这份　受　工作　保护　法律　合同　_____
4. 完全　我们　程序　公司的　处理　合法　_____
5. 合了个影　跟　主人　好客的　我　_____

四、看图作文（80字左右）

Unit 26

猴子	壶
后背	蝴蝶
后果	糊涂
忽然	花生
忽视	划
呼吸	华裔
胡说	滑
胡同	化学

401 猴子 hóuzi (n.) monkey

搭配：一只猴子，猴子很聪明

例句：那只小猴子非常可爱。
　　　他用手里的饼干喂了那只小猴子。

402 后背 hòubèi (n.) back

搭配：后背疼痛，后背发凉

例句：他轻轻拍着她的后背安慰她。
　　　这个消息让她感觉后背发凉。

403 后果 hòuguǒ (n.) consequence, result

搭配：严重的后果，承担后果，导致……后果，造成不好的后果

例句：工业污染给环境造成了严重的后果。
　　　如果不按照规定做，你要自己承担后果。

404 忽然 hūrán (adv.) suddenly

搭配：忽然下雨了，忽然停电了

例句：他正要出去，忽然下起大雨来了。
　　　天忽然就变冷了。

405 忽视 hūshì (v.) ignore, look down upon, give a cold shoulder, overlook, neglect

搭配：忽视安全，忽视问题，忽视细节，忽视朋友，忽视家庭

例句：安全问题必须重视，不能忽视。
　　　他认为工作比家庭重要，因而常常忽视家庭。

406 呼吸 hūxī (v.) breathe, respire

搭配：呼吸困难，调整呼吸，呼吸系统，深呼吸，呼吸新鲜空气

例句：人靠肺呼吸，没有呼吸人就无法生存。
　　　我想去外面走走，呼吸一下新鲜空气。

407 胡说 húshuō (v.) talk nonsense

搭配：别胡说，都是胡说

例句：你根本不知道这件事的实际情况，别胡说了。
　　　这些话都是胡说的，你别相信。

408 胡同 hútòng (n.) alleyway, lane

搭配：逛胡同，住在胡同里，胡同很窄，死胡同

例句：去北京旅游一定要去逛逛胡同。
　　　你再这样坚持就是走进了死胡同，还是换一个办法吧。

Unit 26

409 壶 hú (名) (n.) kettle, pot, bottle, flask
搭配：水壶，茶壶，酒壶，油壶，一把壶，一壶茶
例句：我用电水壶烧了一壶水。
为了泡茶，他买了一把茶壶和几个茶杯。

410 蝴蝶 húdié (名) (n.) butterfly
搭配：一只蝴蝶，美丽的蝴蝶，抓蝴蝶，研究蝴蝶，观察蝴蝶
例句：蝴蝶的种类非常多。
那只蝴蝶实在是太漂亮了。

411 糊涂 hútu (形) (adj.) muddled, confused, bewildered, careless
搭配：脑子糊涂，心里糊涂，糊里糊涂，装糊涂，糊涂账
例句：开始我是明白的，他解释以后我就糊涂了。
他公司的账很乱，就是一笔糊涂账，根本算不清楚。

412 花生 huāshēng (名) (n.) peanut, ground nut
搭配：种花生，吃花生，花生酱，花生油，花生壳
例句：花生是一种很有营养的食物。
这个地区的花生质量很好，可以做花生油或花生酱。

413 划 huá (动) (v.) paddle, row, scratch, cut the surface of
搭配：划船，划玻璃；划了一口子
例句：她喜欢周末的时候带孩子去公园划船。
这刀很快，你当心别把手划破了。

414 华裔 huáyì (名) (n.) foreign citizen of Chinese origin
搭配：华裔歌手，华裔艺术家，华裔律师
例句：他父母都是中国人，可他却是美籍华裔。
有些华裔歌手在国外很受欢迎。

415 滑 huá (形)/(动) (adj./v.) slippery, smooth; slip, slide
搭配：很滑，又圆又滑；滑冰，滑雪，滑了一跤
例句：那块小石头又圆又滑。
这个地板太滑了，他不小心滑了一跤。

416 化学 huàxué (名) (n.) chemistry
搭配：化学分析，化学实验，化学变化，化学反应，化学工厂，化学工业
例句：过期食物不能吃，是因为食物已经发生了化学变化。
洗衣液、肥皂都是化学工业的产品。

实战练习（二十六）

一、听对话，选择正确答案

1. A. 小王不参加测验　　　　　　B. 小王不担心测验
   C. 小王知道很多常识　　　　　D. 小王已经准备好了
2. A. 小林常常胡说　　　　　　　B. 新新公司不要小林了
   C. 小林找到了更好的工作　　　D. 关于小林的事大家没有胡说

二、选词填空

A 花生　B 滑　C 划　D 化学　E 猴子　F 后果　G 呼吸　H 华裔　I 壶　J 蝴蝶

1. 周末我们去公园（　　）船吧。
2. 我对（　　）过敏，所以我一般不吃。
3. 她的心脏病最近又犯了，常常感到（　　）困难。
4. （　　）有一对美丽的翅膀。
5. 他是化工厂的工程师，每天的工作是做（　　）分析。
6. 他是（　　），在美国出生长大，所以不会说汉语。
7. 不按照规定使用机器，可能会导致严重的（　　）。
8. 地上有水，小心地（　　）。
9. 我们点一（　　）茶吧，可以免费加水。
10. （　　）喜欢吃香蕉。

三、完成句子

1. 北京　胡同　最宽的　一条　这　是　_____
2. 那些　不要　情况　个别　忽视　你　_____
3. 规则　我　把　新　搞　糊涂　了　_____
4. 办公楼　停电　我们　了　的　忽然　_____

四、选词填空

你已经把解决问题的__1__方法告诉他了，他也挺__2__的。更何况，要是真有什么严重的__3__，也不需要你负责，你又__4__发愁呢？

1. A. 核心　　　B. 中心　　　　2. A. 忽视　　　B. 重视
3. A. 后果　　　B. 结果　　　　4. A. 不必　　　B. 何必

Unit 27

话题	灰尘
怀念	灰心
怀孕	挥
缓解	恢复
幻想	汇率
慌张	婚礼
黄金	婚姻
灰	活跃

417 话题 huàtí （名）(n.) subject of a talk, topic
- 搭配：找话题，转换话题，新话题，热门话题
- 例句：他不想跟我们聊这些事就转换了话题。
  这是最近的热门话题，大家都在谈论。

418 怀念 huáiniàn （动）(v.) cherish the memory of, think of, recollect
- 搭配：怀念亲人，怀念家乡，怀念过去
- 例句：节日的时候，人们往往更加怀念去世的亲人朋友。
  他现在老了，常常怀念年轻时的日子。

419 怀孕 huáiyùn （动）(v.) be pregnant
- 搭配：怀孕期间，未婚怀孕
- 例句：她已经怀孕三个月了。
  怀孕期间，你应该尽量少接触电脑。

420 缓解 huǎnjiě （动）(v.) relieve, relax, ease, alleviate
- 搭配：缓解病痛，缓解压力，缓解矛盾，缓解危机，缓解紧张情绪
- 例句：吃了药以后，他的头疼缓解了，没有刚才那么疼了。
  经过调解，他俩的矛盾终于得到了缓解。

421 幻想 huànxiǎng （动/名）(v./n.) dream, fancy; illusion, fantasy, vision, thinking
- 搭配：科学幻想，美丽的幻想，实现幻想；幻想当皇帝
- 例句：以前她总是幻想自己能成为一名歌星，现在她的理想终于实现了。
  这只是你的一个美丽幻想，并不能真正实现。

422 慌张 huāngzhāng （形）(adj.) confused, flurried, desperate
- 搭配：动作慌张，神色慌张，慌慌张张，慌张地跑了
- 例句：在海关检查的时候，那个罪犯神色慌张，一下子就被注意到了。
  放心，你没做错事，看到老板也不用慌张。

423 黄金 huángjīn （名/形）(n./adj.) gold; golden
- 搭配：购买黄金；黄金时间，黄金地段，黄金时代，黄金季节
- 例句：他买黄金进行投资。
  四月是这里最好的时间，是旅游的黄金季节。

424 灰 huī （名/形）(n./adj.) ash, dust, lime; gray, ashy
- 搭配：烟灰；灰土，灰色
- 例句：这些纸和照片都被烧成灰了。
  他的衣服只有三种颜色，即黑色、白色和灰色。

Unit 27

425 灰尘 huīchén (n.) dust, dirt, ash
搭配：一层灰尘，打扫灰尘，灰尘很厚
例句：打扫的时候应该先扫地，再擦灰尘。
这个房子一年没有人住了，到处都有厚厚的一层灰尘。

426 灰心 huīxīn (adj.) lose heart, be discouraged, be disappointed, be disheartened
搭配：灰心的想法，感到灰心，别灰心
例句：遇到困难的时候，他没有信心，有点儿灰心了。
虽然这次失败了，但是他没有灰心，仍然很努力。

427 挥 huī (v.) wave, wield, scatter, wipe off
搭配：挥手，挥泪，挥了一把汗
例句：他远远地向我们挥了挥手。
今天大家又累又热，挥汗如雨。

428 恢复 huīfù (v.) regenerate, recover, regain, resume, renew
搭配：恢复健康，恢复正常，恢复自由，恢复原状
例句：他的病完全好了，身体恢复了健康。
你的衣服上有咖啡，不能恢复原来的颜色了。

429 汇率 huìlǜ (n.) exchange rate
搭配：公布汇率，现行汇率，汇率上升，汇率下降，汇率稳定
例句：以前一美元是七块人民币，现在汇率下降了。
银行公布了现行汇率。

430 婚礼 hūnlǐ (n.) wedding ceremony
搭配：办婚礼，举行婚礼，参加婚礼，传统婚礼
例句：我的好朋友下周结婚，我要去参加他的婚礼。
现在人们很少举行传统婚礼。

431 婚姻 hūnyīn (n.) marriage, matrimony
搭配：婚姻关系，婚姻自由，婚姻法，幸福的婚姻
例句：现在年轻人的恋爱、婚姻都是自由的，父母不要过多干涉。
他爸爸妈妈的婚姻非常幸福。

432 活跃 huóyuè (adj./v.) brisk, active, dynamic; animate, invigorate
搭配：表现活跃，思想活跃；活跃经济，活跃市场，活跃气氛
例句：开会的时候，他提出了很多方案，表现很活跃。
他一来总是能活跃办公室的气氛。

实战练习（二十七）

一、听对话，选择正确答案

1. A. 小平的英文很好　　　　　　B. 小凤想教小平英文
   C. 小凤的父母是中国人　　　　D. 小凤在学校学习汉语
2. A. 小安在秋天去过云南　　　　B. 小安和小南一起去云南
   C. 云南的春天和秋天比较冷　　D. 春天和秋天是云南最好的季节

二、选词填空

A 恢复　B 挥　C 汇率　D 话题　E 婚礼　F 怀念　G 缓解　H 怀孕　I 慌张　J 灰

1. 真抱歉，我不能去参加你的（　　）了，祝你们新婚快乐！
2. 他在医院住了三个月，身体终于完全（　　）了。
3. 我很（　　）我们上大学的那些年。
4. 我向他（　　）了半天手，他都没有反应。
5. 最近（　　）每天都在下降，你还是把美元换成人民币吧。
6. 抽烟的时候不要把烟（　　）掉在地上。
7. 新措施（　　）了这个地区的堵车问题。
8. 李红（　　）了，快要当妈妈了。
9. 这些热门（　　）都是我负责采访的。
10. 我们准备得很好，遇到突然发生的事情肯定不会（　　）。

三、完成句子

1. 她　世界　一直　生活　幻想的　在　里 _____
2. 病情　得到了　极大的　王东的　缓解 _____
3. 小孩子　创造力　思想　有　活跃的　更 _____
4. 厚厚的　他　灰尘　家里　都是　一层　到处 _____

四、看图作文（80字左右）

Unit 28

火柴	极其
伙伴	急忙
或许	急诊
机器	集合
肌肉	集体
基本	集中
激烈	计算
及格	记录

433 火柴 huǒchái (n.) match
搭配：一根火柴，安全火柴，点燃火柴，划火柴，火柴盒
例句：他用火柴点燃了蜡烛。
　　　这根火柴湿了，不能用了。

434 伙伴 huǒbàn (n.) partner, companion, mate
搭配：合作伙伴，贸易伙伴，商业伙伴，伙伴关系
例句：我们一起开公司，是良好的合作伙伴。
　　　那两家公司已经建立了良好的合作伙伴关系。

435 或许 huòxǔ (adv.) perhaps, maybe
搭配：或许不是，或许已经走了
搭配：他或许是没有赶上飞机。
　　　或许她已经改变了主意。

436 机器 jīqì (n.) machine, machinery
搭配：发明机器，使用机器，开动机器，修理机器
例句：使用机器以后，人们的生活方便多了。
　　　工厂的这台机器坏了，需要找人修理一下。

437 肌肉 jīròu (n.) muscle
搭配：肌肉紧张，放松肌肉，肌肉发达，肌肉疼痛
例句：他每天都坚持运动，所以肌肉很发达。
　　　运动以后，你应该想办法放松一下肌肉。

438 基本 jīběn (n./adj./adv.) base, root, stem, foundation; basic, fundamental, main, essential; basically, in the main, on the whole, fundamentally
搭配：国家的基本；基本矛盾，基本条件，基本情况；基本合格，基本完成
例句：人民是国家的基本。
　　　我已经了解这件事的基本情况了。
　　　我的报告基本完成了，只差几个数据。

439 激烈 jīliè (adj.) intense, sharp, fierce, violent, acute
搭配：激烈的运动，激烈的比赛，激烈的讨论，激烈的辩论
例句：我心脏不好，不能做激烈的运动。
　　　大家都有自己的看法，不愿意改变，所以讨论越来越激烈。

440 及格 jígé (v.) pass (a test, examination, etc.), pass
搭配：成绩及格，考试及格，数学及格
例句：他考试考了六十分，刚及格。
　　　这次考试我的数学没及格。

Unit 28

441 极其 jíqí (adv.) extremely
- 搭配：极其重要，极其高兴，极其关心
- 例句：他并不知道，这个决定让他今后的路极其难走。
  这个会议极其重要，我必须去参加。

442 急忙 jímáng (adv.) in a hurry, in haste, hurriedly, hastily
- 搭配：急忙准备，急忙解释，急忙安排，急忙报名
- 例句：他刚刚知道明天有考试，所以急忙开始准备。
  他误会了我的意思，我急忙跟他解释。

443 急诊 jízhěn (n.) emergency call, emergency treatment
- 搭配：急诊室，急诊病人
- 例句：这位病人需要马上送到急诊室去。
  今天的急诊病人特别多，他一直忙到现在，还没来得及吃饭呢。

444 集合 jíhé (v.) gather, assemble
- 搭配：到学校集合，七点集合，集合时间
- 例句：你有没有告诉李红明天早上几点集合？
  老师让我们明天先到学校集合。

445 集体 jítǐ (n.) community, group, team, collective
- 搭配：集体生活，集体利益，集体宿舍，集体活动
- 例句：他喜欢一个人住，不喜欢住集体宿舍。
  他不喜欢参加集体活动，很少跟我们一起玩儿。

446 集中 jízhōng (v./adj.) concentrate, centralize, focus, put together; concentrating
- 搭配：集中力量，集中资金，集中精力；分布集中，精神集中
- 例句：我们应该先集中资金完成那个计划。
  这个孩子上课的时候总想别的事，注意力不集中。

447 计算 jìsuàn (v.) count, calculate, enumerate
- 搭配：计算时间，计算距离，计算面积，计算结果
- 例句：虽然我的数学不太好，但也会计算面积。
  帮我好好儿计算一下，买这些东西一共花了多少钱？

448 记录 jìlù (v./n.) take notes, record, write down; notes, minutes, record
- 搭配：记录对话，记录事实，记录数据；会议记录，研究记录
- 例句：我把他们说的话都记录在本子上了，你可以看看。
  这些是我们的研究记录。

实战练习（二十八）

一、听对话，选择正确答案

1. A. 60～70 分   B. 70～80 分
   C. 80～90 分   D. 90～100 分
2. A. 小文的工厂好多了   B. 小文现在有些信心了
   C. 小文的工厂刚成立   D. 小文的朋友们都很灰心

二、选词填空

A 集中   B 计算   C 记录   D 急诊   E 火柴   F 伙伴   G 机器   H 激烈   I 肌肉   J 急忙

1. 这次的辩论会双方辩论得很（   ）。
2. 我和小安是合作（   ）。
3. 他的兴趣是发明新的（   ）。
4. 我知道你发烧就（   ）过来了。
5. 你给我的工资是按照上周的汇率（   ）的。
6. 我不喜欢那些（   ）特别发达的男人。
7. 我昨天夜里发高烧，爸爸赶紧送我去了（   ）。
8. 我家没有打火机，你想抽烟就用（   ）吧。
9. 我们要（   ）精力解决核心问题。
10. 你能给我们看看上次开会的（   ）吗？

三、完成句子

1. 集合的 地点 固定 并不 球队 _____
2. 蛋糕 步骤 我 制作 知道 基本 的 _____
3. 这个 劳动 的 发明 成果 是 集体 _____
4. 运动员 发达 的 非常 肌肉 _____

四、请结合下列词语（要全部使用），写一篇 80 字左右的短文

及格   灰心   伙伴   恢复   活跃

Unit 29

记忆	家务
纪录	家乡
纪律	嘉宾
纪念	甲
系领带	假如
寂寞	假设
夹子	假装
家庭	价值

449 记忆 jìyì (n./v.) memory, remember, recall

搭配：记忆减退，记忆准确，失去记忆，深刻的记忆，记忆力；记忆起来

例句：他很聪明，能很快记住这些内容，而且记忆准确。

小时候的事情有些我还能记忆起来。

450 纪录 jìlù (n.) record

搭配：世界纪录，最高纪录，保持纪录，打破纪录，创造纪录

例句：这次比赛，他打破了上次的比赛纪录。

今年我们公司产品销量不断上升，创造了历史最高纪录。

451 纪律 jìlǜ (n.) rules and regulations, discipline

搭配：遵守纪律，违反纪律，破坏纪律

例句：他是一个遵守纪律的人。

我们公司有很多规定和纪律。

452 纪念 jìniàn (v./n.) commemorate, mark; souvenir

搭配：纪念发明家；纪念日，做纪念

例句：他起这个名字是为了纪念爷爷。

这张照片留给你做个纪念吧。

453 系领带 jì lǐngdài wear ties

搭配：必须系领带，不会系领带，系黑色领带

例句：去豪华餐厅必须系领带。

他常常系黑色领带，穿黑色西装。

454 寂寞 jìmò (adj.) lonely, lonesome

搭配：寂寞的生活，忍受寂寞，害怕寂寞

例句：他不害怕寂寞，喜欢一个人住。

要是你觉得寂寞的话，就找朋友聊聊天儿吧。

455 夹子 jiāzi (n.) clamp, folder, clip, clinch

搭配：文件夹子，衣服夹子，头发夹子

例句：我把文件放在文件夹子里了。

那个小女孩儿头发上的夹子很漂亮。

456 家庭 jiātíng (n.) family, household

搭配：大家庭，幸福的家庭，工人家庭，家庭教师，家庭医生

例句：我很幸运，我有一个幸福的大家庭。

我为儿子请了一个家庭教师，每个周末她都来家里辅导他。

Unit 29

457 家务 jiāwù (名) (n.) household duties, housework
搭配：做家务，家务劳动，家务活儿，家务事
例句：他在家也洗衣服、擦地，做家务活儿。
　　　我实在太忙了，连做家务的时间都没有。

458 家乡 jiāxiāng (名) (n.) hometown, native place
搭配：离开家乡，回到家乡，热爱家乡，建设家乡
例句：他是在这里出生长大的，这里是他热爱的家乡。
　　　他 20 岁离开家乡，60 多岁才又重新回到家乡。

459 嘉宾 jiābīn (名) (n.) honored guest
搭配：一位嘉宾，邀请嘉宾，演出嘉宾，表演嘉宾，特别嘉宾
例句：这次晚会，我们邀请到了那位有名的演员做表演嘉宾。
　　　他爷爷是这次表演的特别嘉宾。

460 甲 jiǎ (名) (n.) nail, armor, shell, the first of the Ten Heavenly Stems
搭配：甲级，甲壳，手指甲
例句：这种茶是最好的，属于甲级茶。
　　　有些动物身上有很硬的甲。
　　　那个女孩子的手指甲很漂亮。

461 假如 jiǎrú (连) (conj.) if, supposing, in case
例句：假如那个演员能做表演嘉宾，孩子们一定非常高兴。
　　　假如这次考试不及格，就需要再补考一次。

462 假设 jiǎshè (动)/(名) (v./n.) suppose, assume, grant, presume, guess; assumption, postulation, supposition
例句：假设条件，假设情况；一个假设
例句：假设这件事让我来做，我就不会这样做。
　　　这只是一个假设，并不是真的。

463 假装 jiǎzhuāng (动) (v.) pretend, feign, make believe
搭配：假装吵架，假装认识，假装关心，假装积极
例句：他们是假装吵架，不是真的。
　　　他们见面的时候假装不认识，其实他们是很好的朋友。

464 价值 jiàzhí (名) (n.) worth, cost, value
搭配：实用价值，经济价值，营养价值，药用价值，研究价值
例句：这种蔬菜有很高的营养价值。
　　　这个话题有研究价值。

实战练习（二十九）

一、听对话，选择正确答案

1. A. 小安和小白是同班同学　　B. 小安和小白的家乡是北京
   C. 小安和小白是在北京认识的　　D. 小安和小白认识很长时间了
2. A. 马阿姨一个人住　　B. 马阿姨有两个儿子
   C. 马阿姨最近不太开心　　D. 马阿姨的丈夫不愿意陪她

二、选词填空

A 价值　B 假设　C 嘉宾　D 纪律　E 纪念　F 系领带　G 家庭　H 夹子　I 甲　J 假如

1. 今天的节目（　　）是一位著名歌星。
2. 我们拍一张合影做（　　）吧。
3. 他不会因为工作而忽视（　　）。
4. 我只在正式的场合才（　　）。
5. HSK 考试中有很多（　　）级词。
6. 人们并不了解这项新发明的（　　）。
7. （　　）明天不下雨，我们就一定去。
8. （　　）每股的价格是十块钱，我手头所有的股票加在一起也不到一万元。
9. 我翻了抽屉，没有找到放文件的（　　）。
10. 学校有学校的（　　），你不能随便旷课。

三、完成句子

1. 请　嘉宾　特别　下面　发言　＿＿＿＿＿＿＿＿＿＿
2. 我　五六岁的时候　记忆　发生的事　没有　对　＿＿＿＿＿＿＿＿＿＿
3. 阿姨　他　请了　做　一位　家务　帮他　＿＿＿＿＿＿＿＿＿＿
4. 第一次　破　他们队　国际比赛中　在　纪录　了　＿＿＿＿＿＿＿＿＿＿

四、请结合下列词语（要全部使用），写一篇80字左右的短文

家庭　家务　集中　寂寞　假如

Unit 30

驾驶	捡
嫁	剪刀
坚决	简历
坚强	简直
肩膀	建立
艰巨	建设
艰苦	建筑
兼职	健身

465 驾驶 jiàshǐ 动 (v.) drive, pilot, steer, navigate, fly
搭配：驾驶汽车，驾驶飞机，驾驶员，驾驶证
例句：他是飞机驾驶员。
　　　他学开车学了一个星期就可以驾驶汽车了。

466 嫁 jià 动 (v.) marry, shift, transfer
搭配：出嫁，嫁人，嫁女儿，嫁祸给他
例句：他的女儿嫁给了一个工程师。
　　　这件事是你做错了，你不要嫁祸给我。

467 坚决 jiānjué 形 (adj.) firm, resolute, determined, resolved
搭配：坚决支持，坚决反对，坚决辞职，坚决改正，态度坚决
例句：这个决定我坚决反对，不会改变。
　　　妈妈对这件事的态度十分坚决，没有商量的余地。

468 坚强 jiānqiáng 形/动 (adj./v.) strong, firm; strengthen
搭配：坚强的人，坚强的性格，坚强的决心；坚强信心
例句：她的性格很坚强，遇到困难也能独自面对。
　　　这些政策效果很好，坚强了大家的信心。

469 肩膀 jiānbǎng 名 (n.) shoulder
搭配：肩膀很宽，拍肩膀
例句：那个运动员的肩膀很宽。
　　　他一边安慰朋友，一边拍拍他的肩膀。

470 艰巨 jiānjù 形 (adj.) onerous, hard, difficult, arduous
搭配：艰巨的任务，艰巨的工作，艰巨的工程
例句：在山区修建高速公路是一项非常艰巨的工程。
　　　他很有能力，艰巨的任务交给他做肯定没问题。

471 艰苦 jiānkǔ 形 (adj.) arduous, difficult, hard, tough
搭配：艰苦的工作，艰苦的条件，艰苦的环境，艰苦奋斗
例句：这个学校的桌子很旧，房子也很破，条件很艰苦。
　　　在这样艰苦的环境下工作，他并没什么怨言，反而非常努力。

472 兼职 jiānzhí 动/名 (v./n.) hold two or more posts concurrently; concurrent post, part-time job
搭配：兼职教师；辞去兼职，两份兼职，兼职工作
例句：因为兼职太多，他最近总感觉压力太大。
　　　她除了工作以外，还做了一份兼职。

Unit 30

473 捡 jiǎn (v.) pick up, collect
搭配：捡东西，捡垃圾，捡废品，捡便宜
例句：你的书掉在地上了，我帮你捡起来放在桌子上了。
他买东西的时候正赶上打折，所以捡了个大便宜。

474 剪刀 jiǎndāo (n.) scissors, shears
搭配：一把剪刀，锋利的剪刀
例句：她用剪刀把绳子剪断了。
这把剪刀很锋利。

475 简历 jiǎnlì (n.) resume
搭配：一份简历，个人简历，求职简历，写简历，投简历
例句：他要找工作，已经给几家公司投了简历。
经理看了很多份简历，最后只挑选了几个人来面试。

476 简直 jiǎnzhí (adv.) simply, at all, virtually
例句：这手机太便宜了，简直就是白送。
这是真的吗？我简直不敢相信。

477 建立 jiànlì (v.) build, set up, establish, found, create, erect
搭配：建立公司，建立友谊，建立联系
例句：我们公司跟他们公司建立了一种良好的合作关系。
同学三年，她们之间建立了深厚的友谊。

478 建设 jiànshè (v.) build, construct
搭配：建设家园，经济建设，铁路建设，建设现代化强国
例句：我们要把国家的经济建设工作放在首位。
他为建设美好家园做出了重大贡献。

479 建筑 jiànzhù (n.) building, architecture, construction
搭配：建筑面积，欧式建筑，中式建筑
例句：这个房子的建筑面积不到 90 平米。
苏州园林是中国有名的园林建筑。

480 健身 jiànshēn (n.) fitness
搭配：健身教练，健身中心，全民健身
例句：无论工作有多忙，他都坚持每周健身一次。
这个健身教练很受大家欢迎。

实战练习（三十）

一、听对话，选择正确答案

1. A. 博物馆　　　　　　　B. 电影院
   C. 健身房　　　　　　　D. 购物中心
2. A. 男的在找工作　　　　B. 今年工作任务很少
   C. 女的不想在这儿工作　D. 女的可能在面试

二、选词填空

A 嫁　B 兼职　C 驾驶　D 健身　E 肩膀　F 艰苦　G 艰巨　H 坚强　I 捡　J 简历

1. 我是一名建筑设计师，平时也（　　）写小说。
2. 他肌肉发达，（　　）很宽。
3. 麻烦你帮我把那个夹子（　　）起来。
4. 她总是幻想（　　）给一个王子。
5. 这儿的条件太（　　）了，连电和自来水都没有。
6. 我家宝贝长大想学习（　　）飞机。
7. 别担心，那个姑娘是个很（　　）的人。
8. 毕业后忙于工作，我都没时间去（　　）了，胖了好多。
9. 这是一个（　　）的任务，你要保证按时完成。
10. 他（　　）上写的是本科毕业，而且有很多工作经验。

三、完成句子

1. 你　我　剪刀　那把　请　把　递给　_____
2. 妈妈　这样的　同意　坚决　安排　不会　_____
3. 我　一分钟　都　不能　简直　放松　_____
4. 我　工作　条件下　受不了　在　这么　艰苦的　_____

四、请结合下列词语（要全部使用），写一篇80字左右的短文

健身房　锻炼　激烈　简直　坚决

Unit 31

键盘	胶水
讲究	角度
讲座	狡猾
酱油	教材
交换	教练
交际	教训
交往	阶段
浇	结实

481 键盘 jiànpán／名 (n.)／keyboard
搭配：电脑键盘，钢琴键盘，使用键盘
例句：这架钢琴的键盘有点儿不灵活了。
　　　这台电脑的键盘掉了好几个键。

482 讲究 jiǎngjiu／形／动 (adj./v.)／exquisite, tasteful, costly, elegant; be particular about, pay (great) attention to
搭配：对……很讲究，穿着讲究；讲究方法
例句：张经理对穿着很讲究。
　　　不论我们做什么，都要讲究方式方法。

483 讲座 jiǎngzuò／名 (n.)／lecture
搭配：关于……的讲座，听讲座，开讲座
例句：王老师给大家做了一场关于中国文化的讲座。
　　　听讲座的时候，大家最好把手机调成静音。

484 酱油 jiàngyóu／名 (n.)／soy sauce
搭配：一滴酱油，两瓶酱油，买酱油，打酱油
例句：如果你再往菜里加几滴酱油味道就更好了。
　　　妈妈让小静去超市买瓶酱油。

485 交换 jiāohuàn／动 (v.)／exchange, swap
搭配：交换意见，交换想法，物质交换
例句：平时大家多交换交换想法，这样才能共同进步。
　　　会议结束后，我跟她互相交换了电话号码。

486 交际 jiāojì／动 (v.)／contact, communicate
搭配：交际能力，交际舞，交际圈，社会交际，进行交际
例句：语言是人类最重要的交际工具。
　　　用汉语进行交际对他来说不是一件难事。

487 交往 jiāowǎng／动 (v.)／association, contact, associate with, be in contact with
搭配：交往密切，人际交往，交往自由
例句：我希望今后两国人民有更多的交往。
　　　在日常交往中，要注意方式与方法。

488 浇 jiāo／动 (v.)／irrigate, water
搭配：浇水，浇花儿，浇地
例句：这种花儿不需要经常浇水。
　　　听到这个消息，我感觉好像一盆冷水浇了下来。

Unit 31

489 胶水 jiāoshuǐ (名) (n.) glue, gum water
搭配：一瓶胶水，用胶水粘东西
例句：请你用胶水把这张邮票粘上。
　　　能把那瓶胶水借给我用用吗？

490 角度 jiǎodù (名) (n.) point of view, angle, perspective
搭配：多角度，从……角度考虑，换个角度看问题
例句：多角度考虑问题才能少出差错。
　　　幼儿教师要多从孩子的角度考虑问题。

491 狡猾 jiǎohuá (形) (adj.) sly, cunning, tricky
搭配：狡猾的敌人，狡猾的狼，非常狡猾
例句：对方很狡猾，你别被他骗了。
　　　所有的动物中，最狡猾的应该是狐狸。

492 教材 jiàocái (名) (n.) teaching material, textbook
搭配：一套教材，汉语教材，数学教材，使用教材，编写教材
例句：我现在需要一套最新的汉语教材。
　　　这本教材的内容很丰富也很有趣。

493 教练 jiàoliàn (名/动) (n./v.) coach, trainer, instructor; coach, train, instruct
搭配：体育教练，篮球教练，健身教练，私人教练；教练有方
例句：在教练的耐心指导下，运动员们进步很快。
　　　那位篮球教练正在教运动员打篮球。
　　　他真是教练有方，学员们跟他学游泳用不了几天就学会了。

494 教训 jiàoxun (名/动) (n./v.) lesson, moral; teach sb. a lesson, chide, educate
搭配：接受教训，得到教训，经验教训，深刻的教训；教训别人
例句：他从这次事故中得到了一个很大的教训。
　　　虽然他做错了，但是你也不能这样教训他啊！

495 阶段 jiēduàn (名) (n.) stage, phase, period
搭配：过渡阶段，阶段目标，阶段总结，初级阶段，第一阶段
例句：现在他们公司还处于起步阶段。
　　　她在会上提出了公司现阶段的发展目标。

496 结实 jiēshi (形) (adj.) strong, sturdy, tough, robust
搭配：长得结实，身体结实，绳子很结实
例句：他个子很高，身体长得也很结实。
　　　这条绳子不结实，你换条粗点儿的来吧。

实战练习（三十一）

一、听对话，选择正确答案

1. A. 旅游　　　B. 上网　　　C. 上班　　　D. 买东西
2. A. 想买衣服　B. 正在浇花儿　C. 要换手机　D. 不爱洗衣服

二、选词填空

A 酱油　B 教训　C 结实　D 交际　E 讲究　F 角度　G 浇　H 阶段　I 胶水　J 讲座

1. 李红，我的简历上还没贴照片呢，把（　　）借我用用。
2. 张教授今天上午做了一个关于亚洲经济发展的（　　）。
3. 他的（　　）能力很强，认识很多朋友。
4. 大家应该吸取这次失败的（　　），然后继续努力。
5. 奶奶每天早上都要把院子里的花儿（　　）一遍。
6. 这道菜的（　　）放多了，都变黑了。
7. 从这个（　　）看过去，这个胡桃就像颗星星一样。
8. 这是我们制订的第一（　　）的发展目标。
9. 李大哥的身体一直都很（　　），怎么说病就病了呢？
10. 他的妈妈虽然上了年纪，但穿衣服还是非常（　　）。

三、完成句子

1. 告诉了　他　把　建议　大家的　张经理 _____
2. 酱油　和　李红　买了　去超市　胶水 _____
3. 教材　这套　是　发行　的　解放后 _____
4. 这个　活跃　对手　狡猾　最近　非常 _____
5. 应该　父母　角度　多从　孩子的　考虑　问题 _____

四、请结合下列词语（要全部使用），写一篇80字左右的短文

角度　讲座　建议　浇　篇

Unit 32

接触
接待
接近
节省
结构
结合
结论
结账

戒
戒指
届
借口
金属
紧急
谨慎
尽快

497 接触 jiēchù (v.) contact, touch, engage
搭配：亲密接触，深入的接触，与……接触
例句：他们刚刚认识，并没有深入接触。
在接触的过程中，我发现他很有想法。

498 接待 jiēdài (v.) receive, admit
搭配：接待室，接待客人，接待来宾，接待得很周到
例句：我在接待室里等你半个小时了。
这个会议室是用来接待贵宾的。

499 接近 jiējìn (v.) be close to, near, approach
搭配：接近群众，接近终点，水平接近
例句：张红在接近终点的时候摔倒了，太可惜了。
这两位选手水平很接近，都可能拿冠军。

500 节省 jiéshěng (v.) economize, save
搭配：节省时间，节省开支，节省劳动力
例句：懂得节省时间的人比较容易成功。
我们应该尽量为公司节省开支。

501 结构 jiégòu (n.) structure, construction
搭配：文章结构，语言结构，房屋结构，结构严谨，人体结构
例句：这篇文章的结构很值得我们学习。
这个房屋的结构设计得很合理。

502 结合 jiéhé (v.) combine, unite, integrate, link, connect
搭配：结合实际，中西医结合，与……相结合
例句：我们应该结合自身的实际情况制定奋斗目标。
这是一家中西医结合的医院。

503 结论 jiélùn (n.) conclusion, verdict
搭配：一个结论，得出结论，结论证明……
例句：我们得出的结论是必须降低成本。
这件事证明了我们的结论是正确的。

504 结账 jié zhàng (v.) check out, foot the bill
搭配：去结账，年底结账，最后结账
例句：你们继续吃，我先去结账。
刚才有一位先生已经结过账了，您就不用结了。

Unit 32

505 戒 jiè (动) (v.) guard against, exhort, admonish, give up, drop, stop
- 搭配：戒烟，戒酒，引以为戒
- 例句：他戒酒已经有两年了。
　　　犯了错误不要紧，只要引以为戒，不再重犯就行了。

506 戒指 jièzhi (名) (n.) ring
- 搭配：一只戒指，订婚戒指，结婚戒指，金戒指，戴戒指
- 例句：你的戒指好特别啊！
　　　新郎为新娘戴上了漂亮的结婚戒指。

507 届 jiè (量) (classifier.) session, class (for meetings, graduating classes, etc.)
- 搭配：上一届，下一届，届时，首届，历届，应届毕业生
- 例句：他们是建校以来的首届毕业生。
　　　下周我们要举行十周年店庆，届时请你一定来参加。

508 借口 jièkǒu (名) (n.) excuse
- 搭配：找借口，以……为借口
- 例句：你不要总是拿忙当借口。
　　　他经常借口家里有事不来上班。

509 金属 jīnshǔ (名) (n.) metal
- 搭配：重金属，有色金属，金属材料，金属元素
- 例句：这里的河水被重金属污染了。
　　　这个保温杯的外壳是用金属做成的。

510 紧急 jǐnjí (形) (adj.) urgent, pressing, critical
- 搭配：紧急情况，紧急关头，任务紧急，紧急出口
- 例句：现在情况特殊，大家必须采取紧急措施。
　　　你带领大家赶紧先从紧急出口出去。

511 谨慎 jǐnshèn (形) (adj.) prudent, careful, cautious
- 搭配：小心谨慎，谨慎的人，做事谨慎
- 例句：他是一个谨慎的人，说话做事都很小心。
　　　谨慎的人办事不容易出错。

512 尽快 jìnkuài (副) (adv.) as quickly as possible
- 搭配：尽快完成，尽快通过
- 例句：我们要尽快完成这项工作。
　　　你应该尽快打消这个想法。

实战练习（三十二）

一、听对话，选择正确答案

1. A. 五名　　B. 六名　　C. 七名　　D. 八名
2. A. 公司　　B. 学校　　C. 家里　　D. 车上

二、选词填空

A 接待　B 结合　C 接近　D 紧急　E 戒指　F 谨慎　G 结论　H 届　I 接触　J 金属

1. 现在情况很（　　），你必须马上做决定！
2. 他们虽然是朋友，但并没有深入地（　　）
3. 在（　　）车站的地方，发生了一场车祸。
4. 我们公司今年招了很多应（　　）毕业生。
5. 这些桌椅是铁的，都是用（　　）做的。
6. 这家公司的（　　）人员不但有礼貌，还很懂得合理利用时间。
7. 李教授（　　）这两年的教学经验制订了一套新的教学模式。
8. 这是你的结婚（　　）吗？戴在你手上真漂亮。
9. 你们讨论了十五分钟，得出（　　）了吗？
10. 小王是一个（　　）的人，做事很少犯错。

三、完成句子

1. 犯　小丽　谨慎的人　这么　也会　这样的错 ＿＿＿＿＿＿
2. 请你　建筑物　的　把　结构图　我　看看　这座　拿给 ＿＿＿＿＿＿
3. 你　能　尽快　我希望　制订出　目标　下一阶段　的 ＿＿＿＿＿＿
4. 网上　招聘　的　有　很多　信息　体育教练 ＿＿＿＿＿＿
5. 他　已经　刚才　结账　去　前台　了 ＿＿＿＿＿＿

四、请结合下列词语（要全部使用），写一篇80字左右的短文

接待　靠近　结账　方便　节省

Unit 33

尽力	精力
尽量	精神
进步	酒吧
进口	救
近代	救护车
经典	舅舅
经商	居然
经营	桔子

513　尽力 jìnlì (v.) try one's best, do all one can, with all one's energy

搭配：尽力而为，尽力做某事，尽心尽力

例句：不管这件事能不能成功，我们都会尽力而为。
　　　何律师会尽力帮你洗清罪名的。

514　尽量 jìnliàng (v.) as far as possible, to the full

搭配：尽量快点儿，尽量早来

例句：请你尽量把声音放大一点儿，后边的人听不清楚。
　　　不论你学习哪一种语言，都要尽量多开口练习。

515　进步 jìnbù (v./adj.) improve, make progress, move forward; progressive

搭配：有进步，进步很大，进步很快；进步青年，思想进步

例句：虚心使人进步，骄傲使人落后。
　　　多与进步人士交流，你的思想也会在不知不觉中进步。

516　进口 jìn kǒu (v.) import

搭配：进口商品，进口关税，进口图书，进口巧克力

例句：这些从美国进口的巧克力味道还不错。
　　　我们公司需要从澳大利亚进口原材料。

517　近代 jìndài (n.) modern times

搭配：近代史，近代文学作品

例句：中国的近代史是从1840年开始的。
　　　这本书集合了近代很多优秀的作品。

518　经典 jīngdiǎn (adj./n.) classical; classics

搭配：非常经典，经典歌曲；阅读经典

搭配：你说的这个问题是大多数人在面试中都遇到过的一个经典问题。
　　　老师希望大家在假期里多看一些文学经典。

519　经商 jīng shāng (v.) engage in trade, be in business

搭配：经商多年，在北京经商

例句：王东和哥哥合伙儿在上海经商。
　　　张红经商失败，欠了别人很多钱。

520　经营 jīngyíng (v.) manage, operate, run

搭配：经营公司，苦心经营，经营商业

例句：我们公司在王经理的苦心经营下，慢慢走上了正轨。
　　　朋友之间的友谊也是需要用心经营的。

Unit

521 精力 jīnglì (名) (n.) energy, vigor
搭配：耗费精力，精力旺盛，精力充沛，精力过人
例句：不要再耗费精力了，我们不可能在一个月内走遍全国。
　　　都这么晚了，他依然精力旺盛地在看比赛。

522 精神 jīngshen (名) (n.) spirit
搭配：精神不好，文件精神
例句：王东这两天精神不好，他是不是生病了？
　　　他穿这件衣服看起来很精神。

523 酒吧 jiǔbā (名) (n.) bar, pub
搭配：一家酒吧，在酒吧演出，泡酒吧，露天酒吧
例句：法律明确规定未成年人不能进入酒吧。
　　　那家酒吧的装修非常有特点。

524 救 jiù (动) (v.) rescue, save, help, relieve
搭配：救人，救命，救火
例句：着火啦！大家快来救火啊！
　　　为救这个病人，三位医生连续工作了七个小时。

525 救护车 jiùhùchē (名) (n.) ambulance
搭配：一辆救护车，叫救护车
例句：快打电话叫救护车，奶奶的心脏病发作了！
　　　在紧急情况下，救护车可以不遵守交通规则。

526 舅舅 jiùjiu (名) (n.) mother's brother, uncle
搭配：我的舅舅
例句：每年大年初五，我们一家人都会去舅舅家吃饭。
　　　我管妈妈的哥哥叫舅舅。

527 居然 jūrán (副) (adv.) unexpectedly, to one's surprise
搭配：居然不明白，居然认错人
例句：你一向很认真，居然也会犯这么简单的错误！
　　　我们班没通过考试的那个人居然是李静！

528 桔子 júzi (名) (n.) orange
搭配：一只桔子，买桔子，吃桔子
例句：我最喜欢吃的水果是桔子。
　　　桔子一般都生长在比较暖和的地方。

131

实战练习（三十三）

一、听对话，选择正确答案

1. A. 人物　　B. 比赛　　C. 经济　　D. 法律
2. A. 母子　　B. 同学　　C. 夫妻　　D. 同事

二、选词填空

A 精力　B 进步　C 救护车　D 经营　E 桔子　F 舅舅　G 居然　H 尽力　I 经典

1. (　　)，我和表姐去逛街了，中午不用等我们吃饭。
2. (　　)好这家分公司很不容易，辛苦你了，李亮！
3. 李教授的思想很(　　)，见解也很独到。
4. 黑色与白色是(　　)搭配，永不过时。
5. 这部电影很(　　)，过了很多年之后还想看。
6. 他最近病了，没(　　)做那么多事。
7. 你不是周六回来吗？(　　)周三就回来了，我太高兴了。
8. 我不保证这个计划能成功，但我会(　　)做的。
9. 相对于香蕉来说，我还是比较喜欢吃(　　)。
10. 姥姥心脏病犯了，快打 120 叫(　　)！

三、完成句子

1. 为了　舅舅　被　救　小女孩儿　车　撞了　一个
2. 桔子　非常　水果　一种　是　好吃的
3. 常去　周末　放松放松　我　酒吧
4. 很多　经典的作品　令人难忘的　总有　地方
5. 那些　他　把　进口香烟　李经理　送给　了

四、看图作文（80 字左右）

Unit 34

巨大	角色
具备	绝对
具体	军事
俱乐部	均匀
据说	卡车
捐	开发
决赛	开放
决心	开幕式

529 巨大 jùdà (adj.) huge, tremendous, enormous, gigantic, immense

搭配：巨大的成就，巨大的工程，耗资巨大，体积巨大

例句：这个巨大的工程需要三年才能完工。
　　　他在文学上取得了巨大的成就，还获得了很多奖项。

530 具备 jùbèi (v.) possess, have, be provided with

搭配：具备……条件，具备……能力，具备……素质

例句：很多小孩子都不具备自救的能力。
　　　医生上岗之前，必须具备相关的专业知识和技能。

531 具体 jùtǐ (adj.) concrete, specific, particular

搭配：具体要求，具体问题，具体计划，具体工作，不够具体

例句：请把你的具体计划打印出来，明天下午大家开会讨论一下。
　　　你能把事情的经过说得再具体点儿吗？

532 俱乐部 jùlèbù (n.) club

搭配：一家俱乐部，网球俱乐部，足球俱乐部，俱乐部会员，加入俱乐部

例句：网球俱乐部的成员每周都会打很多场网球比赛。
　　　俱乐部经理为俱乐部培养了很多优秀的体育运动员。

533 据说 jùshuō (v.) it is said that, they say

例句：北京是一个艺术大都会，据说那里的很多街头艺人都是才艺超群的。
　　　毕业后，张华自己开了一家公司，据说经营得还不错。

534 捐 juān (v.) contribute, donate, subscribe

搭配：捐钱，捐款，捐赠，捐给……

例句：每年他都会为希望工程捐很多钱，但从来不留真实姓名。
　　　李红为这名残疾儿童捐了一辆轮椅。

535 决赛 juésài (v.) finals

搭配：一场决赛，总决赛，半决赛，四分之一决赛，参加决赛，打进决赛

例句：经过了四场半决赛的争夺，我们队最终进入了总决赛。
　　　昨天台里通知李明，让他下个月到上海参加歌唱比赛的总决赛。

536 决心 juéxīn (n./v.) determination, resolution; determine, decide

搭配：下决心；决心做某事

例句：我辞职的决心已定，所以你们不用再劝我了。
　　　他暗下决心，这次一定要把歌唱好！

Unit 34

537 角色 juésè (n.) role, part, character
搭配：扮演……角色，主要角色，人物角色
例句：他在这部戏中扮演的是一个医生的角色。
　　　不论你扮演的是主要角色还是次要角色，都应该用心表演。

538 绝对 juéduì (adv./adj.) absolutely, definitely; absolute, definite
搭配：绝对优势，绝对安全，绝对正确；看法太绝对
例句：在这场辩论赛中，正方占了绝对优势。
　　　他成绩这么差，是绝对考不上这所大学的。

539 军事 jūnshì (n.) military affairs
搭配：军事家，军事思想，军事理论，军事活动，军事研究，军事院校
例句：这所军事院校为国家培养了很多军事家。
　　　他把自己学到的军事思想和过去带兵的经验写成了一本书。

540 均匀 jūnyún (adj.) even, well-distributed
搭配：呼吸均匀，分配均匀，分布均匀
例句：他睡得安详而沉静，呼吸很均匀。
　　　这里气候湿润，季节分配比较均匀。

541 卡车 kǎchē (n.) lorry, truck
搭配：一辆卡车，载重卡车，轻型卡车
例句：那辆卡车里装满了货物。
　　　为给市场送蔬菜，他们合伙儿买了一辆卡车。

542 开发 kāifā (v.) develop, open up, exploit
搭配：开发区，开发新产品，开发市场，西部大开发
例句：那家公司位于开发区，离市区很远。
　　　他们刚开发出了一种新手机，适合老年人使用。

543 开放 kāifàng (v./adj.) lift the ban, be open to the public, open up; open
搭配：免费开放，对……开放，改革开放；思想开放
例句：这家博物馆免费对外开放，所以你不用花钱买票。
　　　改革开放后，中国发生了翻天覆地的变化。
　　　她思想很开放，对事物常有一些大胆、独特的看法。

544 开幕式 kāimùshì (n.) opening ceremony
搭配：会议开幕式，世界杯足球赛开幕式，举行开幕式
例句：全运会开幕式上将有大型团体操表演。
　　　这位领导会在明天的开幕式上发言。

实战练习（三十四）

一、听对话，选择正确答案

1. A. 女的喝醉了　　B. 他们是亲戚　　C. 男的经常来这里　　D. 酒吧生意好
2. A. 参加聚会　　　B. 认真听课　　　C. 准备出差　　　　D. 聊聚会的事

二、选词填空

A 具备　B 角色　C 巨大　D 卡车　E 开发　F 捐　G 绝对　H 均匀　I 俱乐部　J 决赛

1. 这件事（　　）不是李丽做的，她是一个诚实的人。
2. 这辆大（　　）是他上个月从二手市场上买的。
3. 为了（　　）新产品，他和同事在实验室做了很多实验。
4. 这是大家为你家（　　）的钱，希望能帮到你们。
5. 你最好把礼物分（　　），不然孩子们会生气的。
6. 这个国家并不（　　）举办奥运会的条件。
7. 小红为了演好这个（　　），亲自去农村体验了一个月的生活。
8. 很多城市都有自己的篮球（　　）和篮球队。
9. 前面有一块（　　）的石头，挡住了汽车前进的道路。
10. （　　）往往很激烈，但不一定精彩。

三、完成句子

1. 锻炼方法　俱乐部的　正在　体育教练　为大家　演示 _____
2. 准备工作　开发新项目　需要　做　很多　前 _____
3. 申请　很多人　出国留学的　都　具备　资格 _____
4. 一个星期　这场　可能　要　军事演习　持续　左右 _____
5. 让　你们　开幕式的　绝对不会　节目　失望的 _____

四、请结合下列词语（要全部使用），写一篇80字左右的短文

舅舅　酒吧　聚会　赶紧　救护车

Unit 35

开水	可怕
砍	克
看不起	克服
看望	刻苦
靠	客观
颗	课程
可见	空间
可靠	空闲

545 开水 kāishuǐ (名) (n.) boiling water
搭配：一杯开水，白开水
例句：你当心点儿，这可是开水，别烫着了。
　　　麻烦你，请给我一杯开水。

546 砍 kǎn (动) (v.) cut, chop
搭配：砍伤，砍树，砍木头，用刀砍，砍柴
例句：他不小心把腿砍伤了，流了很多血。
　　　这篇文章太长了，得砍去一半。

547 看不起 kànbuqǐ (动) (v.) look down upon, scorn, despise
搭配：看不起人，看不起病
例句：你不应该看不起这些穷人。
　　　你别看不起他，他其实能力很强。

548 看望 kànwàng (动) (v.) call on, visit, see, look-in
搭配：看望病人，看望老师
例句：我明天去看望我的老师。
　　　今天下午我们打算去医院看望小李。

549 靠 kào (动) (v.) lean against [on], get close to, be near to, depend on, rely on
搭配：背靠背，靠近，靠别人
例句：她靠在父亲的肩上睡着了。
　　　船马上就要靠岸了。
　　　他靠兼职挣来的钱读完了大学。

550 颗 kē (量) (classifier) quantifier used before small spheres
搭配：一颗星星，一颗爱心，一颗豆子，一颗葡萄，一颗珍珠，一颗子弹
例句：我希望自己能成为天上最亮的那颗星。
　　　她整颗心都在孩子身上，哪还有时间管公司的事啊！

551 可见 kějiàn (连) (conj.) it is clear that, thus
搭配：由此可见
例句：没想到在这个陌生的城市能够遇见他，可见这个世界真的很小。
　　　自从张华当经理后，公司的销售额就不断上升，可见他确实很有能力。

552 可靠 kěkào (形) (adj.) reliable, dependable, trustworthy
搭配：可靠的消息，可靠的人，很可靠
例句：他这个人很不可靠，我们不要把秘密告诉他。
　　　据可靠的消息，下周总经理要来分公司视察。

Unit

553 可怕 kěpà (adj.) fearful, frightening, horrible, terrible, dreadful
搭配：可怕的人，可怕的事，非常可怕，……并不可怕，可怕的是……
例句：我差一点儿在这场可怕的车祸中失去生命。
　　　失败并不可怕，可怕的是对自己都没有信心。

554 克 kè (classifier) gram
搭配：两克，千克
例句：这袋盐重 500 克。
　　　一千克就是两斤。

555 克服 kèfú (v.) surmount, overcome, conquer
搭配：克服困难，克服缺点，克服阻力
例句：他们在工作中克服了重重困难，最终完成了工作任务。
　　　自我批评是克服自身缺点的法宝。

556 刻苦 kèkǔ (adj.) assiduous, hardworking, painstaking
搭配：刻苦学习，刻苦训练
例句：经过刻苦的练习，他终于成了一名著名的演说家。
　　　张亮学习一直都很刻苦，他终于考上了自己理想的大学。

557 客观 kèguān (adj.) objective
搭配：客观规律，客观原因，客观存在，客观世界，客观条件
例句：春夏秋冬、四季变化是客观的自然规律。
　　　你不能只从主观感觉做决定，还要联系客观实际。

558 课程 kèchéng (n.) curriculum, course
搭配：课程表，大学课程，专门课程，课程安排，课程设置
例句：这学期的课程安排不太合理。
　　　汉字学是专门为大学三年级学生开的课程。

559 空间 kōngjiān (n.) space, room
搭配：自由空间，个人空间，网络空间，生存空间
例句：我希望每个人都有属于自己的自由空间。
　　　大草原是最适合狮子生存的空间。

560 空闲 kòngxián (adj./n.) idle, free; idle time, spare time, leisure
搭配：空闲时间；有空闲
例句：我一直在加班，几乎没有一天空闲时间。
　　　我利用空闲时间阅读了大量图书。

实战练习（三十五）

一、听对话，选择正确答案

1. A. 医生与病人　　B. 乘客与司机　　C. 听众与播音员　　D. 服务员与顾客
2. A. 看电视　　　　B. 吃水果　　　　C. 演节目　　　　　D. 洗苹果

二、选词填空

A 可见　B 课程　C 克服　D 看不起　E 可怕　F 开水　G 克　H 颗　I 看望　J 靠

1. 王老师住院了，同学们想去（　　）她。
2. 听到这个（　　）的消息，她几乎被吓傻了。
3. 超市的价签上写着巧克力每千（　　）九十九块钱。
4. 我都快热死了，你怎么还拿（　　）给我喝。
5. 我最（　　）那些只说不做的人。
6. 每一（　　）星星都承载着那个小女孩儿的梦。
7. 为了（　　）困难，他不惜放弃了难得的假期。
8. 张教授所教的（　　）不容易理解，你选之前最好考虑好。
9. 演唱会还没开始，外面的歌迷就这么多了，（　　）张娜多受大家欢迎。
10. 他的事业全是（　　）自己，没找朋友帮忙。

三、完成句子

1. 非常　多　试卷中　客观题　的　这套 _____
2. 产生　封闭黑暗的　容易让人　空间　恐惧感 _____
3. 理想的大学　最终　刻苦学习的人　将会　考上 _____
4. 这件　快　把　告诉　令人开心的事　王导演 _____
5. 把　张林　课程表　这学期的　十份　复印了 _____

四、看图作文（80字左右）

Unit 36

控制	辣椒
口味	拦
夸	烂
夸张	朗读
会计	劳动
宽	劳驾
昆虫	老百姓
扩大	老板

561 控制 kòngzhì / 动 (v.) / control, dominate, manipulate

搭配：控制力量，控制感情，控制不住，得到控制，控制人口增长

例句：看到严重受伤的朋友，她没有控制住自己的眼泪。
他的病情已经得到了控制，暂时没有什么生命危险。

562 口味 kǒuwèi / 名 (n.) / a person's taste

搭配：个人口味，口味特别，重口味

例句：我和妹妹吃东西的口味相差很多，我喜欢吃甜的，她喜欢吃咸的。
这种蛋糕的口味很特别，你尝尝吧。

563 夸 kuā / 动 (v.) / praise, exaggerate, overstate, boast

搭配：夸奖，自夸，夸口，夸别人

例句：他夸下海口说，挣不到一百万就不回家。
不是我自夸，公司里没有人比我更懂电脑。

564 夸张 kuāzhāng / 形 (adj.) / exaggerate; overstate

搭配：有些夸张，比较夸张，太夸张了

例句：你这样说未免也太夸张了。
他夸张的表情引得大家都笑了起来。

565 会计 kuàijì / 名 (n.) / accounting, accountant, bookkeeper

搭配：名会计，会计资格从业证，会计证书

例句：会计经常与数字和金钱打交道。
下个月十一号，我要参加会计资格证考试。

566 宽 kuān / 形/名/动 (adj./n./v.) / wide, broad; width; relax, relieve

搭配：特别宽，路很宽；两米宽；宽心

例句：走在宽宽的马路上，我感觉全身都放松了。
这个桌子长三米，宽两米，高一米。
听说他已经脱离了危险，大家的心立刻宽了下来。

567 昆虫 kūnchóng / 名 (n.) / insect

搭配：一只昆虫，很多种昆虫，昆虫学家

例句：那种昆虫是极其少见的。
他捉了许多昆虫放在实验室里。

568 扩大 kuòdà / 动 (v.) / broaden, widen

搭配：扩大影响，扩大范围，扩大规模，扩大了一倍

例句：我们公司近几年规模一直在扩大。
经理希望能利用这次广告宣传扩大公司的影响。

569 辣椒 làjiāo (名) (n.) chilli
搭配：红辣椒，青辣椒，辣椒水，辣椒油
例句：这辣椒太辣了，快拿水给我喝。
　　　这些辣椒太辣了，吃多了对身体不好。

570 拦 lán (动) (v.) bar, block, hinder, hold back
搭配：拦住，拦截，拦起来，阻拦，拦一辆出租车
例句：警察拦住他说："请把身份证拿出来！"
　　　你想去就去吧，我们绝不拦你。

571 烂 làn (形) (adj.) rotten, decayed, mashed
搭配：烂摊子，烂掉，破烂
例句：王东学习太认真，他的书都翻烂了。
　　　咱妈的牙不好，你把菜烧烂一点儿吧。

572 朗读 lǎngdú (动) (v.) read aloud, read loudly and clearly
搭配：大声朗读，朗读课文
例句：她在这次朗读比赛中得了第一名。
　　　老师让他把课文朗读一遍。

573 劳动 láodòng (动)/(名) (v./n.) do physical labor; work, labor
搭配：辛苦劳动；体力劳动，劳动锻炼
例句：他们辛苦劳动了两个星期，终于把这些农活儿都做完了。
　　　我们公司以提高劳动生产力为最终目标。

574 劳驾 láo jià (动) (v.) excuse me
搭配：劳驾您一下，劳您的驾，劳驾劳驾
例句：先生，劳驾你帮我把车开到宾馆门口。
　　　师傅，劳驾您把我送到首都机场。

575 老百姓 lǎobǎixìng (名) (n.) common people, ordinary people, civilians
搭配：平民老百姓，中国老百姓，普通老百姓
例句：他就是一名普通的老百姓，怎么会有这么高深的想法呢？
　　　作为一名平民老百姓，我只想和家人快快乐乐地生活。

576 老板 lǎobǎn (名) (n.) boss, proprietor
搭配：公司老板，餐厅老板，当老板，小老板
例句：老板正在给员工们开会。
　　　张老板决定下个月给每位员工加五百元工资。

实战练习（三十六）

一、听对话，选择正确答案

1. A. 司机　　B. 教练　　C. 厨师　　D. 教师
2. A. 火车上　B. 自己家　C. 阿姨家　D. 餐馆里

二、选词填空

A 劳驾　B 夸张　C 老百姓　D 烂　E 夸　F 控制　G 口味　H 会计　I 劳动　J 宽

1. 李阿姨，你就不要再（　　）小明了，要不他就该骄傲了。
2. 这位老（　　）已经在这儿工作了十几年，从来没出过错。
3. 这位演员的表演太（　　）了，一点儿都不真实。
4. 这条小路不够（　　），汽车过不去。
5. 这里的（　　）都称张市长为父母官。
6. 老鼠经常会偷吃农民的（　　）果实。
7. 师傅，（　　）您帮我把这位病人送去医院。
8. 到现在为止，没有一个人知道如何（　　）这种病情。
9. 奶奶，舅舅给你买的这些水果都（　　）了，不要再吃了。
10. 这道菜的（　　）很独特。

三、完成句子

1. 忍受　他　不能　特殊口味　这种辣椒的 ＿＿＿＿＿
2. 三箱　到　超市　张会计　买了　矿泉水 ＿＿＿＿＿
3. 帮　我　一辆　劳驾　您　拦　出租车 ＿＿＿＿＿
4. 到深圳　王老板　带一名会计　决定　出差 ＿＿＿＿＿
5. 被夸奖的　都很有　孩子　从小　经常　自信 ＿＿＿＿＿

四、选择合适的词语填空

湖南有句俗话叫作"无辣不成菜"，＿1＿湖南人多么爱吃＿2＿。无论是大老板，还是普通老百姓，＿3＿都偏辣。说湖南是辣椒王国，可一点儿都不＿4＿。

1. A. 可靠　　B. 可见　　　　2. A. 青菜　B. 辣椒
3. A. 口味　　B. 味道　　　　4. A. 夸奖　B. 夸张

Unit 37

老婆	厘米
老实	离婚
老鼠	梨
姥姥	理论
乐观	理由
雷	力量
类型	立即
冷淡	立刻

577 老婆 lǎopo / 名 (n.) / wife
　　搭配：我的老婆，怕老婆
　　例句：他老婆上个月住院了。
　　　　　他认为自己并不是怕老婆，而是爱老婆。

578 老实 lǎoshi / 形 (adj.) / honest, frank, well-behaved, simple-minded
　　搭配：老实人，非常老实，态度老实
　　例句：他为人老实，从来不做伤害别人的事。
　　　　　再老实的人也有发脾气的时候。

579 老鼠 lǎoshǔ / 名 (n.) / mouse, rat
　　搭配：一只老鼠，小老鼠，猫和老鼠
　　例句：妹妹非常喜欢看《猫和老鼠》这部动画片。
　　　　　老鼠喜欢在夜间活动。

580 姥姥 lǎolao / 名 (n.) / maternal grandmother
　　搭配：我的姥姥，姥姥家
　　例句：我们管妈妈的妈妈叫姥姥。
　　　　　姥姥除了有我妈妈这个女儿外，她还有两个儿子。

581 乐观 lèguān / 形 (adj.) / optimistic, hopeful
　　搭配：乐观的人，非常乐观，乐观的心态，前途乐观，乐观主义
　　例句：不论遇到什么难题你都应该保持乐观的心态。
　　　　　他是一个乐观主义者，生活态度很积极。

582 雷 léi / 名 (n.) / thunder
　　搭配：打雷，风雨雷电，电闪雷鸣
　　例句：她很害怕电闪雷鸣的下雨天。
　　　　　我的女儿一听到打雷就害怕。

583 类型 lèixíng / 名 (n.) / type, mold, form, cut
　　搭配：各种类型，不同类型
　　例句：这是两本不同类型的书。
　　　　　这只昆虫是我从来没有见过的类型。

584 冷淡 lěngdàn / 形 (adj.) / treat coldly, give the cold shoulder to, turn the cold shoulder to sb., leave sb. (out) in the cold
　　搭配：非常冷淡，冷淡的态度，对人冷淡
　　例句：他平时对同事有点儿冷淡。
　　　　　因为长时间不联系，他们的关系慢慢冷淡下来。

Unit 37

585 厘米 límǐ 〔量〕(classifier) centimetre
搭配：一厘米，平方厘米
例句：他的身高是 185 厘米，比我高了 20 厘米。
　　　一米等于 100 厘米。

586 离婚 lí hūn 〔动〕(v.) divorce
搭配：和……离婚，离婚协议书，离婚一年了
例句：父母离婚后，他一直都和爸爸生活在一起。
　　　张律师，请你尽快把离婚协议书写好寄给我。

587 梨 lí 〔名〕(n.) pear
搭配：一个梨，洗梨，买梨，吃梨
例句：我喜欢吃梨，不喜欢吃苹果。
　　　梨是一种水分非常充足的水果。

588 理论 lǐlùn 〔名〕/〔动〕(n./v.) theory, argue, debate
搭配：理论上，军事理论，理论基础，科学理论；跟……理论
例句：在工作中，我们应该做到理论联系实际。
　　　我是学法律的，对这些军事理论并不了解。
　　　你不要跟他理论了，他有点儿不讲理。

589 理由 lǐyóu 〔名〕(n.) argument, reason
搭配：有理由，找理由，充分的理由
例句：你做错了事，就不要再找理由了。
　　　不论你有什么理由，我都不会原谅你的。

590 力量 lìliàng 〔名〕(n.) ability, power, force, strength
搭配：力量对比，集中力量，贡献力量，武装力量，群众的力量
例句：为解决这个难题，公司集中了所有的力量。
　　　你力量再大，也推不动这辆汽车。

591 立即 lìjí 〔副〕(adv.) immediately, at once, promptly
搭配：立即开始，立即出发，立即结束
例句：著名演员张华的出现，立即引起了记者们的注意。
　　　听到妻子被车撞的消息，他立即开车去了医院。

592 立刻 lìkè 〔副〕(adv.) immediately, at once, right away
搭配：立刻就走，立刻就到
例句：请你们立刻停车，接受我们的检查。
　　　考试结束时间到，请大家立刻停止答题。

实战练习（三十七）

一、听对话，选择正确答案

1. A. 菜太辣　　B. 菜很咸　　C. 身体不舒服　　D. 心情很不好
2. A. 做饭　　B. 喝酒　　C. 找老板　　D. 吃辣椒

二、选词填空

A 理由　B 老实　C 立即　D 离婚　E 理论　F 老婆　G 梨　H 雷　I 类型　J 乐观

1. 打（　　）了，估计一会儿就要下雨，你快回去吧。
2. 我喜欢吃（　　），但不喜欢削皮。
3. 我（　　）特别爱吃辣椒。
4. 不要再找（　　）骗我了，我昨天在百货商场看见你了，你根本就没出差。
5. 这些计算机（　　）很难理解，你能帮我解释一下吗？
6. 不要再怀疑他了，他是一个（　　）人，不会做这种事的。
7. 国家应该针对当前（　　）率上升这个问题制定一些相关政策。
8. 刘玲，你（　　）去办公室把那份计划书拿过来。
9. 猫科动物分很多（　　），虎只是其中一种。
10. 我是一个（　　）的人，这点儿小事不会难倒我的。

三、完成句子

1. 常吃　好　对　梨　嗓子　_____
2. 所有的精力　我老婆　把　弟弟的　都放在了　婚礼上 _____
3. 为　生活小事　很少　伤心难过　乐观的人 _____
4. 接一下　请你　立即　到机场　姥姥　吧 _____
5. 产生误会　一厘米的　也可能　距离　让　两个朋友 _____

四、请结合下列词语（要全部使用），写一篇 80 字左右的短文

会计　矿泉水　老板　急忙　老实

Unit 38

利润	良好
利息	粮食
利益	亮
利用	了不起
连忙	列车
连续	临时
联合	灵活
恋爱	铃

593 利润 lìrùn 〈名〉(n.) profit
搭配：平均利润，实际利润，成本和利润，产品利润，利润率
例句：我们公司每年的平均利润是七亿三千万。
　　　除去成本，他们的实际利润并不是很高。

594 利息 lìxī 〈名〉(n.) interest
搭配：所得利息，利息率，存款利息，贷款利息
例句：一般情况下，借款利息都高于存款利息。
　　　各家银行给出的年存款利息不尽相同。

595 利益 lìyì 〈名〉(n.) interest, gain, benefit, profit
搭配：个人利益，国家利益，长远利益，根本利益，共同利益
例句：我们不能为了眼前利益而放弃长远利益。
　　　合同签不签得成与两家公司的利益有密切的关系。

596 利用 lìyòng 〈动〉(v.) use, make use of, utilize, take advantage of, exploit
搭配：利用业余时间，合理利用，互相利用，被人利用
例句：她利用业余时间学习了弹钢琴和跳舞。
　　　为了合理利用水资源，我们实施了南水北调工程。

597 连忙 liánmáng 〈副〉(adv.) promptly, immediately, instantly, in a hurry
例句：看到总经理从车上下来，记者们连忙按动快门。
　　　听到妈妈进门的声音，她连忙把游戏关了。

598 连续 liánxù 〈形〉(adj.) continuous, successive
搭配：连续不断，连续工作，连续加班
例句：电话连续响了好几分钟。
　　　他已经连续工作了十几个小时。

599 联合 liánhé 〈动〉/〈形〉(v./adj.) join, combine, unite
搭配：把……和……联合起来，联合所有人；联合声明，联合招生
例句：他们联合了公司里的一些人想要举行抗议活动。
　　　这两家公司共同发表了一份联合声明。

600 恋爱 liàn'ài 〈名〉/〈动〉(n./v.) fall in love; love
搭配：和……谈恋爱，恋爱小说，恋爱关系，恋爱对象；自由恋爱
例句：他们谈了三年恋爱，今年六月终于在上海结婚了。
　　　他理想中的恋爱对象不仅要长得漂亮，还要有学识。
　　　小安和李华恋爱了，真没想到他们两个会在一起。

Unit 38

601 良好 liánghǎo (形) (adj.) good, fine
- 搭配：表现良好，感觉良好，情况良好，良好的卫生习惯
- 例句：我们一定要从小养成良好的卫生习惯。
  他在学校表现良好，是一个积极认真的好学生。

602 粮食 liángshi (名) (n.) grain, food
- 搭配：粮食产量，生产粮食，粮食加工
- 例句：想要提高粮食产量，就要研发新品种。
  这个粮食加工厂能把小麦加工成面粉。

603 亮 liàng (形/动) (adj./v.) bright, shine; show
- 搭配：天亮了，房间很亮；亮出观点
- 例句：天都快亮了，我们快点儿睡觉吧。
  这件衣服太亮了，不适合老年人。
  开会之前，李静先亮出了她们小组的调查结果。

604 了不起 liǎobuqǐ (形) (adj.) amazing, terrific, extraordinary
- 搭配：很了不起，了不起的人，了不起的发明
- 例句：他是一个很了不起的人，得过很多演讲比赛的冠军。
  这些了不起的东西都是他在上中学的时候发明的。

605 列车 lièchē (名) (n.) train
- 搭配：一趟列车，2185次列车
- 例句：列车大约两分钟后进站。
  这趟列车是从北京开往上海的。

606 临时 línshí (副/形) (adv./adj.) temporarily, for a short time; temporary
- 搭配：临时有事；临时身份证，临时安排
- 例句：我今天临时有事，不能陪你去逛街了。
  这个活动是他临时安排的，因此准备得有些仓促。

607 灵活 línghuó (形) (adj.) flexible, elastic, nimble, agile
- 搭配：特别灵活，动作灵活，安排很灵活，灵活处理
- 例句：我的工作时间很灵活，你随时都可以来找我。
  前段时间他的腿受伤了，不能走路，不过现在走路已经很灵活了。

608 铃 líng (名) (n.) bell
- 搭配：铃声，门铃，电话铃，下课铃
- 例句：下课铃声一响，孩子们就飞出了教室。
  你的手机铃声很好听。

实战练习（三十八）

一、听对话，选择正确答案

1. A. 在谈恋爱　　B. 爱看电视　　C. 经常看书　　D. 担心男的
2. A. 上班　　　　B. 学习　　　　C. 上网　　　　D. 找工作

二、选词填空

A 临时　　B 良好　　C 列车　　D 铃　　E 了不起　　F 利息　　G 利用　　H 零食

1. 孩子吃过多的（　　　）容易变胖，所以父母要控制孩子的食量。
2. 李静经常（　　　）课余时间为邻居家的小孩儿补课。
3. 你真（　　　），这么重的东西你一口气竟然能搬到七楼！
4. 老公，门（　　　）响了，你去开一下门。
5. 今年中国银行存钱的（　　　）又上调了千分之三。
6. （　　　）的生活习惯不是一朝一夕养成的，需要我们坚持。
7. 本次（　　　）由北京开往上海。
8. 经理（　　　）让我加班，所以我今天回来晚了些。

三、完成句子

1. 看电影　恋爱中的人　去电影院　常常　一起 _____
2. 一边吃　他　喜欢　电视连续剧　一边看　零食 _____
3. 新规定　员工们　抗议　联合起来　公司的 _____
4. 灵活　问题　时　要　处理　你　一定 _____
5. 精神　很多　都有　一种　了不起的人　永不放弃的 _____

四、看图作文（80字左右）

Unit 39

零件	漏
零食	陆地
领导	陆续
领域	录取
浏览	录音
流传	轮流
流泪	论文
龙	逻辑

609 零件 língjiàn (名) (n.) part, component
搭配：一个零件，汽车零件，各种零件，机器零件
例句：如果缺了这个零件，你的手表就不走了。
　　　他需要一个耐高温的机器零件。

610 零食 língshí (名) (n.) snacks
搭配：吃零食，买零食
例句：饭后吃过多的零食容易变胖。
　　　小兰经常去超市买零食。

611 领导 lǐngdǎo (名/动) (n./v.) leadership, leader; lead
搭配：领导能力，新领导，当领导；领导大家
例句：他很适合做领导，因为他的管理能力很强。
　　　在张经理的领导下，公司今年的成绩又创新高。

612 领域 lǐngyù (名) (n.) field, sphere, domain, realm, territory
搭配：私人领域，自然科学领域，经济领域
例句：这是我的私人领域，我不希望你们进来。
　　　不论你在哪个领域工作，都要讲究工作效率。

613 浏览 liúlǎn (动) (v.) browse, scan, skim through
搭配：浏览文章，浏览网页，浏览信息，浏览报纸
例句：请大家浏览一下这篇文章的主要内容。
　　　每天早上，爸爸都是边浏览报纸边吃早饭。

614 流传 liúchuán (动) (v.) spread, circulate, hand down
搭配：流传下来，流传久远
例句：他喜欢收集民间流传的小故事。
　　　民间流传着梁山伯与祝英台的故事。

615 流泪 liú lèi (动) (v.) weep, shed tears
搭配：伤心得流泪，流下一滴泪
例句：伤心的时候，她总会一个人在房间里流泪。
　　　经常流泪对眼睛不好。

616 龙 lóng (名) (n.) dragon
搭配：一条龙，龙年，车水马龙
例句：很多艺人都想在龙年的春节晚会上表演节目。
　　　你想象中的龙是什么样子呢？

Unit 39

617 漏 lòu (v.) leak, drip, disclose, divulge
搭配：漏水，漏雨，漏油，窗户漏风
例句：下雨天，她家的房子会漏雨。
两辆车撞在了一起，其中一辆漏出了很多油。

618 陆地 lùdì (n.) land, earth
搭配：陆地上，在陆地，陆地面积
例句：很多动物既可以在陆地上生活，也可以在海水里生活。
地球的陆地面积占地球总面积的21%左右。

619 陆续 lùxù (adv.) one after another, in succession
搭配：陆续进来，陆续出来
例句：放学了，孩子们陆续走出教室。
电影快开始的时候，大家陆续走进了电影院。

620 录取 lùqǔ (v.) enroll, recruit
搭配：被……录取，录取通知书，录取分数线，录取新生
例句：听到弟弟被北京大学录取的消息，全家人都高兴极了。
看到儿子那张红色的录取通知书，妈妈留下了幸福的眼泪。

621 录音 lùyīn (n./v.) sound recording; record
搭配：听录音，放录音；录音室，录音笔，进行录音
例句：他在录音室里一连录了好几首歌，现在嗓子还很疼。
现在他们正在录音呢，请你安静点儿。

622 轮流 lúnliú (v.) take turns, do sth. in turn
搭配：轮流工作，轮流值班，轮流休息
例句：春节期间，医院将安排七位医生轮流值班。
他们兄弟几个在轮流照顾这位老奶奶。

623 论文 lùnwén (n.) thesis, dissertation, paper
搭配：一篇论文，毕业论文，论文答辩，写论文
例句：他大学毕业论文写的是张爱玲小说的特点。
我们写论文的时候需要查找很多资料。

624 逻辑 luójí (n.) logic
搭配：不合逻辑，逻辑学，逻辑思维，逻辑判断能力
例句：你说的这些理由不合逻辑，你就别再狡辩了。
我们应该从小培养孩子的逻辑思维能力。

155

实战练习（三十九）

一、听对话，选择正确答案

1. A. 升职了　　B. 不紧张　　C. 失去记忆了　　D. 要表演节目
2. A. 夫妻　　　B. 同事　　　C. 同学　　　　　D. 经理与秘书

二、选词填空

A 零件　B 录音　C 漏　D 零食　E 轮流　F 论文　G 陆续　H 录取　I 领域　J 浏览

1. 他从来没有涉及过计算机（　　），却知道如何应对这种紧急情况。
2. 吃（　　）容易长胖。
3. 汽车修理店里的（　　）不全，需要去工厂订做一些。
4. 李老师给我打电话了，让我们今天把（　　）交上去。
5. 这水是从楼上（　　）下来的。
6. 爷爷喜欢喝咖啡的时候（　　）网页。
7. 这段（　　）材料可以证明张明所说的事情都是真的。
8. 今年北京大学最低的（　　）分数是639分。
9. 这几天咱们需要（　　）照顾妈妈，今天我先在医院陪她。
10. 大家都（　　）到达会场了，您看会议可以开始了吗？

三、完成句子

1. 做一下　轮流　请　各位　到前面　自我介绍 _____
2. 已经　流传　龙的传说　了　很长时间 _____
3. 逻辑学论文的　我写的　那篇　是　指导老师　刘教授 _____
4. 这个　陆续　经过那儿的人　发现　都　没　粉色的钱包 _____
5. 论文资料　了　小华　落在　被　李老师的办公室里 _____

四、请结合下列词语（要全部使用），写一篇80字左右的短文

领导　浏览　骂　逻辑　连续

Unit 40

落后	贸易
骂	眉毛
麦克风	媒体
馒头	煤炭
满足	美术
毛病	魅力
矛盾	梦想
冒险	秘密

625 落后 luòhòu/luò hòu 形/动 (adj./v.) backward, out-of-date; fall behind
搭配：生产落后，经济落后，技术落后；落后于对手，落后十年
例句：我们公司的生产技术很落后，还不能生产这些高科技的产品。
　　　赛场上比分落后不要紧，只要我们有信心就行。

626 骂 mà 动 (v.) abuse, curse, scold, condemn, rebuke
搭配：骂人，打骂，被骂了一顿
例句：不管你再怎么生气，也不可以骂人！
　　　我错了，你还是骂我一顿吧。

627 麦克风 màikèfēng 名 (n.) microphone
搭配：一只麦克风，关掉麦克风
例句：他拿起麦克风为大家唱了一首很好听的歌。
　　　声音太大了，请你把麦克风关掉。

628 馒头 mántou 名 (n.) steamed bun, steamed bread
搭配：一个馒头，热馒头，做馒头
例句：馒头都是用面粉做的。
　　　大部分北方人都喜欢吃馒头，而不喜欢吃米饭。

629 满足 mǎnzú 动 (v.) satisfy, fulfil, meet
搭配：不满足，很满足，让人满足，满足……的需要，满足于
例句：他从来不满足于现状，总是希望生活得更好一点儿。
　　　她是一个很容易满足的人，一点儿小事都能让她很开心。

630 毛病 máobìng 名 (n.) trouble, mishap, shortcoming, defect
搭配：小毛病，有毛病，出毛病
例句：打印机出了点儿毛病，现在不能打印资料。
　　　你一定要改掉粗心大意的毛病。

631 矛盾 máodùn 名/动/形 (n./v./adj.) contradiction; contradict; contradictory
搭配：有矛盾，基本矛盾，发生矛盾，解决矛盾；自相矛盾；心里很矛盾
例句：他们夫妻之间有矛盾，经常吵架。
　　　你前后说的话很不一致，别自相矛盾了。
　　　到底去不去参加张丽的婚礼，他心里很矛盾。

632 冒险 mào xiǎn 动 (v.) risk, venture, take a risk
搭配：去冒险，不敢冒险，冒险行为
例句：他们决定一起冒险去爬珠穆朗玛峰。
　　　我不敢让他自己一个人冒险去海上漂流。

Unit 40

633 贸易 màoyì (n.) trade
搭配：对外贸易，市场贸易，进出口贸易
例句：对外贸易市场上的商品多种多样。
我们公司主要从事粮食出口贸易工作。

634 眉毛 méimao (n.) eyebrow
搭配：修眉毛，画眉毛，细长的眉毛，弯弯的眉毛
例句：她每天早上都要花好长时间画眉毛。
他的眉毛又粗又浓。

635 媒体 méitǐ (n.) medium, mass media
搭配：媒体报道，媒体中心
例句：媒体对这件事进行了详细的报道。
他希望通过媒体寻找多年失去联系的亲人。

636 煤炭 méitàn (n.) coal
搭配：煤炭资源，生产煤炭
例句：煤炭是一种非常重要的不可再生资源。
最近，他们发现这个地区有煤炭资源。

637 美术 měishù (n.) the fine arts, art, painting
搭配：美术专业，美术用品，美术作品
例句：这所学校的美术专业和音乐专业都非常有名。
这个商店专门卖一些美术用品。

638 魅力 mèilì (n.) charm, fascination, charisma
搭配：有魅力，魅力无穷
例句：真正有魅力的人是那些懂得如何表现自己优点的人。
大家都被她的巨大魅力所吸引了。

639 梦想 mèngxiǎng (n./v.) dream, illusion, fancy; dream of, vainly hope, want so much for
搭配：最初的梦想，美好的梦想；梦想当……
例句：只要努力，我们的梦想就有可能成为现实。
他梦想当一名医生。

640 秘密 mìmì (n./adj.) secret; concealed
搭配：一个秘密，小秘密，内心的秘密；秘密文件
例句：每个人的心里都有一些不愿告诉他人的小秘密。
这些都是秘密文件，不能让其他人看见。

实战练习（四十）

一、听对话，选择正确答案

1. A. 孩子在睡觉　　B. 女的在唱歌　　C. 家里没有电脑　　D. 男的需要麦克风
2. A. 夫妻　　　　　B. 父女　　　　　C. 母子　　　　　　D. 祖孙

二、选词填空

A 眉毛　B 冒险　C 矛盾　D 骂　E 满足　F 落后　G 美术　H 馒头　I 媒体　J 梦想

1. 就算小丽做错了，你也不能当着这么多人的面（　　）她呀！
2. 她每天画的（　　）都很漂亮。
3. 为了（　　）大家的需求，公司决定增加三个购物窗口。
4. 我的（　　）是在美术上有所成就。
5. 你和他之间的（　　）不仅在于对这件事的看法不一致上。
6. 饿了吧，不要光吃（　　）啊，多吃点儿菜！
7. 经济上（　　）不可怕，可怕的是思想上（　　）。
8. 这样太（　　）了，你千万不要自己一个人去爬泰山。
9. 你好，请问你是学（　　）的吗？这画儿画得真好！
10. 网站跟手机已经成为新（　　）的代表。

三、完成句子

1. 它存在的　都有　理由　矛盾的存在　每一对　_____
2. 他　把　告诉了　秘密　媒体　都　所有　_____
3. 煤炭　提供着　为　发展　重要的　能源　经济的　_____
4. 打磨　再　也　经不起　有魅力的人　岁月的　_____
5. 你　最好　边看书　的　改掉　边听歌　毛病　_____

四、选择合适的词语填空

　　人要学会＿＿1＿＿，这样才能活得幸福。生活的＿＿2＿＿与个人的生活乐趣密切相关。每天拿着＿＿3＿＿唱歌的有钱人不一定快乐，但每天只吃＿＿4＿＿和咸菜的穷人并不一定难过。

1. A. 坚持　　　　B. 满足　　　　　2. A. 谜语　　　　B. 魅力
3. A. 鼠标　　　　B. 麦克风　　　　4. A. 馒头　　　　B. 蜜蜂

Unit 41

秘书	名牌
密切	名片
蜜蜂	名胜古迹
面对	明确
面积	明显
面临	明星
苗条	敏感
描写	命令

641 秘书 mìshū 〈名〉(n.) secretary
搭配：招聘秘书，当秘书，担任秘书工作，私人秘书
例句：你尽快帮李经理找一位新秘书吧。
　　　做秘书工作的人，必须要细心，有耐心，做事还要有条理。

642 密切 mìqiè 〈形〉/〈动〉(adj./v.) close, intently; intimate
搭配：联系密切，关系密切，密切注意，密切关注；密切……的关系
例句：他们两个人的关系很密切，好像很早以前就认识了。
　　　公司应该密切关注员工对这件事的反应。
　　　我们要进一步密切干部与群众的关系。

643 蜜蜂 mìfēng 〈名〉(n.) bee
搭配：一只蜜蜂，观察蜜蜂，小蜜蜂
例句：很多蜜蜂在花园里辛勤地采着花蜜。
　　　两只小蜜蜂在花丛里飞来飞去。

644 面对 miànduì 〈动〉(v.) face, confront
搭配：面对危险，面对现实，面对观众，面对大海
例句：面对危险的时候，大家一定要冷静。
　　　不论面对谁，面对什么情况，他都冷着一张脸。

645 面积 miànjī 〈名〉(n.) area
搭配：面积很大，扩大面积，建筑面积，占地面积
例句：这套房子的建筑面积是 100 平方米。
　　　这所学校的占地面积有 1800 多平方米，环境也很优美。

646 面临 miànlín 〈动〉(v.) be faced with, face, be confronted with
搭配：面临……的困难，面临……的危险，面临……的任务
例句：很多大学毕业生都面临着找工作的问题。
　　　他们现在正面临着资金短缺的困难。

647 苗条 miáotiao 〈形〉(adj.) slender, slim
搭配：身材苗条，苗条的人
例句：他的女朋友长得很漂亮，身材也很苗条。
　　　想要变得更加苗条，要多运动才行。

648 描写 miáoxiě 〈动〉(v.) describe, depict, portray, represent
搭配：景物描写，描写得非常生动，描写内心活动
例句：他生动地描写出了一个农民工在城市的艰难生活。
　　　很多作家都喜欢通过描写景物来抒发自己的思想感情。

Unit 41

649 名牌 míngpái (名) (n.) famous brand, prestige
搭配：名牌产品，名牌西服，名牌大学，世界名牌
例句：他一身都是名牌，一看就是个有钱人。
我做梦都想考上一所名牌大学。

650 名片 míngpiàn (名) (n.) business card, name card
搭配：一张名片，设计名片，制作名片，交换名片
例句：他们握了握手，并交换了名片。
我想请人帮我设计一张漂亮的名片。

651 名胜古迹 míngshèng gǔjì places of historic interest and scenic beauty
搭配：参观名胜古迹，游览名胜古迹，保护名胜古迹
例句：明天我带你去参观这里的名胜古迹。
西安是一个历史古城，有很多名胜古迹。

652 明确 míngquè (动/形) (v./adj.) make clear, make definite; clear and definite, clear-cut, explicit, unequivocal
搭配：明确了分工，明确了目标；明确地指出，明确提出
例句：这次会议明确了下个月公司的工作重点及目标任务。
每个人在成功之前都会有一个明确的奋斗目标。

653 明显 míngxiǎn (形) (adj.) clear, obvious, evident, distinct
搭配：特别明显，变化明显，效果明显，明显的错误，明显的缺点
例句：这里四季如春，季节变化不是很明显。
这么明显的错误，你都没有看出来吗？

654 明星 míngxīng (名) (n.) star
搭配：大明星，明星梦，演艺明星，体育明星
例句：我从小就有一个明星梦，希望有一天可以成为一名演员。
现在的演艺明星不仅长得好看，文化水平也很高。

655 敏感 mǐngǎn (形) (adj.) sensitive, susceptible, tactful
搭配：非常敏感，过于敏感，敏感话题
例句：他现在变得越来越敏感。
大家谁都不愿意提这个敏感的话题。

656 命令 mìnglìng (动/名) (v./n.) order; command
搭配：命令某人做某事；下命令，得到命令，执行命令，服从命令
例句：现在情况很紧急，您快命令大家暂时撤退吧！
大家必须立刻执行张经理的命令！

实战练习（四十一）

一、听对话，选择正确答案

1. A. 想变瘦　　B. 心情不好　　C. 想要放弃　　D. 朋友很少
2. A. 对手　　　B. 师生　　　　C. 经理与秘书　D. 医生与病人

二、选词填空

A 密切　B 名片　C 面对　D 面临　E 明确　F 面积　G 秘书　H 明星　I 描写　J 苗条

1. 这里条件很艰苦，他（　　）着很多困难。
2. 王秘书跟这家贸易公司的关系非常（　　）。
3. 几年不见，你再也不是朋友眼中的胖子了，现在变得真（　　）。
4. 我家的住房（　　）还没你家一半大呢！
5. 沈从文通过（　　）湘西的生活表达了一种对家乡的爱。
6. （　　）新的工作环境，张宁内心有一点儿紧张。
7. 很多女（　　）不但长得漂亮、会演戏，还会唱歌跳舞，真是多才多艺。
8. 我已经（　　）地表达了自己对这件事的看法。
9. 作为（　　），我有责任把经理的日程安排好。
10. 你好，我是日达公司的销售经理张亮，这是我的（　　），请多指教。

三、完成句子

1. 蜜蜂　某些　敏感　气味儿　特别　对　_____
2. 感觉到　这位明星　了　压力　明显　工作的　_____
3. 麦克　很多　名胜古迹　北京的　参观了　_____
4. 名牌　都　很　销售员　热情　服装店里的　那家　_____
5. 大秘密　李秘书　经理的　意外　发现了　一个　_____

四、结合下列词语（要全部使用），写一篇80字左右的短文

秘书　面临　秘密　名片　侧面

Unit 42

命运	木头
摸	目标
模仿	目录
模糊	目前
模特	哪怕
摩托车	难怪
陌生	难免
某	脑袋

657 命运 mìngyùn (名)(n.) destiny, fate, fortune
搭配：改变命运，决定命运，掌握命运，相信命运，决定的命运
例句：知识能够改变命运。
我相信自己的命运掌握在自己手中。

658 摸 mō (动)(v.) feel, stroke, touch, grope for, fumble
搭配：摸黑，摸摸口袋，乱摸，摸鱼
例句：我是摸黑给你找的药，你快点儿吃了吧。
我摸了摸口袋发现，自己身上连一毛钱都没有了。

659 模仿 mófǎng (动)(v.) imitate, copy
搭配：模仿……的声音，模仿……的动作，模仿得不像
例句：他经常模仿张信哲的声音唱歌。
小红喜欢模仿动画片里的小动物说话。

660 模糊 móhu (形)/(动)(adj./v.) dim, indistinct, blurred, fuzzy; blur, obscure, confuse
搭配：记忆模糊，模模糊糊，视力模糊，照片很模糊；模糊是非
例句：我感觉自己视力变得越来越模糊了，看东西总是看不清。
他已经模糊了是非，不知道谁对谁错。

661 模特 mótè (名)(n.) model
搭配：一个模特，服装模特，模特比赛，当模特
例句：她在一家美术学院当模特。
与上次不同的是，这次车展上多了很多模特。

662 摩托车 mótuōchē (名)(n.) motorcycle
搭配：一辆摩托车，修理摩托车，骑摩托车，开摩托车
例句：我开摩托车把她送到了公交车站。
我去找他的时候，他正在修理摩托车。

663 陌生 mòshēng (形)(adj.) strange, unfamiliar, inexperienced
搭配：陌生人，陌生的地方，很陌生
例句：你不要随便吃陌生人给你的东西。
在这个陌生的城市，我找不到一点儿安全感。

664 某 mǒu (代)(pron.) some
搭配：某种，某人，某事，某个城市
例句：某些东西失去了，就再也找不回来了。
或许某一天，我们还会再见面。

Unit 42

665 木头 mùtou (名) (n.) wood, log, timber
搭配：一块木头，一根木头，木头人，木头桌子
例句：木头很轻，可以飘在水面上。
　　　我们用的铅笔大部分都是用木头做的。

666 目标 mùbiāo (名) (n.) target, objective, goal, aim, destination
搭配：共同的目标，发展目标，奋斗目标，现代化目标
例句：大家都是为了一个共同的目标才走到一起的。
　　　我的近期目标是毕业后找一份好工作。

667 目录 mùlù (名) (n.) catalog, directory, table of contents
搭配：分类目录，图书目录，详细的目录
例句：图书目录就是一把开启知识宝库的钥匙。
　　　这本书设计了一个非常详细的目录，便于读者查找其中的某些章节。

668 目前 mùqián (名) (n.) at present, at the moment, now
搭配：到目前为止，目前的情况
例句：这是到目前为止，我为了自己的理想而付出的最大努力。
　　　照目前他的身体情况看，他应该留在医院多观察两天。

669 哪怕 nǎpà (连) (conj.) even, even if, even though, no matter how
搭配：哪怕……也/都……
例句：我想知道你们的看法，哪怕是不好的评价。
　　　希望你们公司聘用我，哪怕工资再低，我都愿意。

670 难怪 nánguài (副) (adv.) no wonder
例句：难怪你会这样说他，原来是他破坏了你的计划。
　　　难怪你不怕局长，原来他是你爸爸呀！

671 难免 nánmiǎn (形) (adj.) hard to avoid, be booked for
搭配：在所难免，难免会受伤
例句：他的年纪还小，难免会有不懂事的时候。
　　　我们在工作中遇到困难是在所难免的。

672 脑袋 nǎodai (名) (n.) head
搭配：小脑袋，脑袋疼，脑袋笨
例句：他摇了摇脑袋说自己也没听说过这件事。
　　　你脑袋也不笨，怎么会没看明白这件事呢？

实战练习（四十二）

一、听对话，选择正确答案

1. A. 喝酒了　　B. 想回家　　C. 跟父母吵架了　　D. 想骑摩托车
2. A. 她是老师　　B. 字写得难看　　C. 想查视力　　D. 丢了眼镜

二、选词填空

A 难怪　B 摩托车　C 目录　D 木头　E 命运　F 模糊　G 摸　H 模仿　I 陌生　J 难免

1. 明天晚上这里会举办一场（　　）秀。
2. 最近我的视力下降了，看东西总是有点儿（　　）。
3. （　　）是一本书的总纲，也是一本书的向导。
4. 宝贝，你千万不要随便接受（　　）人的礼物。
5. 那个骑红色（　　）的人是谁啊？
6. 我都说过很多次了，不要（　　）我的头！
7. 筷子有用（　　）做的，也有用塑料做的，还有用铁做的。
8. 你一定要相信（　　）是掌握在自己手中的。
9. 第一次上台给陌生人表演（　　）会紧张。
10. （　　）你喜欢吃这家店卖的瓜子，味道真不错！

三、完成句子

1. 差点儿　我的　脑袋　木头上　撞到　那块 _____
2. 已经　大家　第一阶段的　努力　目标　完成了 _____
3. 明星　唱歌　模仿　一件　不是　简单的事 _____
4. 被　一辆　撞坏了　他的摩托车　汽车 _____
5. 这儿　对　非常　陌生　那位　模特儿 _____

四、看图作文（80字左右）

Unit 43

内部	念
内科	宁可
嫩	牛仔裤
能干	农村
能源	农民
嗯	农业
年代	浓
年纪	女士

673 内部 nèibù 名 (n.) interior, inside, inward
搭配：内部矛盾，内部联系，内部电话
例句：这是我们的内部矛盾，不需要外人来解决。
他有内部消息，说这件事可能是真的。

674 内科 nèikē 名 (n.) internal medicine, department of medicine
搭配：内科病人，内科医生，内科大夫，挂内科
例句：我的阿姨是这家医院的一名内科医生。
内科病人都住在三楼的病房里。

675 嫩 nèn 形 (adj.) tender, delicate, light, inexperienced
搭配：嫩叶，嫩芽，嫩黄色，菜很嫩
例句：马路旁边的树上长满了嫩叶。
我非常喜欢嫩绿色，所以房间里有很多嫩绿色的家具。

676 能干 nénggàn 形 (adj.) able, capable, competent
搭配：很能干，聪明能干
例句：这篇小说的主人公是一个聪明能干的小女孩儿。
他是一个十分能干的人，一定可以把这件事做好。

677 能源 néngyuán 名 (n.) energy resources, energy source, energy
搭配：优质能源，新能源，节约能源，开发能源
例句：国家正在大力开发新能源。
风是一种可再生的免费能源。

678 嗯 ńg/ǹg 叹 (interj.) hum, er
例句：嗯？他怎么现在就走了？
嗯，我知道了，你就放心吧。

679 年代 niándài 名 (n.) age, years, time
搭配：五十年代，革命年代，和平年代
例句：我们家是90年代初从上海搬到北京的。
年代不同了，人们的思想也变了。

680 年纪 niánjì 名 (n.) age
搭配：年纪大，年纪小，年纪轻
例句：虽然年纪大了，但他还是坚持每天锻炼身体。
请问，您今年多大年纪了？

Unit 43

681 念 niàn (动) (v.) study, read aloud
搭配：念书，念报纸，念大学，念错了
例句：他那时正在农村念高中，还没有来这座城市念大学。
　　　虽然他读得很流畅，却念错了几个字。

682 宁可 nìngkě (副) (adv.) would rather, better
搭配：宁可……也……
例句：他宁可丢了工作，也要指出经理的错误。
　　　我宁可在家吃便饭，也不愿意跑出去吃大餐。

683 牛仔裤 niúzǎikù (名) (n.) jeans
搭配：一条牛仔裤，蓝色牛仔裤，穿牛仔裤
例句：今天她穿了一件红色毛衣，配上一条黑色牛仔裤，非常漂亮。
　　　这条牛仔裤的价格不高，但是质量很好。

684 农村 nóngcūn (名) (n.) rural area, the countryside
搭配：来自农村，农村人
例句：这些人都来自农村，非常朴实。
　　　农村的空气比这里新鲜很多。

685 农民 nóngmín (名) (n.) farmer, peasant
搭配：农民家庭，穷苦的农民，一个农民
例句：李静出生在一个贫苦的农民家庭。
　　　近年来农民的收入不断增加，生活越来越好了。

686 农业 nóngyè (名) (n.) agriculture, farming
搭配：发展农业，农业大学，农业生产，农业技术
例句：淮安县应该把主要力量放在农业生产上。
　　　要想实现农业现代化，必须大力发展科学技术。

687 浓 nóng (形) (adj.) dense, thick, concentrated, (of degree or extent) great, strong
搭配：兴趣很浓，浓汤，浓汁，浓度
例句：多喝浓汤对你的身体有好处。
　　　今天她化的妆很浓。

688 女士 nǚshì (名) (n.) lady, madam
搭配：一位女士，张女士，各位女士，女士优先
例句：王女士领着她四岁的儿子正在玩具店里挑玩具呢。
　　　爱美的女士冬天不能缺少一条漂亮的围巾。

实战练习（四十三）

一、听对话，选择正确答案

1. A. 逛街　　　B. 看亲戚　　　C. 洗衣服　　　D. 学开车
2. A. 年龄　　　B. 衣服　　　　C. 照片　　　　D. 旅游

二、选词填空

A 内部　B 宁可　C 念　D 女士　E 能干　F 嫩　G 内科　H 年代　I 能源　J 浓

1. 我（　　）自己在家做饭吃，也不愿意陪他出去吃。
2. 这锅汤很（　　），妈妈做了四个小时才做好。
3. 张阿姨在市人民医院工作，是一名（　　）医生。
4. 这家店的牛肉很（　　），点一份来尝尝吧。
5. 很多国家都面临着（　　）危机。
6. 这部手机功能丰富，（　　）结构也十分复杂。
7. 很多（　　）在挑选化妆品的时候都很注重化妆品的原料。
8. 张兰很（　　），她是一名优秀的销售员。
9. 这部电影好像是上世纪九十（　　）拍的吧？
10. 我们（　　）小学三年级的时候就认识了。

三、完成句子

1. 这是　来自　老农民　东北农村　的　一位　_____
2. 牛仔裤　穿　显得　更　苗条　你　_____
3. 一种　已经　成了　节约能源　现代人们的　生活习惯　_____
4. 是　农业生产　一个国家　基础　发展　的　_____
5. 都在　谁也　他　不知道　脑袋里　想些什么　_____

四、选择合适的词语填空

一位穿着浅色牛仔裤的　__1__　坐在我旁边低着头喝咖啡。我　__2__　发现她　__3__　上带着一朵美丽的花儿，非常漂亮，于是我就拿出手机　__4__　了一张照片。结果被她发现了，就这样我们认识了。后来，她成了我的妻子。

1. A. 女士　　　B. 男士　　　　2. A. 偶然　　　B. 欣然
3. A. 裤子　　　B. 脑袋　　　　4. A. 洗　　　　B. 拍

Unit 44

欧洲	佩服
偶然	配合
拍	盆
派	碰
盼望	批
培训	披
培养	批准
赔偿	疲劳

689 欧洲 ōuzhōu 名 (n.) Europe
搭配：欧洲市场，欧洲之行
例句：他一直梦想着能去欧洲旅行。
　　　公司今年的计划是打开欧洲市场。

690 偶然 ǒurán 形/副 (adj./adv.) accidental, casual, incidental, occasional; accidentally, casually, incidentally, occasionally, by chance
搭配：偶然的机会；偶然遇见，偶然听说
例句：我走上职业篮球运动员这条路，其实也是挺偶然的。
　　　我偶然从她一个亲戚口中听说她现在在北京工作。

691 拍 pāi 动 (v.) take, shoot, flap, beat, clap
搭配：拍手，拍打，拍皮球，拍照片，拍电视剧，拍马屁
例句：小时候，我们经常在一起拍皮球，玩儿得非常开心。
　　　这部电影是在云南拍的，风景非常漂亮。

692 派 pài 动/名/量 (v./n./classifier) send, dispatch, assign, appoint; group, school, faction, style; group
搭配：派某人做某事；偶像派，海归派；两派观点，分成两派
例句：经理决定派张亮去上海开会。
　　　陈建斌不属于偶像派明星，他应该算是实力派。
　　　对于这件事的看法，大家分两派，一派支持，一派反对。

693 盼望 pànwàng 动 (v.) hope for, long for, yearn for, look forward to, expect
搭配：盼望团聚，盼望结婚
例句：他日日夜夜都盼望早日能和家人见面。
　　　我们都盼望他的身体能够尽快康复。

694 培训 péixùn 动 (v.) cultivate, train
搭配：培训班，学习培训，培训中心
例句：员工进入公司工作一般都要先经过短期培训。
　　　他这次要去北京培训一个月。

695 培养 péiyǎng 动 (v.) foster, train, educate, cultivate
搭配：培养人才，培养下一代，培养……的好习惯
例句：学校是为国家培养人才的地方。
　　　培养下一代不仅仅是教师的责任，也是社会中每一个人的责任。

696 赔偿 péicháng 动 (v.) pay for, compensate
搭配：赔偿损失，照价赔偿，赔偿医药费
例句：我们会照价赔偿您的损失的。

关于赔偿问题，你可以和我的律师谈。

697 佩服 pèifú (v.) admire, respect
搭配：佩服别人，令人佩服的人，令人佩服的做法
例句：他在一个月内完成了这项发明，真是令人佩服。
　　　张阿姨十年如一日地照顾这几位老人的事迹真让人佩服。

698 配合 pèihé (v.) coordinate, cooperate
搭配：与……配合，配合某人做某事，在……的配合下，互相配合
例句：张经理让小丽配合我完成这个工作。
　　　他们两个在工作上配合得很默契。

699 盆 pén (n.) basin, tub
搭配：一盆水，一盆菜，洗脸盆，花盆
例句：我拿起洗脸盆，想去水房洗洗脸。
　　　这盆水凉了，你还是换盆热的来吧。

700 碰 pèng (v.) touch, meet, run into, try one's luck, take one's chance
搭配：碰掉，碰见，碰运气
例句：家里太黑了，他不小心碰到了门上。
　　　他在机场碰到了以前的同事。
　　　光靠碰运气是不能成功的。

701 批 pī (v./classifier) write instructions or comments on, criticize, refute; batch, group
搭配：批作业，批文件；一批新生
例句：张老师每天为我们批作业批到很晚，很辛苦。
　　　这所大学为国家培养了一批又一批有用的人才。

702 披 pī (v.) wrap around, drape over one's shoulders
搭配：披上衣服，披着外衣，长发披肩
例句：天气很冷，你披件衣服再出去吧。
　　　长长的头发像瀑布一样披在她的肩上。

703 批准 pī zhǔn (v.) ratify, approve, sanction, authorize, permit
搭配：获得批准，批准某事
例句：这个项目院长没有批准，所以我们不能进行下去了。
　　　这个工程获得批准后，马上就开始动工了。

704 疲劳 píláo (adj.) fatigued, weary, tired, exhausted
搭配：很疲劳，身体疲劳，眼睛疲劳
例句：连续工作这么多天，我现在非常疲劳，只想回家休息。
　　　长时间看着电脑，眼睛就会很疲劳。

实战练习(四十四)

一、听对话,选择正确答案

1. A. 教练　　B. 记者　　C. 教师　　D. 医生
2. A. 看书　　B. 睡觉　　C. 打球　　D. 吃东西

二、选词填空

A 培训　B 培养　C 拍　D 佩服　E 派　F 批　G 配合　H 碰　I 盆　J 疲劳

1. 一次偶然的机会,我(　　)见了张工程师。
2. 我被老板(　　)到海南出差一个星期。
3. 父母都希望自己能(　　)出一个有成就的孩子。
4. 桌子上的这(　　)花儿是邻居李婶送的。
5. 下个月公司有一个内部的(　　),咱们都去参加吧。
6. 我们就在这儿(　　)几张照片吧。
7. 大家都要尽全力(　　)张教授的这个科研项目。
8. (　　)驾驶是一件非常危险的事情。
9. 我们公司下周将会进口一(　　)新设备。
10. 李经理是我最(　　)的人,他简直是料事如神!

三、完成句子

1. 去云南　我　盼望着　和　你　早日　一起　旅游　_____
2. 他的卡上　打到　公司　把　所有的　还没有　赔偿金　_____
3. 十五分钟的　这一盆菜　吃完　至少　需要　时间　_____
4. 新工人　王工程师　对　正在　进行　培训　_____
5. 李刚　工作的　配合　女士　表姐　是　张丽的　_____

四、结合下列词语(要全部使用),写一篇80字左右的短文

教练　方式　配合　培养　派

Unit 45

匹
片
片面
飘
拼音
频道
平
平安

平常
平等
平方
平衡
平静
平均
评价
凭

705 匹 pǐ / 量 (classifier) / measure word for mules, horses, rolls of cloth or silk, etc.

搭配：一匹马，几匹布，七匹狼

例句：这匹白马真漂亮，我能骑一下吗？
　　　这个商店里有几匹布很漂亮！

706 片 piàn / 量/名 (classifier/n.) / measure word for a flat, thin piece, or of land, field, waters, etc.; slice, flake

搭配：一片森林，一片真心，一片面包，一片心意；玻璃片儿，纸片儿

例句：秋天来了，一片片叶子从树上飘落下来。
　　　她把那封信撕成了碎片儿。

707 片面 piànmiàn / 形/名 (adj./n.) / onesided, partial; one side, part

搭配：片面的观点，片面强调，片面夸大，片面追求，片面地看问题；全面与片面

例句：我们不能片面追求商品的数量，还要注重质量。
　　　对于事物的认识都有一个由浅入深、由片面到全面的过程。

708 飘 piāo / 动 (v.) / float, flutter

搭配：飘落，飘雪，飘起来

例句：一阵风吹来，她的头发都飘起来了。
　　　雪花一片片飘落在大地上。

709 拼音 pīnyīn / 名 (n.) / pinyin, Chinese phonetic alphabet

搭配：汉语拼音，拼音字母，读拼音

例句：她连最基本的拼音都没有学会。
　　　他打字都是用拼音输入法。

710 频道 píndào / 名 (n.) / channel

搭配：切换频道，电影频道，体育频道，新闻频道，少儿频道

例句：小丽从少儿频道换到了体育频道。
　　　每天晚上十一点电影频道都会播放经典电影。

711 平 píng / 形 (adj.) / smooth, flat, even, equal, fair, average

搭配：路不平，平面，平分，平局，打平

例句：这段路不是很平，你走路的时候小心点儿。
　　　大家把奖金平分了，最后每人分到了三千元。
　　　这场球赛双方打平了。

712 平安 píng'ān / 形 (adj.) / coordinate, cooperate

搭配：一路平安，平安无事

例句：家人都平安快乐是她最大的愿望。

知道儿子平安到了学校他才放下心来。

713 平常 píngcháng (n./adj.) ordinary times; ordinary, common, general
搭配：平常的时候；很平常，平常事
例句：你平常都喜欢看什么书啊？
他的穿着很平常，一点儿都不像有钱人的样子。

714 平等 píngděng (adj.) equal
搭配：男女平等，平等的机会，追求平等，不平等条约
例句：法律面前人人平等。
公司给每一位应聘者的机会都是平等的。

715 平方 píngfāng (classifier/n.) square metre; square
搭配：平方米，平方千米；……的平方……
例句：我新买的房子有130多平方米。
3的平方等于9。

716 平衡 pínghéng (adj.) balanced, even
搭配：平衡感，平衡收支，发展平衡，分布不平衡，生态平衡
例句：大部分体操运动员的平衡感都很好。
这个地区的煤炭资源分布很不平衡。

717 平静 píngjìng (adj.) calm, peaceful, quiet, tranquil
搭配：非常平静，心情平静，平静的日子，平静的海面，平静的世界
例句：大风渐渐减弱，海水变得非常平静。
听到这个坏消息，他的声音怎么还能这么平静？

718 平均 píngjūn (adj./v.) average, mean; average
搭配：平均分布，平均温度，平均工资，平均距离；平均一下
例句：这几天天气很冷，平均温度还不到5度。
这里有三十个苹果，每个人平均能分到三个。

719 评价 píngjià (n./v.) evaluation; appraise, evaluate, assess
搭配：很高的评价，对……的评价；评价一下
例句：网友对这部小说的评价很高。
下面请李导演评价一下刚才几位选手的表现。

720 凭 píng (v./prep.) rely on, depend on, lean on; according to
搭配：凭着，凭借；凭什么，凭良心，凭本事，凭关系
例句：他完全是凭自己的本事考进这家公司的。
你凭着经验判断一下，下一步我们应该怎么做。

实战练习（四十五）

一、听对话，选择正确答案

1. A. 颜色　　　B. 亲情　　　C. 蔬菜　　　D. 动物
2. A. 同学　　　B. 亲戚　　　C. 同事　　　D. 室友

二、选词填空

A 匹　B 平衡　C 评价　D 频道　E 凭　F 平静　G 平等　H 平　I 飘　J 频道

1. 我希望你能（　　）自己的努力得到这个机会。
2. 现在社会提倡男女（　　）。
3. 雪花儿（　　）了一个晚上，第二天大地变得一片雪白。
4. 这（　　）白马受伤了，需要立即治疗。
5. 我想看电影，快点儿换到电影（　　）。
6. 走这么窄的桥，我们必须要有很好的（　　）感。
7. 球迷们都爱看体育（　　）。
8. 再（　　）的路上也可能会有小石子。
9. 我觉得你对他的（　　）太片面了，你应该全面看待他。
10. 我希望你能把心情（　　）一下再来和我谈。

三、完成句子

1. 这次考试　的　九十一分　平均分数　他们班　是　_____
2. 非常高　李教授　评价　对　张南　的　_____
3. 您　一路　祝　平安　_____
4. 都　非常喜欢　看　儿童　节目　少儿频道的　_____
5. 每一位　学生　教师　平等　应该　对待　_____

四、看图作文（80字左右）

Unit 46

迫切　　启发
破产　　气氛
破坏　　汽油
期待　　谦虚
期间　　签
其余　　前途
奇迹　　浅
企业　　欠

721 迫切 pòqiè 形 (adj.) urgent, pressing
搭配：迫切需要，迫切期待，迫切希望，迫切的任务，迫切的要求
例句：我们这里迫切需要像你这样的人才。
我迫切希望早日回到父母的身边。

722 破产 pò chǎn 动 (v.) go bankrupt, go broke, become insolvent
搭配：公司破产，宣布破产，计划破产，处于破产边缘
例句：他的公司已经在上个月破产了。
这家公司宣告破产后，公司的大部分员工又重新找到了工作。

723 破坏 pòhuài 动 (v.) destroy, ruin, damage
搭配：破坏铁路，破坏桥梁，破坏性活动，破坏环境，破坏花草树木
例句：破坏铁路设施是一种违法行为。
这部电影在拍摄期间破坏了当地的环境。

724 期待 qīdài 动 (v.) anticipate, expect, look forward to
搭配：充满期待，期待已久，期待成功
例句：我对即将到来的春节充满了期待。
我期待你早日见到失散多年的母亲。

725 期间 qījiān 名 (n.) time, period, course
搭配：在……期间，暑假期间，寒假期间，会议期间
例句：在开会期间，请大家把手机调成静音。
寒假期间，我去北京旅行了一个星期。

726 其余 qíyú 代 (pron.) the others, the rest
搭配：其余的人，其余的领导，其余部分，其余的东西
例句：你跟我进来，其余的人在这里等一下。
太晚了，这份计划书先做到这儿，其余的部分明天再做吧！

727 奇迹 qíjì 名 (n.) miracle, wonder, marvel
搭配：创造奇迹，相信奇迹，发生奇迹，奇迹般地活了，伟大的奇迹
例句：他能在一个月内翻译完这本小说，简直就是奇迹。
他已经昏迷好几天了，昨天他竟然奇迹般地醒了过来。

728 企业 qǐyè 名 (n.) enterprise, business
搭配：一家企业，国营企业，私营企业，大型企业，中小企业
例句：在私营企业里上班压力很大，但是工资很高。
我们公司今年被评为了省先进企业。

Unit 46

729 启发 qǐfā (v.) inspire, enlighten
搭配：得到启发，受到启发，在……的启发下，启发某人做某事
例句：从这个故事中，你得到了什么启发？
　　　在老师的启发下，我发现了这个自然规律。

730 气氛 qìfen (n.) atmosphere, air
搭配：气氛热烈，课堂气氛，家庭气氛，紧张的气氛
例句：今天同学们表现很积极，课堂气氛很活跃。
　　　这家公司的工作气氛很紧张。

731 汽油 qìyóu (n.) gasoline, petrol
搭配：一升汽油，一桶汽油，燃烧汽油，绿色汽油，汽油发动机
例句：师傅，请帮我加几升汽油。
　　　使用绿色汽油对环境有好处。

732 谦虚 qiānxū (adj./v.) modest; behave modestly, make modest remarks
搭配：谦虚谨慎，谦虚的态度，谦虚地说；别谦虚了
例句：对待学术研究你应该持谦虚谨慎的态度。
　　　谦虚使人进步，骄傲使人落后。
　　　他谦虚了一番，最后终于答应了我的请求。

733 签 qiān (v.) sign, autograph, make brief comments on a document
搭配：签字，签名，签上，签合同
例句：那位歌星一直在给自己的歌迷签名。
　　　他昨天已经跟公司签了工作合同。

734 前途 qiántú (n.) future, prospect, promise, career
搭配：前途光明，前途远大
例句：你是一个很有前途的人，时刻都要有自信。
　　　我们的前途一片光明，未来等着我们自己去创造。

735 浅 qiǎn (adj.) (of color) light, shallow, not intimate, not close, superficial, simple, easy
搭配：浅红，浅蓝，水很浅，感情不浅，内容浅显
例句：这里的河水很浅，而且很清。
　　　他们虽然认识很多年了，但感情一直都很浅。

736 欠 qiàn (v.) owe
搭配：欠钱，欠债，欠人情，欠考虑
例句：欠债还钱是很正常的事情。
　　　他帮了我，这次我欠了他一个大人情！

实战练习（四十六）

一、听对话，选择正确答案

1. A. 黑色　　B. 白色　　C. 黄色　　D. 紫色
2. A. 该吃饭了　B. 方案通过了　C. 男的喜欢女的　D. 女的是经理

二、选词填空

A 破产　B 期间　C 谦虚　D 奇迹　E 浅　F 破坏　G 迫切　H 启发　I 签　J 企业

1. 他昏睡了两年，昨天竟然醒来了，这真是一个（　　）。
2. 我（　　）希望你能早日来到北京。
3. （　　）环境是一件非常可耻的事情。
4. 我在这家（　　）工作快五年了。
5. 这里的河水很（　　），而且也很清。
6. 大学（　　），我学到了很多有用的东西。
7. 这个电影（　　）了我们面对生活要坚强。
8. 他一向很（　　），从来不向别人夸自己。
9. 经理已经（　　）字同意了你们提出的工作计划。
10. 我觉得你应该在公司（　　）之前辞职。

三、完成句子

1. 坏消息　气氛　这里　欢乐的　破坏了　那个 _____
2. 一个　我　找到了　非常　工作　有前途的 _____
3. 期待　会有　我　发生　奇迹 _____
4. 加油站　找个　加　汽油　点儿　我　想 _____
5. 理想的工作　希望　他　迫切　能　找到　一份 _____

四、结合下列词语（要全部使用），写一篇80字左右的短文

被　期间　气氛　迫切　奇迹

Unit 47

枪	切
强调	亲爱
强烈	亲切
墙	亲自
抢	勤奋
悄悄	青
瞧	青春
巧妙	青少年

737 枪 qiāng （名）(n.) gun, firearm
搭配：一把枪，一支枪，手枪，打枪，枪法，枪口
例句：那把玩具枪是我送给小明的。
　　　这位军人的枪法很好，能在百米外瞄准目标。

738 强调 qiángdiào （动）(v.) stress, emphasize, underline
搭配：特别强调，再三强调，强调……的重要性，强调某事
例句：大会上，王校长强调了这件事情的重要性。
　　　出门前我再三强调让他检查好东西，结果他还是把护照落在家里了。

739 强烈 qiángliè （形）(adj.) strong, intense, violent
搭配：强烈要求，强烈的预感，强烈对比，强烈反对，光线很强烈
例句：他们强烈要求换一位英语老师。
　　　我们强烈反对这个错误的提议。

740 墙 qiáng （名）(n.) wall
搭配：墙上，墙头，爬墙，高墙，城墙
例句：墙上挂着的那幅画真漂亮！
　　　请你别在墙上写字。

741 抢 qiǎng （动）(v.) rob, loot, grab, snatch, rush
搭配：抢钱，抢走，抢答，抢东西，抢着做某事
例句：你不应该抢弟弟妹妹的玩具。
　　　在家里，丈夫和她总是抢着做家务。

742 悄悄 qiāoqiāo （副）(adv.) quietly, silently
搭配：悄悄地走开，悄悄告诉你，悄悄地说话
例句：看到大家都睡着了，他自己悄悄地离开了。
　　　我要悄悄地告诉你一个秘密。

743 瞧 qiáo （动）(v.) look, see
搭配：瞧见，瞧一瞧，瞧一眼
例句：你瞧见刚才进来找张玲的那个人了吗？
　　　那是什么？让我瞧一瞧！

744 巧妙 qiǎomiào （形）(adj.) ingenious, clever
搭配：很巧妙，构思巧妙，巧妙的计划，设计巧妙
例句：他巧妙地回答了记者提出的问题。
　　　这部小说构思很巧妙，内容也很新颖。

745 切 qiē (v.) cut, slice

搭配：切菜，切东西

例句：切菜的时候要小心，千万不要切到手。
他把西瓜切成了两大块。

746 亲爱 qīn'ài (adj.) dear, beloved

搭配：亲爱的老师，亲爱的同学们，亲爱的母亲，亲爱的祖国

例句：亲爱的，你今晚想吃什么？
亲爱的同学们，你们好，我是来自一班的学生王欢。

747 亲切 qīnqiè (adj.) cordial, kind, warm, sincere, heartily

搭配：亲切地说，亲切教导，语气很亲切

例句：看到这位亲切的老奶奶，我想起了我的姥姥。
她亲切地对我说："你先回去休息一下吧！"

748 亲自 qīnzì (adv.) in person, oneself

搭配：亲自来，亲自去，亲自做……，亲自动手

例句：你还是亲自去跟她道歉比较好。
这个项目很重要，我要亲自和对方谈。

749 勤奋 qínfèn (adj.) diligent, hardworking, assiduous, industrious

搭配：勤奋刻苦，勤奋学习，很勤奋，工作勤奋

例句：他一直学习很勤奋，所以他考上清华大学我一点儿也不吃惊。
如果你年轻的时候不勤奋，将来一定会后悔的。

750 青 qīng (adj.) blue or green, young

搭配：青色，青天，青山绿水，四季常青

例句：青出于蓝而胜于蓝。
那天我看见她穿了一件青色的裙子，看上去美极了！

751 青春 qīngchūn (n.) youth

搭配：正值青春，青春的气息，青春活力，青春期，青春年华

例句：这群年轻人身上充满了青春的活力。
这些孩子正处于青春期，思想比较活跃。

752 青少年 qīngshàonián (n.) adolescent, teen-agers, youngsters

搭配：青少年时期，青少年读者

例句：在他的回忆中，人生最美好的时期是青少年时期。
这本书主要面向的是青少年读者。

实战练习（四十七）

一、听对话，选择正确答案

1. A. 恋人　　　　　B. 同事　　　　　C. 经理与秘书　　　D. 服务员与顾客
2. A. 女的在看病　　B. 李经理辞职了　C. 新经理很不错　　D. 男的要出差

二、选词填空

A 抢　B 青　C 悄悄　D 勤奋　E 切　F 巧妙　G 亲自　H 墙　I 枪　J 瞧

1. (　　) 上挂着一幅世界地图。
2. 周一李经理要 (　　) 来这个分公司视察工作。
3. 他 (　　) 地把两种方法结合起来，运用到了教学过程中。
4. 小明，你是哥哥，不要 (　　) 妹妹的玩具。
5. 你把这些豆角 (　　) 细点儿，这样容易炒熟。
6. 这块 (　　) 色的玉真漂亮，一定很贵吧！
7. 那些学习 (　　) 的同学都考上了自己理想的大学。
8. 你能 (　　) 地告诉我这件事到底是谁做的吗？
9. 你快把手里的玩具 (　　) 放下，小心一会儿伤到人。
10. 你回来的路上 (　　) 见邻居家的李奶奶了吗？

三、完成句子

1. 多次　他　强调了　向　儿子　重要性　学习的 _____
2. 这个　工人们的　决定　强烈　遭到了　反对 _____
3. 青色的山　那座　就像　远远看去　一条卧着的青龙 _____
4. 强烈要求　大家　经理　组织　集体旅游　一次 _____
5. 受　体育频道　青少年　欢迎　很 _____

四、结合下列词语（要全部使用），写一篇80字左右的短文

亲爱　亲自　枪　悄悄　强烈

Unit 48

轻视	趋势
轻易	取消
清淡	娶
情景	去世
情绪	圈
请求	权力
庆祝	权利
球迷	全面

753 轻视 qīngshì (v.) despise, look down upon, belittle
搭配：轻视对方，被人轻视，轻视教育
例句：别轻视这本小字典，关键时刻它能帮我们解决大问题。
任何时候都不要轻视你的对手。

754 轻易 qīngyì (adv.) easily, simply, rashly
搭配：轻易地下结论，轻易获胜，轻易地答应别人
例句：你不要轻易相信中奖信息。
我不会轻易放弃这次难得的机会。

755 清淡 qīngdàn (adj.) light, weak, delicate, mild, not greasy or strongly flavored
搭配：味道清淡，清淡的花香，清淡的菜
例句：这些菜的味道都比较清淡。
从河的另一边飘来了清淡的荷香。

756 情景 qíngjǐng (n.) scene, sight, circumstances
搭配：美好的情景，感人的情景，分手的情景，情景对话
例句：他一直没有忘记那次约会的情景。
想起和丈夫吵架的情景，她伤心极了。

757 情绪 qíngxù (n.) mood, sentiments, feelings, emotion
搭配：闹情绪，平复情绪，情绪稳定，不满的情绪，情绪低落
例句：他正在闹情绪，因为妈妈不让他出去玩儿。
听到这个坏消息，他的情绪很低落。

758 请求 qǐngqiú (n./v.) request; ask, beg
搭配：接受请求，关于……的请求；请求救援，请求上级，请求某人做某事
例句：考虑了好几天，他终于答应了我的请求。
王刚请求经理为他调动工作。

759 庆祝 qìngzhù (v.) celebrate
搭配：举杯庆祝，庆祝生日，庆祝国庆，庆祝元旦
例句：每年春节，我们都会聚在一起庆祝一下。
为了庆祝他的生日，我们给他开了一个晚会。

760 球迷 qiúmí (n.) (ball game) fan
搭配：一个球迷，球迷俱乐部
例句：很多球迷从外地赶来观看他的比赛。
这场比赛的结果让球迷们很失望。

Unit 48

761 趋势 qūshì (n.) trend, tendency, current, tide
搭配：必然趋势，总趋势，发展趋势，呈现……的趋势
例句：经济全球化是经济发展的必然趋势。
这个公司的股票呈现上涨的趋势。

762 取消 qǔxiāo (v.) cancel, call off, remove
搭配：取消资格，取消活动，取消不合理制度，临时取消
例句：大会取消了他的参赛资格。
因为今天下雨，这次活动临时取消了。

763 娶 qǔ (v.) marry
搭配：嫁娶，娶媳妇儿，娶新娘，娶亲
例句：他想娶一个漂亮的妻子。
娶了媳妇之后，他变得更成熟了。

764 去世 qùshì (v.) die, pass away, decease
搭配：不幸去世，去世于1988年11月，老人去世
例句：他在那次车祸中不幸去世了。
李先生是1998年3月去世的。

765 圈 quān (n./v.) fold, circle, ring; shut in a pen, confine, enclose, encircle
搭配：一个圈儿，圆圈儿，铁圈儿，转圈儿，影视圈；圈起来
例句：他在地上画了一个圈儿。
并不是所有影视圈里的人都长得好看。
请你把自己不懂的词圈出来，一会儿查查字典。

766 权力 quánlì (n.) power, authority
搭配：权力很大，国家权力机关，有权力，行使……的权力
例句：法院和检察院都属于国家权力机关。
必要时你可以行使总经理的权力。

767 权利 quánlì (n.) right, entitlement
搭配：权利与义务，法律权利，政治权利，民事权利，权利平等，放弃权利
例句：他自己放弃了这次出国的权利。
法律规定，每个人都有平等的选举权利。

768 全面 quánmiàn (n./adj.) all sides; overall, all-round, entire
搭配：照顾全面，全面情况；考虑不全面，内容很全面，全面发展，全面了解，全面提高
例句：我们应该德、智、体、美、劳全面发展。
他考虑问题很全面，很少因为粗心而出错。

实战练习（四十八）

一、听对话，选择正确答案

1. A. 近视了　　B. 要换眼镜　　C. 换工作了　　D. 要做市场调查
2. A. 看球赛　　B. 踢足球　　C. 拿快递　　D. 主持聚会

二、选词填空

A 去世　B 情绪　C 轻视　D 清淡　E 取消　F 球迷　G 权力　H 娶　I 圈　J 趋势

1. （　　）们为了庆祝这次比赛的胜利举办了一场聚会。
2. 很多人对社会地位和个人（　　）都很重视。
3. 他们一家人都喜欢吃（　　）的饭菜，炒菜时放的盐很少。
4. 他因为身体原因，临时（　　）了这场演唱会。
5. 小红既善良又勤劳，你真是（　　）了一个好老婆！
6. 爷爷（　　）的时候，我伤心极了。
7. 照这种（　　）发展下去，你总有一天会累病的。
8. 没有人能（　　）这个为公司做出重大贡献的人。
9. 大部分影视（　　）的女演员都很漂亮，穿着也很有品位。
10. 他现在（　　）很不稳定，不能再受任何刺激了。

三、完成句子

1. 照片　每一位　都　高高地　球迷　举着　偶像的 _____
2. 一些时间　全面开展　还　需要　这项计划 _____
3. 单位　你　让　任何人　没有权力　离开 _____
4. 太简单了　都把　社会　很多　青少年　想得 _____
5. 已经　他的病情　有了　趋势　好转的 _____

四、结合下列词语（要全部使用），写一篇80字左右的短文

球迷　青少年　庆祝　情景　努力

Unit 49

劝	热烈
缺乏	热心
确定	人才
确认	人口
群	人类
燃烧	人民币
绕	人生
热爱	人事

769 劝 quàn (v.) advise, urge, persuade, encourage
搭配：劝解，劝某人做某事，劝告，劝导，劝架，劝酒
例句：他身体不好，你应该劝他多休息休息。
　　　李明夫妻俩吵架的时候，邻居们都在一旁劝架。

770 缺乏 quēfá (v.) be short of, lack, be wanting in
搭配：缺乏锻炼，缺乏信心，缺乏知识，缺乏根据，缺乏经验，劳动力缺乏，营养缺乏
例句：由于缺乏锻炼，他现在越来越胖了。
　　　我们学校缺乏优秀的教师。

771 确定 quèdìng (adj./v.) definite, certain, sure; make sure, fix, decide on
搭配：十分确定，不确定因素，确定的答案；确定时间，确定某事
例句：请把你最后确定的答案写在答题纸上。
　　　我十分确定这件事是他做的。

772 确认 quèrèn (v.) affirm, confirm
搭配：确认无误，确认密码，确认……是正确的
例句：请你再一次确认你的密码是否正确。
　　　如果你确认无误的话，请在这里签上你的名字。

773 群 qún (classifier.) flock, group
搭配：一群学生，一群马，一群羊，成群结队
例句：这么晚了，这群小孩子怎么还不回家啊？
　　　天上飞过去一群小鸟。

774 燃烧 ránshāo (v.) burn, kindle, flame, ignite
搭配：怒火在燃烧，大火在燃烧，剧烈燃烧
例句：看到小丽摔碎他最爱的花瓶后，一团怒火在他胸中燃烧起来。
　　　大火燃烧起来的时候，所有人都已经离开了大楼。

775 绕 rào (v.) move round, circle, revolve, bypass
搭配：绕来绕去，绕远儿，绕道而行，绕圈子，绕弯儿
例句：我宁可绕远儿走大道，也不走这条小道儿。
　　　你有什么事就直说，不要和我绕弯儿。

776 热爱 rè'ài (v.) love deeply, love heartily
搭配：热爱祖国，热爱家乡，热爱工作，热爱生活，对……的热爱
例句：他通过这篇文章表达了自己对祖国的热爱之情。
　　　王林对家乡的热爱感动了在场的所有人。

777 **热烈** rèliè (adj.) warm, enthusiastic, heartily
搭配：热烈欢迎，热烈庆祝，热烈的掌声，气氛热烈，讨论得很热烈
例句：热烈欢迎各位领导来我院参观指导。
　　　表演结束后，台下响起了一片热烈的掌声。

778 **热心** rèxīn (adj.) enthusiastic, ardent, earnest, warmhearted
搭配：热心人，热心的建议，热心观众，十分热心
例句：张奶奶是一个热心人，她经常帮助别人。
　　　李教练对俱乐部的工作很热心。

779 **人才** réncái (n.) talent
搭配：培养人才，造就人才，全能人才，挑选人才，人才外流
例句：这个学校为国家培养了很多军事人才。
　　　他才学兼备，是个不可多得的人才。

780 **人口** rénkǒu (n.) population
搭配：统计人口，人口数量，人口增加，人口减少，常住人口，非农业人口
例句：人口老龄化的问题在这个国家非常严重。
　　　这个城市的常住人口有三十万左右。

781 **人类** rénlèi (n.) human, mankind, humanity
搭配：全人类，人类的发展，人类社会，人类文明，造福人类
例句：环境问题是全人类关注的问题之一。
　　　人类活动会对自然界产生重要的影响。

782 **人民币** rénmínbì (n.) Renminbi (RMB)
搭配：发行人民币，人民币升值
例句：你知道如何区分真假人民币吗？
　　　请问这儿能换人民币吗？

783 **人生** rénshēng (n.) life
搭配：人生目标，美好的人生，人生道路，人生观，人生大事
例句：你的人生目标是什么？
　　　这是你的人生大事，需要你自己拿主意。

784 **人事** rénshì (n.) human affairs, consciousness of the outside world
搭配：人事安排，人事材料，人事问题，人事斗争
例句：你要服从公司的人事安排，不能随心所欲。
　　　这是我所有的人事材料，请你保管好。

实战练习（四十九）

一、听对话，选择正确答案

1. A. 幽默　　　B. 热心　　　C. 自信　　　D. 勇敢
2. A. 结婚的地点　B. 买哪种空调　C. 谁没关空调　D. 加班的时间

二、选词填空

A 群　B 劝　C 绕　D 燃烧　E 缺乏　F 人口　G 人事　H 人生　I 热烈　J 人才

1. 他经常（　　）那个生病的朋友，对人生要抱有希望。
2. 王经理，（　　）欢迎您来我们公司视察工作。
3. 最近一次普查显示，中国（　　）已经超过13亿。
4. 我上个月被调到（　　）部门了，现在负责公司的招聘工作。
5. 小丽很（　　）自信心，如果她能自信点儿，成绩会更好。
6. （　　）就像是一匹千里马，需要遇见他的伯乐。
7. 有些农村地区还需要靠（　　）木柴来取暖。
8. 院子里来了一（　　）陌生人，你认识他们吗？
9. 这里的路被堵死了，咱们还是（　　）开这儿吧。
10. 青少年时期是（　　）的关键时期。

三、完成句子

1. 得到　每一位　都　应该　热心人　应有的回报 ＿＿＿＿＿
2. 燃烧　会有　燃点　不同的　不同物品 ＿＿＿＿＿
3. 我们　从小培养　应该　热爱祖国　孩子们　要 ＿＿＿＿＿
4. 我　看见　在门口　一个　绕来绕去　陌生人 ＿＿＿＿＿
5. 送过去　谁　能　这个方案　把　给　人事部门的张经理 ＿＿＿＿＿

四、看图作文（80字左右）

Unit 50

人物	日子
人员	如何
忍不住	如今
日常	软
日程	软件
日历	弱
日期	洒
日用品	嗓子

785 人物 rénwù (n.) figure, person, role
搭配：重要人物，英雄人物，人物特点，人物简介，伟大的人物
例句：这部电视连续剧里有三个主要人物。
　　　因为舍己救人，他成了新闻人物。

786 人员 rényuán (n.) personnel, staff
搭配：工作人员，值班人员，监考人员，销售人员
例句：这个公司有三千多名工作人员。
　　　值班室里有七名值班人员。

787 忍不住 rěnbuzhù (v.) cannot help doing sth., unable to bear
搭配：忍不住哭，忍不住回头，忍不住笑了
例句：听到奶奶去世的消息，我忍不住哭出声来。
　　　看到这美丽的风景，我忍不住多拍了几张照片。

788 日常 rìcháng (adj.) day-to-day, everyday, daily, usual
搭配：日常生活，日常用品，日常工作，日常用语
例句：安排总经理的日程是我的日常工作之一。
　　　我要去超市买日常生活用品。

789 日程 rìchéng (n.) schedule, agenda
搭配：日程安排，议事日程，工作日程，日程表，旅游日程
例句：刘经理，这是今天的日程安排。
　　　医疗改革已经提上日程，明年将要开始实施。

790 日历 rìlì (n.) calendar
搭配：一本日历，新日历
例句：新年到了，我家换了一本新日历。
　　　时间一天天过去，日历也变得越来越薄了。

791 日期 rìqī (n.) date
搭配：截止日期，交款日期，结婚日期，开会的日期，推迟……的日期
例句：本期期刊截稿日期推迟到了2月1日。
　　　他们的结婚日期是9月20日。

792 日用品 rìyòngpǐn (n.) household goods, articles of everyday use
搭配：买日用品，日用品公司，日用品商店
例句：毛巾牙刷都属于日用品。
　　　这家日用品商店的生意特别火。

Unit 50

793 日子 rìzi (n.) life, day
搭配：过日子，好日子
例句：结了婚，两口子就应该一起好好儿过日子。
今天的日子不错，结婚的人很多。

794 如何 rúhé (pron.) how, what
搭配：如何处理，如何做，如何回答，如何搭配
例句：我不知道该如何处理这些事情。
不论你如何做，他都不会满意的。

795 如今 rújīn (n.) nowadays, these days, at present
搭配：事到如今
例句：事到如今，我只能把所有事情都告诉他了。
如今的青少年都很喜欢上网。

796 软 ruǎn (adj.) soft
搭配：软软的，很软，心软
例句：这个沙发很软，坐上去非常舒服。
这个人软硬不吃，谁拿他也没有办法。

797 软件 ruǎnjiàn (n.) software
搭配：开发软件，游戏软件，软件公司，硬件与软件
例句：他们公司开发了一个新的游戏软件。
这个企业的硬件设施很好，但软件很差。

798 弱 ruò (adj.) week, feeble, inferior, young
搭配：声音很弱，弱小，体力很弱
例句：虽然他看起来很弱，但实际上他能力很强。
他的运动能力很弱。

799 洒 sǎ (v.) sprinkle, spray, spill, shed
搭配：洒水，喷洒，洒泪，洒香水
例句：一不小心，那瓶香水洒了一地。
扫地前，你应该先在地上洒些水。

800 嗓子 sǎngzi (n.) throat, voice
搭配：嗓子疼，嗓子干，嗓子红了，好嗓子
例句：说了这么多话，我嗓子都有点儿疼了。
她有一幅好嗓子，唱起歌来特别动听。

实战练习（五十）

一、听对话，选择正确答案

1. A. 想请假　　B. 非常忙　　C. 要去超市　　D. 不喜欢女的
2. A. 体检　　　B. 上网　　　C. 计划招聘工作　D. 收拾房间

二、选词填空

A 弱　B 软件　C 嗓子　D 日期　E 人物　F 人员　G 如何　H 日用品

1. 为了举办这场晚会，公司的所有工作（　　）都付出了很多心血。
2. 你不要在别人面前表现得太（　　），否则大家会看不起你。
3. 这位重要（　　）的权力很大。
4. 买东西前，我们应该先看一下商品的生产（　　）以及保质期。
5. 我去买毛巾，陪我去前面的（　　）商店看看吧。
6. 今天话说多了，我的（　　）有点儿疼。
7. 无论（　　），我都要在下班之前见到王经理。
8. 这个游戏（　　）是设计部新开发出来的。

三、完成句子

1. 女朋友　回头　看了看　他　忍不住　已经走远的 ＿＿＿
2. 艰辛的　计算机　需要　软件的研发　一个　过程 ＿＿＿
3. 由　秘书长　日程安排　经理的　都是　做的 ＿＿＿
4. 地上　水　洒了　很多 ＿＿＿
5. 把　报社　推迟到了　截稿日期　下个月底 ＿＿＿

四、看图作文（80字左右）

Unit 51

色彩	扇子
杀	善良
沙漠	善于
沙滩	伤害
傻	商品
晒	商务
删除	商业
闪电	上当

801 色彩 sècǎi (n.) color, hue
搭配：色彩搭配，色彩对比，文学色彩
例句：中国古代建筑的特色之一就是善于使用色彩。
这幅画的色彩搭配得非常好。

802 杀 shā (v.) kill, slaughter, slay fight
搭配：杀害，杀死，杀人不见血，杀进决赛
例句：烹饪食物的高温已足以杀死禽流感病毒。
经过大家的共同努力，他们终于杀进了决赛。

803 沙漠 shāmò (n.) desert
搭配：一片沙漠，撒哈拉沙漠，穿越沙漠，沙漠地区，治理沙漠
例句：沙漠地区的气候都很干燥。
这几个冒险家想徒步穿越沙漠。

804 沙滩 shātān (n.) sand beach
搭配：沙滩上，沙滩排球，沙滩鞋，沙滩裤
例句：这座美丽的海滨城市拥有一片洁白平整的沙滩，沙滩上还搭着许多凉棚，供游客歇息。
沙滩排球是奥运会比赛项目之一。

805 傻 shǎ (adj.) stupid, silly
搭配：傻等，傻笑，傻样儿
例句：你别站在这里傻等了，他不会来了。
你别再犯傻了，不要为这样的人伤心难过。

806 晒 shài (v.) dry in the sun, bask, bathe
搭配：晒太阳，晒粮食，晒衣服，晒被子
例句：今天天气不错，很多人在沙滩上晒太阳。
上午晒的衣服，下午就干了。

807 删除 shānchú (v.) delete
搭配：删除文件，删除资料，删除聊天记录
例句：请把文章中多余的文字删除。
我把他的资料从电脑上删除了。

808 闪电 shǎndiàn (n.) lightning
搭配：一道闪电，看到闪电
例句：我看到一道闪电从窗前划过。
他跑得飞快，就像闪电一样，冲过了终点。

Unit 51

809 扇子 shànzi (n.) fan
搭配：一把扇子，扇扇子
例句：天气太热了，你去找把扇子给孩子扇扇吧。
　　　天气这么热，竟然停电了，还好有把扇子。

810 善良 shànliáng (adj.) kindhearted, kind
搭配：非常善良，心地善良，善良的人，善良的心愿
例句：他为人很善良，经常帮助身边的人。
　　　姐姐是一个心地善良的人，每周她都去敬老院帮忙。

811 善于 shànyú (v.) be good at, be adept in
搭配：善于写作，善于跳舞，善于唱歌，善于思考，善于学习
例句：他很善于写作，经常在报纸上发表文章。
　　　打乒乓球不但要善于进攻，还要善于防守。

812 伤害 shānghài (v.) harm, hurt, injure, impair
搭配：伤害身体，伤害别人，受到伤害
例句：这样熬夜会伤害身体的。
　　　我会保护她，不让她受到任何伤害。

813 商品 shāngpǐn (n.) commodity, goods, merchandise, wares
搭配：商品展示，商品生产，商品经济，商品流通
例句：超市里所有的商品都有条形码。
　　　他在向我推销他们公司生产的商品。

814 商务 shāngwù (n.) commercial affairs, business affairs
搭配：商务代表，商务会议，商务关系
例句：公司对这次商务活动非常重视。
　　　作为公司的商务代表，你有权力这样做。

815 商业 shāngyè (n.) commerce, trade, business
搭配：商业街，商业银行，现代商业，商业发达
例句：这家公司的总经理在商业界很有地位。
　　　这个城市的商业非常发达。

816 上当 shàng dàng (v.) be fooled, be duped, be tricked
搭配：上当受骗，小心上当，上了一个大当
例句：我们在网上购物时一定要谨慎小心，以防上当受骗。
　　　听到他说这么多好听的话，我差点儿就上当了。

实战练习(五十一)

一、听对话,选择正确答案

1. A. 书　　　　B. 油画　　　　C. 箱子　　　　D. 扇子
2. A. 姐弟　　　B. 父女　　　　C. 夫妻　　　　D. 母子

二、选词填空

A 色彩　B 伤害　C 删除　D 商业　E 杀　F 商品　G 善良　H 沙滩　I 善于　J 上当

1. 软弱的人更容易受到(　　　)。
2. 他是一个(　　　)交际的人,全国各地都有朋友。
3. 并不是贵的(　　　)都是好的,只有适合你的才是最好的。
4. 你出门千万不要随便和陌生人说话,小心(　　　)受骗。
5. 老公,你快来厨房帮我把鱼(　　　)了。
6. 庆祝胜利的球迷们身上穿着(　　　)鲜艳的球衣。
7. 李红担任这家商务中心的(　　　)代表。
8. 他把自己多年来写的日记从电脑上全部(　　　)了。
9. 她正躺在(　　　)上晒太阳。
10. 李阿姨真是一个(　　　)的人,她总是喜欢帮助身边的人。

三、完成句子

1. 都　把　删除了　我　照片　手机上的 _____
2. 嗓子　应该　更加　教师　注重　保护 _____
3. 不知道的　有　很多　沙漠中　我们　动物和植物 _____
4. 样子　可爱　他　很　傻傻的 _____
5. 记忆的人　通常　善于　善于理解　也　很 _____

四、看图作文(80字左右)

Unit 52

蛇	身材
舍不得	身份
设备	深刻
设计	神话
设施	神秘
射击	升
摄影	生产
伸	生动

817 蛇 shé (n.) snake, serpent
搭配：一条蛇，蛇洞
例句：这条蛇有毒，你一定要小心。
　　　我看到有一条蛇在水里游。

818 舍不得 shěbude (v.) grudge, hate to part with sth./sb.
搭配：舍不得走，舍不得买
例句：这个手机很贵，妈妈舍不得给自己买。
　　　我舍不得离开家一个人到上海去工作。

819 设备 shèbèi (n.) equipment, device
搭配：生产设备，机器设备，购买设备，电子设备，设备齐全
例句：这个工厂的设备很齐全。
　　　生产设备准备就绪，咱们马上就可以投入生产。

820 设计 shèjì (n./v.) designing; devise, design
搭配：服装设计，一项设计，做设计；设计名片，设计网站，设计图纸
例句：他是做服装设计的，听说还很有名呢。
　　　这个网站是张明的哥哥设计的。

821 设施 shèshī (n.) installation, facility
搭配：基础设施，生活设施，服务设施，卫生设施，设施完备
例句：这里的服务设施非常齐全。
　　　他们主要负责这个城市的基础设施建设工作。

822 射击 shèjī (v.) shoot, fire
搭配：射击手，射击项目，射击比赛
例句：射击是奥运会中的一个比赛项目。
　　　这里正在举行射击比赛，比赛非常精彩。

823 摄影 shèyǐng (v.) photograph, take a picture, shoot a film
搭配：摄影家，摄影师，摄影作品，喜欢摄影
例句：这位摄影师不喜欢拍风景。
　　　如果你喜欢摄影的话，我可以送你一部相机。

824 伸 shēn (v.) stretch, extend
搭配：伸长，伸出脑袋，伸手，伸腿，伸直，拉伸
例句：请把舌头伸出来，我看看。
　　　李静伸出手，想拿回桌子上的手机。

Unit 52

825 身材 shēncái (n.) stature, figure
搭配：苗条的身材，保持身材，标准身材，身材不好
例句：他女朋友不仅身材苗条，长得也很漂亮。
　　　为了保持身材，小亮经常锻炼。

826 身份 shēnfen (n.) status, identity
搭配：身份证，公开身份，医生身份，有身份的人
例句：他的朋友不知道他的真正身份是警察。
　　　先生，请出示一下您的身份证。

827 深刻 shēnkè (adj.) deep, profound
搭配：印象深刻，内容深刻，深刻的体会，深刻剖析
例句：他的笑容给我留下了深刻的印象。
　　　他深刻分析了现代社会存在的问题。

828 神话 shénhuà (n.) myth, fairy tale
搭配：一个神话，上古神话，神话传说，神话故事
例句：奶奶经常给我们讲神话传说。
　　　女娲补天是中国的一个神话故事。

829 神秘 shénmì (adj.) mysterious, mystical
搭配：神秘的礼物，很神秘，神秘人物
例句：他为妻子准备了一个神秘的礼物。
　　　小刚最近很神秘，大家都不知道他在忙什么。

830 升 shēng (v./classifier) rise, hoist, promote; litre
搭配：上升，升高，升职，升旗；一升汽油
例句：那个气球正慢慢地往上升呢。
　　　他前几天刚升了职，当上了部门经理。
　　　请问现在每升汽油多少钱？

831 生产 shēngchǎn (v.) produce, manufacture
搭配：生产商品，生产关系，生产工具，工业生产，生产资料
例句：这个公司主要生产电子产品。
　　　对于这个国家来说，工业生产非常重要。

832 生动 shēngdòng (adj.) lively, vivid
搭配：生动活泼，生动形象，生动的语言
例句：这篇文章的语言很生动，构思也很巧妙。
　　　她生动活泼的形象让我印象深刻。

实战练习（五十二）

一、听对话，选择正确答案

1. A. 医生 B. 律师 C. 导演 D. 导游
2. A. 减肥 B. 拍电影 C. 看医生 D. 关心女的

二、选词填空

A 神话 B 蛇 C 射击 D 伸 E 舍不得 F 身份 G 舌头 H 生产 I 身材 J 升

1. 你刚才吃什么东西了？怎么（　　）都变红了？
2. 很多女孩子都害怕（　　）这种动物。
3. 他现在的（　　）不是警察，而是一名生意人。
4. 这家公司主要（　　）儿童玩具，近几年效益很好。
5. 请把舌头（　　）出来，我观察一下。
6. 他们之间美好的爱情好像一段（　　）故事一样。
7. （　　）国旗的时候，请大家立正，不要说话。
8. 我国的（　　）选手打枪打得都很准，离很远就能打中目标。
9. 自从生了孩子以后，她的（　　）就变胖了。
10. 要离开公司了，真（　　）大家啊！

三、完成句子

1. 我　这个职业　舍不得　摄影师　放弃　＿＿＿＿＿
2. 工作方向　让　大家　知道了　深刻的教训　下一步的　＿＿＿＿＿
3. 都有　飞行人员　射击选手　和　对视力　很高的　要求　＿＿＿＿＿
4. 神秘感　一直　这位演员　都　充满了　＿＿＿＿＿
5. 是　他　幼儿园　的　设计图　设计　精心　出来的　＿＿＿＿＿

四、结合下列词语（要全部使用），写一篇80字左右的短文

身份　神秘　射击　设计　舍不得

Unit 53

生长	诗
声调	狮子
绳子	湿润
省略	石头
胜利	时差
失眠	时代
失去	时刻
失业	时髦

833 **生长** shēngzhǎng (v.) grow
搭配：生长规律，生长环境，生长速度
例句：他从小生长在南方，所以不习惯北京的气候。
　　　这种昆虫的生长速度是非常快的。

834 **声调** shēngdiào (n.) tone
搭配：四个声调，汉语的声调，标出声调，变了声调
例句：请大家在试卷上标出这几个字的声调。
　　　汉语有四个声调，分别为一声、二声、三声和四声。

835 **绳子** shéngzi (n.) cord, rope, string
搭配：一条绳子，粗绳子，用绳子绑起来
例句：请帮我找一条粗绳子来。
　　　请你用绳子把这些棍子绑起来。

836 **省略** shěnglüè (v.) leave out, omit
搭配：省略主语，省略宾语，省略过程
例句：这句话省略了主语"他"。
　　　他省略了很多细节，只讲了大概的情况。

837 **胜利** shènglì (v.) win, victory, triumph
搭配：取得胜利，胜利归来，胜利的微笑
例句：他们最终取得了辩论赛的胜利。
　　　这次比赛中胜利的球队可以得到这个奖品。

838 **失眠** shīmián (v.) lose sleep, insomnia
搭配：总是失眠，失眠多梦，长期失眠
例句：因为明天要出国，他今天晚上失眠了。
　　　我最近经常失眠，所以白天没什么精神。

839 **失去** shīqù (v.) lose
搭配：失去梦想，失去机会，失去勇气，失去信心，失去知觉
例句：张丽失去了复试的机会。
　　　他们失去了参加比赛的勇气。

840 **失业** shī yè (v.) lose one's job, be out of work
搭配：失业在家，失业率，失业青年
例句：公司破产了，很多员工都失业了。
　　　这些失业青年想合伙开家公司。

841 诗 shī (名) (n.) poem, verse
搭配：一首诗，唐诗宋词，写诗，作诗，读诗，背诗
例句：这首诗是唐朝诗人李白写的。
这个孩子会背很多首唐诗。

842 狮子 shīzi (名) (n.) lion
搭配：一头狮子，母狮子，大狮子
例句：听说那片森林里有狮子，所以人们都不敢靠近。
我想去动物园看狮子。

843 湿润 shīrùn (形) (adj.) moist, damp
搭配：眼睛湿润，湿润的空气
例句：听到大家这样安慰自己，她的眼睛湿润了。
海边的空气仿佛都是湿润的。

844 石头 shítou (名) (n.) rock, stone
搭配：一块石头，一堆石头，大石头，扔石头
例句：他往河里扔了一块小石头。
这堆大石头挡住了去超市的那条路。

845 时差 shíchā (名) (n.) equation of time; time difference
搭配：时差表，存在时差，国际时差，倒时差
例句：因为时差原因，我天天要等到很晚才能跟父母通电话。
时差反应让他接连好几天都休息不好。

846 时代 shídài (名) (n.) age, era, epoch
搭配：儿童时代，青年时代，时代特征，时代周刊
例句：他的儿童时代是在农村度过的。
每个时代都有每个时代的特征。

847 时刻 shíkè (副/名) (adv./n.) constantly, always; time, hour, moment
搭配：时时刻刻，时刻准备着，时刻注意；关键时刻
例句：我时时刻刻都不忘自己的理想。
他时刻注意着那个人的一举一动。

848 时髦 shímáo (形) (adj.) vogue, fashionable, trendy, modern
搭配：非常时髦，穿着时髦，赶时髦，时髦的服装
例句：那个穿着时髦的人是一位明星。
这家店里的衣服又漂亮又时髦。

实战练习（五十三）

一、听对话，选择正确答案

1. A. 失眠了　　B. 很伤心　　C. 赢了比赛　　D. 不在乎结果
2. A. 上班　　　B. 找工作　　C. 看医生　　　D. 安慰男的

二、选词填空

A 生长　B 失去　C 声调　D 湿润　E 生动　F 诗　G 绳子　H 时刻　I 时差

1. 李教授把这堂课讲得既（　　　）又有趣。
2. 中国有很多著名的（　　　）人，他们留下了很多优秀的作品。
3. 你刚从美国回来，先休息两天，倒完（　　　）再来上班。
4. 有（　　　）就有得到，不要只看到失败。
5. 大雨过后，空气变得非常（　　　）。
6. 听到他要回国的消息，我说话的（　　　）都变了。
7. 国旗升起来的那个（　　　），大家都感到骄傲和自豪。
8. 外国人学汉语最难的是（　　　）。
9. 春天来了，花草树木迅速（　　　）了起来。
10. 我帮你找条（　　　），把海报捆起来你拿着就方便了。

三、完成句子

1. 把　他们　这个过程中　一个环节　最重要的　省略了 _____
2. 时常　诗人　会有　一些　思想情感　异于常人的 _____
3. 注意　路人的　穿着时髦的　很容易　女孩儿　引起 _____
4. 特点　都有　它　每一个时代　独有的 _____
5. 烦心事的人　遇到　失眠　就　很容易 _____

四、选择合适的词语填空

　　当我听到我们国家取得了决赛的＿＿1＿＿时，播音时的＿＿2＿＿都变了。当天晚上，我就激动得＿＿3＿＿了。真想把时间定格在我们取得胜利的那个＿＿4＿＿，让那种兴奋、骄傲和自豪永远留在大家的心中。

1. A. 失败　　　B. 胜利　　　　2. A. 声调　　　B. 歌声
3. A. 失眠　　　B. 流泪　　　　4. A. 年代　　　B. 时刻

Unit 54

时期	食物
时尚	使劲儿
实话	始终
实践	士兵
实习	市场
实现	似的
实验	事实
实用	事物

849 时期 shíqī (名) (n.) period, time
搭配：特殊时期，备考时期，住院时期
例句：大家在备考时期复习得都很认真。
　　　在李明住院时期，很多同事都来看望他。

850 时尚 shíshàng (形/名) (adj./n.) fashionable, in vogue; vogue, fashion
搭配：穿着时尚，很时尚，时尚品牌；追求时尚，时尚界，时尚主义
例句：这个人很时尚，身上穿的都是名牌。
　　　他是一个时尚主义者，很注重服装搭配。

851 实话 shíhuà (名) (n.) truth
搭配：说实话，讲实话，实话实说，实话告诉你
例句：好孩子不应该撒谎，要讲实话！
　　　我实话告诉你吧，这件事经理已经知道了。

852 实践 shíjiàn (动) (v.) practice
搭配：注重实践，实践证明，实践活动，生产实践，教学实践，社会实践，生产实践
例句：实践出真知。
　　　上个月我们学校组织了一次社会实践活动。

853 实习 shíxí (动) (v.) practice, fieldwork, internship
搭配：实习期间，在……实习，实习报告，实习生
例句：在他们公司实习的这段时间，我学会了很多东西。
　　　大三的时候，他去了一家报社实习。

854 实现 shíxiàn (动) (v.) realize, achieve, bring about
搭配：实现理想，实现目标
例句：经过不断地努力，他终于实现了自己的梦想。
　　　我早就想去西安旅游了，今天总算是实现了。

855 实验 shíyàn (名) (n.) experiment, test
搭配：做实验，实验室，实验材料，物理实验，化学实验
例句：老师正在实验室里做化学实验。
　　　为了证明事情的可行性，他们做了一个实验。

856 实用 shíyòng (形) (adj.) practical, pragmatic, functional
搭配：很实用，实用技能，实用价值
例句：这篇文章说了很多空话，实用价值很小。
　　　你们应该掌握一些实用技能。

Unit 54

857 食物 shíwù (n.) food
搭配：美味的食物，食物中毒，寻找食物，高热量的食物
例句：你喜欢吃什么食物啊？
为了庆祝小明的生日，妈妈做了很多美味的食物。

858 使劲儿 shǐ jìnr (v.) exert all one's strength, put in energy, go all out
搭配：使劲儿吃，使劲儿推，使劲儿拉，一起使劲儿
例句：大家再使把劲儿，马上就要到山顶了。
他们一起使劲儿把车从泥里推了出来。

859 始终 shǐzhōng (adv.) all along, always
搭配：始终坚持，始终没来
例句：我始终都不明白，他为什么要放弃这么好的工作。
他们在这里等了半天，始终都没见张小姐出来。

860 士兵 shìbīng (n.) soldier
搭配：一个士兵，勇敢的士兵，普通士兵
例句：不会打枪的士兵还叫什么士兵？
这个士兵很勇敢，他冒着生命危险把那个孩子从火里救了出来。

861 市场 shìchǎng (n.) market
搭配：市场调查，商品市场，菜市场，国际市场
例句：你能帮我填一份市场调查表吗？
想要打开南方的市场，我们还需要再做些努力。

862 似的 shìde (par.) as, as...as, like
搭配：像……似的，跟……似的，如同……似的
例句：这些士兵像一排松柏似的直直站立在那里。
发生了这么大的事，他还像没事人似的。

863 事实 shìshí (n.) fact
搭配：事实上，事实证明，大量的事实，与事实不符
例句：事实上，他并不认识你姐姐。
大量事实证明，抽烟喝酒确实影响身体健康。

864 事物 shìwù (n.) things
搭配：相关事物，具体事物，新生事物，抽象的事物，事物的本质
例句：大部分青少年对新生事物很感兴趣。
这些抽象的事物让人难以理解。

实战练习(五十四)

一、听对话,选择正确答案

1. A. 价格　　　　B. 外观　　　　C. 实用价值　　D. 占地空间
2. A. 要当老师　　B. 没写论文　　C. 正在实习　　D. 丢了工作

二、选词填空

A 实现　B 士兵　C 事实　D 石头　E 似的　F 时期　G 实践　H 实验　I 时尚　J 实话

1. 大家一起使劲儿把这块大(　　　)搬开。
2. 这个方法对不对要靠(　　　)来检验。
3. 他们为了研究机器人的动作,在这里连续做了七个小时的(　　　)。
4. 生日快乐,希望你能早日(　　　)自己的梦想。
5. 李文是一家(　　　)杂志的编辑,负责名牌服装及化妆品的介绍。
6. 一队队(　　　)站在操场上就像一排排挺立的松柏。
7. 发生了这么大的事情,你怎么还像个没事人(　　　)?
8. 请你对我说(　　　),公司到底决定怎么处理我?
9. 在这家公司工作的那段(　　　),我一直都很开心。
10. 不要再骗我了,(　　　)上,整件事情的真相我已经知道了。

三、完成句子

1. 很多农村　实验田　都　开展了　种植项目 _____
2. 实习了　在这里　退伍士兵　三个月　那位 _____
3. 所有的事物　并不是　都像　我们　那么美好　想象中 _____
4. 由　价格　应该　决定　市场 _____
5. 似的　他　装得　好像　不认识我 _____

四、请结合下列词语(要全部使用),写一篇80字左右的短文

实现　实验　始终　石头　实用

Unit 55

事先	手指
试卷	首
收获	寿命
收据	受伤
手工	书架
手术	梳子
手套	舒适
手续	输入

865 事先 shìxiān (名) (n.) in advance, prior to
搭配：事先商量，事先通知，事先了解
例句：这件事你最好事先和妈妈商量一下。
我事先已经知道了这件事。

866 试卷 shìjuàn (名) (n.) exam paper, test paper
搭配：一张试卷，空白试卷，发试卷，改试卷，交试卷
例句：请大家在试卷的左侧写上自己的姓名。
老师们正在办公室里改试卷。

867 收获 shōuhuò (动)/(名) (v./n.) harvest, reap; results, gains
搭配：收获粮食，收获苹果，收获农作物；学习的收获，收获很大
例句：每年秋天，农民们都会收获很多粮食。
实习期间，我学到了很多新东西，所以我的收获很大。

868 收据 shōujù (名) (n.) receipt
搭配：一张收据，一份收据，开收据，收据证明，捐款收据
例句：税收部门会给张会计开一张纳税收据。
营业员给他开了一张收据。

869 手工 shǒugōng (名) (n.) by hand, manual, handmade, handwork
搭配：手工制品，手工业，手工课，手工费，做手工
例句：这个商店的饰品都是店主自己手工制作的。
这个国家的手工业相当发达。

870 手术 shǒushù (名)/(动) (n./v.) surgery, operation
搭配：手术台，手术室，做手术，心脏手术；马上手术
例句：张医生在手术室里连续工作了四个小时。
这位病人需要马上手术。

871 手套 shǒutào (名) (n.) gloves
搭配：一副手套，一双手套，一只手套，织手套，戴手套，棉手套
例句：妈妈用毛线为我织了一副手套。
今天很冷，你出去的时候记得戴手套。

872 手续 shǒuxù (名) (n.) procedure, formalities, routine
搭配：办手续，住院手续，出院手续，报名手续，转学手续，手续齐全
例句：出院手续已经办好了，我们回家吧。
等你的转学手续办好，就可以到新学校读书了。

873 手指 shǒuzhǐ 名 (n.) finger
搭配：一根手指，手指头，手指很细
例句：她的手指又细又长，非常漂亮。
他左手手指上戴着一个白金戒指。

874 首 shǒu 名/形/量 (n./adj./classifier) head; chief, first; measure word for songs and poems
搭配：昂首挺胸，两首歌，一首诗
例句：他昂首挺胸地大步走入了会场。
这首歌给人留下了深刻的印象。

875 寿命 shòumìng 名 (n.) life-span, lifetime, longevity
搭配：寿命很长，延长寿命，使用寿命，平均寿命
例句：你知道哪种动物的寿命最长吗？
这台机器的使用寿命是三十年。

876 受伤 shòu shāng 动 (v.) be injured, be wounded, sustain an injury
搭配：受伤了，受伤的人，受伤的狮子，受伤严重
例句：这位警察在上次执行任务时受伤了。
这只小鸟的翅膀受伤了，飞不起来了。

877 书架 shūjià 名 (n.) bookshelf
搭配：一个书架，一排书架，书架上
例句：他的书房里有一个很大的书架。
这个书架上有很多关于儿童教育的书。

878 梳子 shūzi 名 (n.) comb
搭配：一把梳子，桃木梳子，塑料梳子
例句：用桃木梳子梳头对身体有好处。
这把塑料梳子非常漂亮。

879 舒适 shūshì 形 (adj.) comfortable, cosy, snug
搭配：非常舒适，过得舒适，环境舒适，舒适的生活
例句：她的家干净而舒适。
舒适的工作环境能提高工作效率。

880 输入 shūrù 动 (v.) input, enter
搭配：输入密码，输入指纹，输入口令，输入与输出，汉字输入法
例句：先生，请输入您的银行卡密码。
只有输入他的指纹，才能进入这间密室。

实战练习（五十五）

一、听对话，选择正确答案

1. A. 交际　　　B. 网购　　　C. 打扮　　　D. 打字
2. A. 弹钢琴　　B. 洗手套　　C. 写请假条　D. 请吃饭

二、选词填空

A 梳子　B 手工　C 手指　D 手术　E 输入　F 书架　G 收据　H 事先　I 手续　J 首

1. 你的（　　）又长又漂亮，很适合弹钢琴。
2. 李静，你去张会计那里开张（　　）。
3. 医生进行（　　）的时候，必须全神贯注。
4. 我要把这（　　）歌献给我的妈妈。
5. 我在（　　）银行卡密码的过程中出了点儿问题。
6. 这些（　　）作品都是小朋友们自己亲手做的。
7. 常用木（　　）梳头，不仅头发不容易起静电，还对头皮有好处。
8. 这些条件我（　　）都已经和他谈好了。
9. 住院（　　）都办好了，该交的费用也都交了。
10. 好大的（　　）啊，没想到你有这么多书！

三、完成句子

1. 试卷　老师　大家　发给了　把 _____
2. 相关的　病人　还需要　在做手术前　做一些　身体检查 _____
3. 我　梳子　书架上　放到　把　了 _____
4. 都会　社会环境　和　对人的　经济发展　有影响　平均寿命 _____
5. 关于　最上面一层　书架的　有很多　中国文化的书 _____

四、结合下列词语（要全部使用），写一篇80字左右的短文

受伤　手术　手续　输入　熟练

Unit 56

蔬菜	甩
熟练	双方
属于	税
鼠标	说不定
数	说服
数据	丝绸
数码	丝毫
摔倒	私人

881 蔬菜 shūcài 〈名〉(n.) vegetables
搭配：蔬菜水果，蔬菜沙拉，新鲜的蔬菜
例句：小孩子应该多吃水果和蔬菜。
　　　这家商店的蔬菜又新鲜又便宜。

882 熟练 shúliàn 〈形〉(adj.) skilled, proficient
搭配：熟练的技术，动作熟练，熟练掌握
例句：他已经熟练掌握了这门技术。
　　　他是新手，开车很不熟练。

883 属于 shǔyú 〈动〉(v.) belong to, be part of
例句：老虎属于猫科动物。
　　　这些资料是属于大家的，不是你个人的。

884 鼠标 shǔbiāo 〈名〉(n.) mouse
搭配：一只鼠标，无线鼠标，光电鼠标，鼠标垫
例句：用鼠标点这个图案，就能进入他的空间了。
　　　我想买一个无线鼠标。

885 数 shù 〈名〉(n.) number, figure
搭配：人数，次数，少数，多数
例句：这些数算得不对，你需要再修改一下。
　　　结婚之后他回家的次数越来越少了。
　　　今天来的人数不够，所以选举的结果无效。

886 数据 shùjù 〈名〉(n.) data, record
搭配：整理数据，统计数据，数据库，数据线
例句：他在整理数据的时候，删除了一些没用的文件。
　　　公司的数据库里有所有员工的资料。

887 数码 shùmǎ 〈名〉(n.) digit, figure
搭配：数码相机，数码产品
例句：这个数码相机拍出来的照片真清楚。
　　　大部分数码产品的价格都很贵。

888 摔倒 shuāidǎo 〈动〉(v.) fall, tumble
搭配：不小心摔倒，摔倒在地
例句：路太滑，她不小心摔倒了。
　　　他使出全身的力气想把对方摔倒在地。

Unit

889 甩 shuǎi 动 (v.) throw, fling, toss, swing, desert, reject
搭配：甩货，甩卖，甩手不干，甩了思想包袱
例句：年末，各大商场都在甩卖存货。
　　　再不发工资，他们就甩手不干了。

890 双方 shuāngfāng 名 (n.) both sides, both parties
搭配：比赛双方，男女双方，夫妻双方，双方和解，双方的意见
例句：经过法官调解，双方同意庭外和解。
　　　比赛双方的实力相当，任何一方都有可能赢。

891 税 shuì 名 (n.) tax, duty
搭配：交税，纳税，营业税，税金，个人所得税
例句：张会计去税务局交税了。
　　　你们不要漏税偷税，应该按时交纳税金。

892 说不定 shuōbudìng 动/副 (v./adv.) cannot say for sure; perhaps, maybe
例句：这件事到底能不能成，现在还说不定。
　　　不要着急，说不定他现在已经在回来的路上了。
　　　你再不出发，说不定就晚了。

893 说服 shuō fú 动 (v.) persuade, convince, talk sb. over
搭配：用……说服……，说服某人做某事
例句：弟弟不想上大学，后来是爸爸把他说服了。
　　　我想说服他去帮我买张火车票。

894 丝绸 sīchóu 名 (n.) silk
搭配：丝绸之路，上等丝绸，丝绸制品
例句：这条裙子是用上等的丝绸做的。
　　　你知道中国古代的丝绸之路吗？

895 丝毫 sīháo 形 (adj.) a bit, tiny, the slightest amount or degree
搭配：丝毫没感觉，丝毫不差，丝毫也不……
例句：我丝毫没有感觉到他的到来。
　　　这件事的真相和我猜的丝毫不差。

896 私人 sīrén 名 (n.) private, personal
搭配：私人企业，私人教练，私人医生，私人游泳池，私人收藏
例句：很多富商都有私人医生。
　　　这幅画是我的私人收藏。

实战练习（五十六）

一、听对话，选择正确答案

1. A. 要办聚会　　B. 明天要出差　　C. 在聚会现场　　D. 不想参加聚会
2. A. 经常加班　　B. 压力很大　　C. 丢了数据　　D. 与同事吵架了

二、选词填空

A 数码　B 蔬菜　C 鼠标　D 说服　E 甩　F 双方　G 摔倒　H 丝绸　I 税　J 丝毫

1. 弟弟非常挑食，不爱吃（　　），只喜欢吃肉。
2. 用（　　）做的衣服不仅好看，穿着也很舒服。
3. 买卖（　　）在交易前都已经谈好了相关的协议。
4. 舅舅在我生日的时候送了我一个（　　）相机。
5. 现在不用去商场，在家点点（　　）就能买到想买的东西。
6. 路太滑了，我一不小心就（　　）了。
7. 我（　　）不介意你有抽烟或者喝酒的习惯。
8. 司机刹车太猛，后面有一位乘客被（　　）了出去。
9. 我每个月交完（　　）后，还能剩下8000块钱左右。
10. 对不起，我没有（　　）李局长来参加我们公司的周年庆典。

三、完成句子

1. 唐代的　出土了　这个地方　一件　丝绸制品 _____
2. 现代汉语方向　专业　你所选的　属于 _____
3. 能够　公司　所有职工　要求　都必须　熟练使用　机器 _____
4. 喜欢　很少　吃　蔬菜和水果　的　生病　人 _____
5. 把　秘书　整理好的　市场调查数据　经理的办公桌上　放在了 _____

四、看图作文（80字左右）

Unit 57

思考	随手
思想	碎
撕	损失
似乎	缩短
搜索	所
宿舍	锁
随身	台阶
随时	太极拳

897 思考 sīkǎo (v.) think, contemplate, speculate, ponder, reflect on
搭配：思考问题，认真思考，再三思考，独立思考
例句：你思考问题时应该全面点儿。
经过再三思考，我决定和这个公司签约。

898 思想 sīxiǎng (n.) thought, thinking, idea
搭配：思想家，思想问题，先进思想，解放思想
例句：这些人的思想都很超前。
我们应该解放思想，考虑问题时眼界放宽一点儿。

899 撕 sī (v.) tear, rip
搭配：撕碎，撕扯，撕烂，撕书，撕纸
例句：妈妈让我把墙上的画撕下来。
她一生气，把自己最喜欢的海报撕坏了。

900 似乎 sìhū (adv.) it seems, as if, it looks like, likely
例句：他似乎发现了我们的行动，我们要小心点儿。
她似乎已经猜到这个谜语的答案了。

901 搜索 sōusuǒ (v.) search for, ferret about, hunt for, scout around
搭配：仔细搜索，四处搜索，搜索前进
例句：他在电脑上搜索着自己需要的资料。
经过仔细搜索，战士们发现了一个受伤的敌人。

902 宿舍 sùshè (n.) living quarters, dorm
搭配：一间宿舍，男生宿舍，女生宿舍，员工宿舍，学生宿舍
例句：男生不要随便进出女生宿舍。
并不是所有的员工都住在员工宿舍。

903 随身 suíshēn (adj.) carry ... with one, (take) with one
搭配：随身行李，随身物品，随身携带
例句：这次出差他带的随身物品很少。
你怎么随身带这么多钱？

904 随时 suíshí (adv.) at any time, at all times, whenever necessary
搭配：随时随地，随时准备，随时联系
例句：如果遇到什么问题，你随时可以来问我。
有了手机，随时随地都能和家人联络。

Unit 57

905 随手 suíshǒu 副 (adv.) conveniently, without extra trouble
搭配：随手关门，随手可得
例句：他随手把桌子上的文件拿走了。
　　　离开办公室时请随手关灯。

906 碎 suì 动/形 (v./adj.) break to pieces, smash; broken, fragmentary, garrulous
搭配：破碎，摔碎，打碎；碎玻璃
例句：我不小心打碎了一个碗。
　　　一个玻璃杯被摔碎了，地上全是碎玻璃。

907 损失 sǔnshī 动/名 (v./n.) lose; loss
搭配：损失钱财；损失严重，精神损失，造成损失，损失很大
例句：这次战争中，他们损失了十架飞机。
　　　在这次经济危机中，我们公司的损失非常严重。

908 缩短 suōduǎn 动 (v.) shorten, cut down, curtail
搭配：缩短距离，缩短时间，缩短战线，缩短假期
例句：由于天气不好，学校缩短了运动会的时间。
　　　他快跑了几步，缩短了与前面选手的距离。

909 所 suǒ 助/量/名 (par./classifier/n.) used together with 被 or 没 in the passive voice; measure word for houses, schools, hospitals, ect.; place, location
搭配：被……所……；一所医院，两所大学；住所，研究所，招待所
例句：她太天真，很容易被表面现象所欺骗。
　　　这所医院有很多优秀的骨科医生。
　　　这家招待所的服务员很热情。

910 锁 suǒ 动/名 (v./n.) lock up, lock, knit; lock
搭配：锁门，上锁，锁车；一把锁，钥匙和锁，车锁
例句：我早上出来的时候忘了锁门，真担心有小偷进去。
　　　这把锁的钥匙被我弄丢了，门打不开了。

911 台阶 táijiē 名 (n.) footstep, step
搭配：一个台阶，一级台阶，下台阶，水泥台阶
例句：只有一步一个台阶地向前走，才能找到成功之门。
　　　他只是想为自己的错误找个台阶下。

912 太极拳 tàijíquán 名 (n.) taijiquan, shadow-boxing
搭配：打太极拳，学太极拳
例句：李爷爷每天早上都会去公园打太极拳。
　　　教我们太极拳的老师是张丽的舅舅。

实战练习（五十七）

一、听对话，选择正确答案

1. A. 父女　　　　　B. 夫妻　　　　　C. 邻居　　　　　D. 师生
2. A. 把自己锁里面了　B. 进不了实验室了　C. 带了钥匙　　　D. 不想回来

二、选词填空

A 锁　B 缩短　C 思考　D 撕　E 随时　F 损失　G 台阶　H 搜索　I 随身　J 随手

1. 你最好（　　）带着手机，不然联系不到你。
2. 请大家24小时开机，保证公司能够（　　）联系到你。
3. 这次生产事故使我们公司遭受了巨大的经济（　　）。
4. 昨天下班后，谁是最后一个走的？怎么没有（　　）门？
5. 张奶奶，你小心（　　），慢点儿下楼。
6. 为了（　　）与第一名的差距，李红最近特别用功。
7. 你为什么把这些照片都（　　）了啊？发生什么事了？
8. 做事前，多（　　）总不会有错的。
9. 百度是最好的中文（　　）网站。
10. 那天我把书（　　）一扔，结果现在找不到了。

三、完成句子

1. 关灯锁门　最后一个　走出　宿舍的人　请自觉＿＿＿＿＿
2. 他　似乎　这场比赛　的　并不关心　结果＿＿＿＿＿
3. 都应该　做任何事情　多思考一下　前因后果　事情的＿＿＿＿＿
4. 故事　让　他的　心碎　人＿＿＿＿＿
5. 都　统计出来　把　公司的　请尽快　所有损失＿＿＿＿＿

四、选择合适的词语填空

这次谈判非常重要，王经理必须迅速想出方案来减少＿＿1＿＿。幸好她＿＿2＿＿带着电脑，通过＿＿3＿＿一些专业网站，她终于＿＿4＿＿出一个完美的计划。

1. A. 损失　　　B. 失败　　　　　2. A. 随便　　　B. 随身
3. A. 检索　　　B. 检查　　　　　4. A. 思想　　　B. 思考

Unit 58

太太	讨价还价
谈判	套
坦率	特色
烫	特殊
逃	特征
逃避	疼爱
桃	提倡
淘气	提纲

913 太太 tàitai (n.) wife, madam, lady
搭配：一位太太，张太太，先生和太太
例句：张先生和他太太正在餐厅吃饭呢。
　　　李红，外面有一位太太找你。

914 谈判 tánpàn (v.) negotiate
搭配：一次谈判，谈判结果，谈判高手，就……问题而谈判
例句：他们谈判的结果是不离婚了。
　　　双方正在就价格问题进行谈判。

915 坦率 tǎnshuài (adj.) candid, frank, straightforward, outspoken
搭配：很坦率，坦率地说，性情坦率，坦率热情
例句：坦率地告诉你，我已经不爱你了。
　　　他很坦率，有什么就说什么。

916 烫 tàng (adj./v.) burning, hot, scalding; burn, scald, heat up in hot water
搭配：非常烫；烫手，烫脚
例句：水很烫，你一会儿再喝。
　　　他的手被热水烫伤了，需要马上看医生。

917 逃 táo (v.) run away, flee, escape
搭配：逃跑，逃走，逃亡，逃命，逃兵
例句：他逃到了一个没有人的地方。
　　　那个小偷逃跑了，一眨眼就不见了。

918 逃避 táobì (v.) escape, evade, shirk
搭配：逃避问题，逃避真相，逃避现实，逃避责任
例句：他不想面对这个问题，总是选择逃避。
　　　他从来没有逃避过自己对家庭的责任。

919 桃 táo (n.) peach
搭配：一个桃，水蜜桃，桃枝，桃李满天下
例句：我非常喜欢吃桃。
　　　这位老师真是桃李满天下啊！

920 淘气 táoqì (adj.) mischievous, naughty
搭配：很淘气，淘气的孩子
例句：那只小猴子真淘气，它总是不停地向游客们要吃的。
　　　孩子还小，淘气是正常的。

Unit 58

921 讨价还价 tǎo jià huán jià / bargain with sb. for a supply of sth.
例句：他买东西一向不喜欢与人讨价还价。
这个事情就这样说定了，不准再讨价还价！

922 套 tào / 名/动 (n./v.) / cover, case, set, suit; cover, trick, trap, put on
搭配：一套西服，一套家具；套上衣服
例句：昨天我买了一套很漂亮的衣服。
听说有人来找他，他套上衣服就出去了。

923 特色 tèsè / 名 (n.) / characteristic, distinguishing feature, unique feature
搭配：很有特色，地方特色，特色小吃
例句：来这儿游玩的人都很喜欢当地的这种特色小吃。
这就是我们这儿最有名的特色餐馆。

924 特殊 tèshū / 形 (adj.) / special, particular
搭配：十分特殊，特殊时期，特殊对待，特殊任务，特殊教育
例句：这个问题很特殊，我们不能用一般方法解决。
上周我接到了一个很特殊的任务。

925 特征 tèzhēng / 名 (n.) / characteristic, feature, properties, aspect, trait
搭配：特征明显，人物特征，文化特征，本质特征
例句：他的特征非常明显，一眼就能认出来。
永不放弃是所有成功人士的共同特征。

926 疼爱 téng'ài / 动 (v.) / be very fond of, love dearly, cherish
搭配：疼爱孙子，对……很疼爱
例句：他很疼爱自己的妻子。
母亲对孩子的疼爱是无法用语言表达的。

927 提倡 tíchàng / 动 (v.) / advocate, promote, encourage, recommend
搭配：大力提倡，提倡民主，提倡……精神，提倡……做法
例句：目前政府正在大力提倡节约水电资源。
我们应该提倡这种乐于助人的精神。

928 提纲 tígāng / 名 (n.) / outline, synopsis
搭配：写提纲，列提纲，作文提纲，发言的提纲，复习提纲
例句：写作文前，应该先列一个提纲。
我开会前写了一个简单的发言提纲。

实战练习（五十八）

一、听对话，选择正确答案

1. A. 今天不冷　　B. 注意身体　　C. 喜欢下雪天　　D. 天气预报很准
2. A. 提建议　　　B. 问问题　　　C. 进行面试　　　D. 创办公司

二、选词填空

A 提倡　B 烫　C 谈判　D 疼爱　E 坦率　F 桃　G 逃　H 太太　I 逃避　J 提纲

1. 每一位母亲内心都非常（　　）自己的子女。
2. 听到你要来的消息，他吓得（　　）跑了。
3. 王教授要求我们下个星期一交论文的（　　）。
4. 这碗汤刚做好，还很（　　），你过一会儿再喝吧。
5. 李（　　），您今天喝酒了，需要我们派人开车送您回去吗？
6. 当今时代，社会上都（　　）男女平等、尊老爱幼。
7. 小红是一个（　　）的人，从来不要小心眼。
8. 在（　　）桌上，双方的每一句话都有可能决定成败。
9. 遇到问题就应该面对，一味地（　　）永远也解决不了问题。
10. 昨天妈妈从超市买了很多（　　）回来。

三、完成句子

1. 特殊的　具有　香味儿　它的叶子　一种
2. 向工作人员　他　把　特征　要找的人的　介绍了一下
3. 逃避问题　你　总是　也不是个　办法　啊
4. 提纲的格式　注意　看一下　请　大家　这篇论文
5. 谈判的　讨价还价　免不了　时候

四、选择合适的词语填空

很多家长都不＿＿1＿＿教师给学生留家庭作业，希望教师能够让孩子能够在快乐中学习，但是他们不能＿＿2＿＿教师留作业的真正用意。每次教师留的＿＿3＿＿并不多，他们只是想让孩子学会学习，养成一个好＿＿4＿＿，而不是想让孩子天天学得很累。

1. A. 提倡　　B. 反对　　　　2. A. 体现　　B. 体会
3. A. 课程　　B. 题目　　　　4. A. 学习　　B. 习惯

Unit 59

提问	调皮
题目	调整
体会	挑战
体贴	通常
体现	统一
体验	痛苦
天空	痛快
天真	偷

929 提问 tíwèn (动) (v.) ask a question, raise a question
搭配：向老师提问，举手提问
例句：他经常提问一些非常奇怪的问题。
　　　面对记者们的提问，他一一详细地做了回答。

930 题目 tímù (名) (n.) title, subject, topic, exam questions
搭配：作文题目，演讲的题目，出题目
例句：这次考试的作文题目是"我的家乡"。
　　　你知道这次演讲比赛的题目吗？

931 体会 tǐhuì (名)/(动) (n./v.) experience, understanding; know from experience, realize
搭配：深有体会，体会到……
例句：对他的痛苦生活，我深有体会。
　　　失恋后，我才体会到他对我的好。

932 体贴 tǐtiē (动) (v.) show consideration for, be considerate
搭配：温柔体贴，非常体贴，对……很体贴，细心体贴
例句：他对妻子非常体贴，常帮她做家务。
　　　她是一个温柔体贴的好女孩儿。

933 体现 tǐxiàn (动) (v.) embody, incarnate, reflect
搭配：体现出来，体现了……，体现……精神，体现……意志
例句：这首诗体现了诗人对妻子深深的爱。
　　　这件事体现了员工们团结合作的精神。

934 体验 tǐyàn (动) (v.) experience
搭配：亲身体验，体验……的过程，免费体验
例句：我想亲身体验一下坐飞机的感觉。
　　　你可以免费体验一下按摩椅的按摩效果。

935 天空 tiānkōng (名) (n.) sky
搭配：一片天空，蓝色的天空，仰望天空
例句：天空中有几只小鸟飞过。
　　　蓝蓝的天空中飘过几朵白云。

936 天真 tiānzhēn (形) (adj.) innocent, naive
搭配：很天真，天真地说，天真的女孩儿
例句：她是一个天真可爱的小女孩儿，每天都笑得很开心。
　　　他曾经天真地以为世上没有坏人。

937 调皮 tiáopí (adj.) naughty, mischievous
搭配：调皮的孩子，非常调皮
例句：父母拿这个调皮的小孩儿一点儿办法也没有。
　　　他非常调皮，常常做一些让人生气的事情。

938 调整 tiáozhěng (v.) adjust, tune-up, trim, redress
搭配：调整心情，调整价格，调整作息时间
例句：这是商品调整后的最新价格。
　　　快考试了，你一定要调整好自己的心情。

939 挑战 tiǎozhàn (v.) challenge
搭配：挑战书，向……挑战，发起挑战，迎接挑战
例句：我接到了张红给我下的挑战书。
　　　没人敢向李刚挑战篮球。

940 通常 tōngcháng (adj./adv.) general, usual, normal; generally, usually, normally
搭配：通常情况，通常的做法
例句：月圆之夜通常是指农历每月的十五。
　　　他通常六点钟就起床。

941 统一 tǒngyī (v./adj.) unified, unitary, united; unify, unite, integrate
搭配：统一思想，统一认识；统一调配，统一收购，统一的管理
例句：他们几个统一归你调配。
　　　我们对这个问题的看法还不太统一。

942 痛苦 tòngkǔ (adj.) painful, suffering, sad
搭配：非常痛苦，内心很痛苦，痛苦的生活
例句：听了这个坏消息，他感觉很痛苦。
　　　这种痛苦的生活，我实在是过不下去了。

943 痛快 tòngkuài (adj.) to one's heart's content, to one's great satisfaction, straight forward, frank and direct
搭配：喝个痛快，痛快地跳舞，真痛快
例句：打了一天球，感觉非常痛快。
　　　他办事很痛快，从来不拖泥带水。

944 偷 tōu (v./adv.) steal, burglarize, make off with; stealthily, secretly, covertly
搭配：偷东西，偷钱包，偷走；偷看，偷听
例句：我的钱被人偷走了。
　　　他趁妈妈不注意，偷跑了出来。

实战练习（五十九）

一、听对话，选择正确答案

1. A. 刚搬新家　　B. 不工作了　　C. 身体不好　　D. 喜欢旅游
2. A. 女的很饿　　B. 他们明天一起吃饭　　C. 女的不想回家　　D. 男的不忙

二、选词填空

A 挑战　B 痛苦　C 题目　D 体验　E 体会　F 体贴　G 偷　H 通常　I 统一　J 调皮

1. 我也经历过这种事，所以能（　　）你的心情。
2. 再（　　）的孩子都有他怕的老师或家长。
3. 他很（　　）妻子，经常帮她做家务活儿。
4. 他的车没锁，被人（　　）了。
5. 经理希望我们（　　）时间进行企业文化培训。
6. 听到自己落榜的消息，他内心非常（　　）。
7. 如果你真正（　　）过当导游的生活，就会发现旅游有时并不轻松。
8. 这项工作对你来说既是一个机遇，又是一个（　　）。
9. （　　）情况下，遇到这种事我都会问一下父母的意见。
10. 毕业论文你想写什么（　　）？

三、完成句子

1. 最痛苦的　他　走过了　陪伴我　那段　日子　_____
2. 玩闹着　天真的　孩子们　在田野上　自由自在地　_____
3. 体验店　最新的　这是　科技产品　一家　_____
4. 那个　把　调皮的孩子　弄坏　妈妈的手机　了　_____
5. 感觉　从来没有　我　从这么高的地方　体验过　往下跳的　_____

四、选择合适的词语填空

儿童时期是＿＿1＿＿中最＿＿2＿＿最美好的时代。那时候，我们可以调皮地跑到田野里放风筝，看着风筝飞向＿＿3＿＿，越飞越高，于是心情也跟着风筝放飞到了天空。如今，想回到童年，再＿＿4＿＿一下儿时的乐趣已不可能实现了。

1. A. 人生　　B. 生活
2. A. 无知　　B. 天真
3. A. 树上　　B. 天空
4. A. 体验　　B. 理解

Unit 60

投入	团
投资	推辞
透明	推广
突出	推荐
土地	退
土豆	退步
吐	退休
兔子	歪

945 投入 tóurù (v.) put into, throw into, input, investment in
搭配：投入资金，投入生产
例句：我们公司在这个项目上投入了大量的资金。
他和小组成员们一起全身心投入到工作中去了。

946 投资 tóuzī (n./v.) investment; invest, put money in
搭配：一大笔投资；投资办学，投资建厂，投资项目，投资银行
例句：他对这家公司的投资非常成功。
他们决定投资建立一个食品加工厂。

947 透明 tòumíng (adj.) transparent
搭配：透明的东西，公开透明，透明的玻璃，信息透明
例句：那个瓶子里装着的透明液体是什么？
这些信息对大家来说都是公开透明的。

948 突出 tūchū (v./adj.) stress, emphasize; outstanding, prominent, protruding
搭配：突出显示，突出重点，突出个人；突出的贡献，成绩突出
例句：这次会议突出了重点，大家主要讨论了技术问题。
张静最突出的特点是爱干净。

949 土地 tǔdì (n.) land, soil, earth, territory
搭配：一片土地，土地改革
例句：这片土地养育了很多人。
我从小生长的那片土地广阔，物产丰富。

950 土豆 tǔdòu (n.) potato
搭配：一个土豆，一斤土豆，炒土豆，吃土豆
例句：他不喜欢吃土豆。
今年的土豆特别便宜。

951 吐 tǔ/tù (v.) say, tell; spit, vomit, throw up
搭配：吐露，吐字；吐实话，吐血
例句：他吐字清晰，发音标准，听着不像是一个外国人。
李红一闻到烟味儿就想吐。
她今天不舒服，早上起来就吐了两次。

952 兔子 tùzi (n.) hare, rabbit
搭配：一只兔子，小兔子
例句：这只小兔子可爱极了。
她养了两只可爱的小兔子。

Unit

953 团 tuán (v./n./classifier) rally, unite, roll; group, regiment; measure word used before a round object
搭配：团纸团儿；代表团，参观团，旅行团；一团纸
例句：他把那张纸团成了一个小纸团儿。
　　　这次欧洲旅行我们是参加旅行团去的。
　　　这团纸是谁扔的？

954 推辞 tuīcí (v.) decline, turn down
搭配：推辞不掉，故意推辞，再三推辞
例句：这是他们的一片心意，你怎么能推辞呢？
　　　王东本来答应出席这次会议的，但后来又推辞了。

955 推广 tuīguǎng (v.) popularize, spread, extend, promote
搭配：大力推广，推广普通话，在全国范围内推广
例句：这样的先进经验值得我们在全国推广。
　　　如何把新产品推广出去，是当前最重要的问题。

956 推荐 tuījiàn (v.) recommend
搭配：推荐信，推荐自己，把……推荐给……
例句：你能给我推荐几部好看的电影吗？
　　　经王东推荐，我进了这家公司。

957 退 tuì (v.) give back, return, retreat, draw back, quit, withdraw from
搭配：后退，退伍，退烧，退票，退货
例句：他把售货员多找的钱退了回去。
　　　一直到了天亮，他的烧才慢慢退了下去。

958 退步 tuìbù (v.) lag behind, fall behind
搭配：工作退步，成绩退步
例句：因为玩儿游戏，李红的成绩明显退步了很多。
　　　很久没有练习，他的球艺退步了不少。

959 退休 tuìxiū (v.) retire
搭配：退休人员，退休工资，退休年龄
例句：我现在还没考虑退休问题。
　　　他打算退休后带着妻子到世界各地去旅游。

960 歪 wāi (adj.) askew, crooked, devious, inclined
搭配：歪着头，歪着身子
例句：墙上的那幅画挂歪了。
　　　他歪着头，认真地听奶奶讲故事。

239

实战练习（六十）

一、听对话，选择正确答案

1. A. 男的非常兴奋　　　　　　B. 女的工作很忙
   C. 男的不喜欢看球赛　　　　D. 女的认为球赛很精彩
2. A. 学校　　　B. 医院　　　C. 家里　　　D. 办公室

二、选词填空

A 投入　B 退　C 吐　D 透明　E 兔子　F 突出　G 团　H 退休　I 推辞　J 推荐

1. 尽管文章又一次被报社（　　　）了回来，但他仍然没有灰心。
2. 公司为这个项目（　　　）了大量资金。
3. 这只小（　　　）真可爱，你从哪儿弄来的？
4. 窗户上装这种不（　　　）的玻璃，从外面是看不到里面的。
5. 大夫，您快来看看，我女儿刚刚吃的药又都（　　　）出来了。
6. 我爸爸今年五十九岁，明年就该（　　　）了。
7. 你看到我放在桌子上的那（　　　）毛线了吗？
8. 他在这次活动中表现特别（　　　），引起了许多人的注意。
9. 陈教授，您就别（　　　）了，大家都希望您能参加这个开幕式。
10. 我已经向总裁（　　　）了王东去当部门经理。

三、完成句子

1. 原因　应该　找一找　你　好好儿　成绩退步的 _____
2. 广告牌　大风　吹　路边的　把　歪了 _____
3. 小麦　不　土地　种　这块　适合 _____
4. 我们　推广出去　这种　大力　要　把　环保新技术 _____
5. 两斤　去　妈妈　土豆　买了　超市 _____

四、选择合适的词语填空

由于工作表现　1　，公司　2　王东去北京参加行业经验交流大会。王东没有　3　，因为他想把自己的经验总结出来，　4　出去，让更多人受益。

1. A. 明显　　　　B. 突出　　　　2. A. 介绍　　　　B. 推荐
3. A. 推辞　　　　B. 推迟　　　　4. A. 推广　　　　B. 分配

Unit 61

外公	网络
外交	往返
完美	危害
完善	威胁
完整	微笑
玩具	违反
万一	围巾
王子	围绕

961 外公 wàigōng (n.) maternal grandfather
例句：他外公今年已经八十岁了。
外公非常支持他的想法。

962 外交 wàijiāo (n.) diplomacy, foreign affairs
搭配：外交官，外交部，外交部长，外交政策，外交关系
例句：老王的儿子是一名外交官。
这两个国家的外交关系恢复之后，经济往来也密切起来。

963 完美 wánměi (adj.) perfect, flawless
搭配：完美无缺，追求完美，非常完美，完美的计划
例句：这部电影有一个完美的结局。
她完美的表演赢得了大家的好评。

964 完善 wánshàn (adj./v.) perfect; perfect, improve
搭配：设备完善；完善自我，完善制度
例句：我们公司正处在发展、完善的阶段。
这份计划书需要再完善一下。

965 完整 wánzhěng (adj.) complete, intact, whole, entire
搭配：结构完整，完整的故事，内容不完整
例句：父母离婚了，他从此失去了一个完整的家庭。
颐和园是中国保存最完整的皇家园林。

966 玩具 wánjù (n.) toy
搭配：玩具车，儿童玩具，电动玩具
例句：他买了一个玩具娃娃送给我。
这架玩具飞机的价格不便宜。

967 万一 wànyī (n./conj.) a very small percentage; just in case, if by any chance
搭配：以防万一；万一下雨了，万一生病了
例句：妈妈让我出门多带几件衣服，以防万一。
万一出了什么问题，我来负责！

968 王子 wángzǐ (n.) prince
搭配：白马王子
例句：中国运动员李宁被誉为"体操王子"。
他是很多女生心目中的"白马王子"。

Unit 61

969 网络 wǎngluò (n.) network
搭配：网络游戏，网络工程
例句：他们是通过网络认识的。
　　　自从迷上了网络游戏，他就经常逃课。

970 往返 wǎngfǎn (v.) come and go, arrive and depart, journey to and from
搭配：往返车票，往返奔走，往返一趟
例句：他回一趟家，往返需要六个小时。
　　　为了工作，王东经常往返于北京与上海之间。

971 危害 wēihài (v.) harm, endanger, jeopardize
搭配：危害生命，危害公共安全，危害社会秩序
例句：吸烟危害健康。
　　　大量汽车的使用严重危害了我们的自然环境。

972 威胁 wēixié (v.) threaten, menace, imperil
搭配：受到威胁，威胁某人，威胁生命安全
例句：酒后驾车会严重威胁我们的生命安全。
　　　他威胁弟弟不要把这件事说出去。

973 微笑 wēixiào (v./n.) smile
搭配：微笑着说；面带微笑，一丝微笑
例句：我们要微笑着面对生活。
　　　她的脸上始终带着浅浅的微笑。

974 违反 wéifǎn (v.) violate, disobey, infringe
搭配：违反纪律，违反规则，违反政策
例句：你不能带手机去学校，那样违反学校规定。
　　　公司在你怀孕的时候辞退你，是违反劳动法的。

975 围巾 wéijīn (n.) scarf, muffler
搭配：一条围巾，戴围巾，织围巾，毛线围巾，蓝围巾
例句：李红今天戴了一条大红色的围巾。
　　　这三团线，够不够织一条围巾？

976 围绕 wéirào (v.) embrace, surround, centre on
搭配：围绕在……的身边，围绕主题
例句：同学们围绕在老师身边，商量明天的活动怎么进行。
　　　大家围绕着当前面临的问题提出了很多建议。

实战练习(六十一)

一、听对话,选择正确答案

1. A. 她也想去旅游　　B. 担心妈妈的安全　　C. 一个人旅游太累　　D. 妈妈身体不好
2. A. 男的很不高兴　　B. 女的在找小王　　C. 小王经常迟到　　D. 女的心情不错

二、选词填空

A 完美　B 完善　C 完整　D 万一　E 往返　F 危害　G 微笑　H 违反　I 投资　J 围巾

1. 你刚送来的资料不(　　　),还少了上个月的销售数据。
2. 你还是多带两件衣服吧,(　　　)降温了不至于冻着。
3. 李红是一个追求(　　　)的人,什么事都想做到最好。
4. 小王,你帮我订两张去西安的(　　　)机票吧。
5. 这个小区环境优美,设施(　　　),我父母看了都很满意。
6. 在学校打架是(　　　)校规的行为,难道你不知道吗?
7. 看着李红的脸上带着自信的(　　　),我想她已经成功了。
8. 我织了一条(　　　),打算妈妈过生日的时候送给她。
9. 一些人买房不是自己住,而是为了(　　　)。
10. 你知不知道,这样做已经(　　　)到了公司的利益。

三、完成句子

1. 出色　是　外交官　他　一名 _____
2. 产生了　我外公　对　很大的兴趣　网络 _____
3. 儿童　适合　这把　以上的　玩具枪　十岁 _____
4. 白马王子　早日　属于　她　自己的　希望可以　遇到 _____
5. 这个　围绕着　进行了　大家　讨论　主题 _____

四、看图作文(80字左右)

Unit 62

唯一	位置
维修	胃
伟大	胃口
尾巴	温暖
委屈	温柔
未必	文件
未来	文具
位于	文明

977 唯一 wéiyī 形 (adj.) only, unique, sole

搭配：唯一的选择，唯一的机会
例句：李红是我在北京唯一的朋友。
　　　她是我们班唯一一个拿到奖学金的人。

978 维修 wéixiū 动 (v.) maintain, service

搭配：维修厂，维修工人，维修汽车
例句：空调又坏了，你快找人来维修吧。
　　　汽车应该定期检查、维修。

979 伟大 wěidà 形 (adj.) great, mighty

搭配：伟大的事业，伟大的祖国，伟大的理想，伟大的科学家
例句：鲁迅是一位伟大的思想家和革命家。
　　　他一生中有许多伟大的发现。

980 尾巴 wěiba 名 (n.) tail

搭配：一条尾巴，摇着尾巴，翘尾巴，兔子尾巴
例句：那条狗一直冲我摇尾巴。
　　　小小的成功让他们都翘起了尾巴。

981 委屈 wěiqu 形/动 (adj./v.) feel wronged, suffer from injustice

搭配：很委屈，受委屈，感到委屈，委屈地说；委屈你了
例句：老师根本不听他的解释，他感到很委屈。
　　　你放心，那儿的条件还不错，孩子们不会受委屈的。
　　　对不起，委屈你了。

982 未必 wèibì 副 (adv.) may not, not necessarily, not sure

搭配：未必知道，未必能懂
例句：成绩最好的学生未必就是最聪明的。
　　　你送的礼物未必是她想要的。

983 未来 wèilái 形/名 (adj./n.) future, next, coming, approaching; future, tomorrow

搭配：未来的一年；美好的未来，展望未来
例句：天气预报说，未来二十四小时内将有大到暴雨。
　　　青少年是民族的未来和希望。

984 位于 wèiyú 动 (v.) be located, be situated, be seated, lie

搭配：位于某处
例句：广州位于中国的南方。
　　　中国位于亚洲大陆的东南部。

985 **位置** wèizhi (名) (n.) place, location, site, position
搭配：具体位置，互换位置，移动位置
例句：这座房子的位置不错，离学校挺近的。
你现在在什么位置？

986 **胃** wèi (名) (n.) stomach
搭配：胃疼，胃病，胃不舒服
例句：最近他得了胃病，所以吃东西特别注意。
我的胃不太好，不能吃太凉的东西。

987 **胃口** wèikǒu (名) (n.) appetite, belly
搭配：胃口好，没胃口
例句：天气太热，我胃口不好，不想吃油腻的东西。
他的胃口特别好，吃什么都香。

988 **温暖** wēnnuǎn (形/动) (adj./v.) warm
搭配：天气温暖，温暖如春，幸福温暖，感到温暖；温暖了大家
例句：外面真是太冷了，还是房间里温暖。
朋友们的关怀温暖了她的心。

989 **温柔** wēnróu (形) (adj.) gentle, meek, affectionate
搭配：性格温柔，温柔地说，温柔体贴
例句：你应该温柔一些，不要老和他吵架。
很多男生都喜欢性格温柔的女孩子。

990 **文件** wénjiàn (名) (n.) document, file, papers
搭配：一份文件，文件夹，看文件，复印文件
例句：他找了半天，也没找到那份文件。
你可真粗心，打好的文件怎么能不保存呢？

991 **文具** wénjù (名) (n.) stationery
搭配：买文具，文具盒，文具店
例句：你的铅笔没放在文具盒里。
他到文具店里买了几个文件夹。

992 **文明** wénmíng (名/形) (n./adj.) civilization, culture; civilized
搭配：讲文明，精神文明，物质文明，文明国家，文明的行为
例句：讲文明是一种良好的行为习惯，所以我们要从小培养。
乱扔垃圾是一种不文明的行为。
中国是世界文明古国之一。

实战练习（六十二）

一、听对话，选择正确答案

1. A. 孩子的病会好起来的　　　　B. 让女的珍惜这次机会
   C. 把女的调到北京去工作　　　　D. 还有其他人去参加学习
2. A. 在忙工作　　B. 想要减肥　　C. 要去陪客户　　D. 身体不舒服

二、选词填空

A 胃　B 尾巴　C 未必　D 伟大　E 温柔　F 位于　G 温暖　H 胃口　I 文件　J 维修

1. 来，让我们为了这个（　　）的理想干杯！
2. 你是一个女孩子，应该学着（　　）点儿，不要老是乱发脾气。
3. 这条金鱼的（　　）非常漂亮。
4. 王东的（　　）不好，医生不让他喝酒。
5. 他的心情好也（　　）能答应你的这个要求。
6. 今天我没什么（　　），不想吃东西。
7. 北京（　　）中国的北方。
8. 上不了网了，快找人（　　）一下。
9. 王东希望通过自己的努力，能让这些孩子感受到家庭的（　　）。
10. 这份（　　）是下午开会时要用到的。

三、排列顺序

1. 文具店　铅笔　明明　一些　在　买了　_____
2. 受不得　委屈　人　她是　个　的　一点儿　_____
3. 是　一种　公共汽车上　文明行为　给老人　在　让座　_____
4. 学校里　女体育老师　的　她是　唯一　_____
5. 将会　未来　有一场　天气预报　大雪　一周　说　_____

四、选择合适的词语填空

她一进___1___，就___2___到了一股怪怪的味道，原来是女儿昨天晚上受凉了，___3___不舒服，早上起来就___4___了。

1. A. 卫生间　　B. 厨房　　　　2. A. 闻　　B. 看
3. A. 胃　　　　B. 腰　　　　　4. A. 晕　　B. 吐

Unit 63

文学	屋子
文字	无奈
闻	无数
吻	无所谓
稳定	武术
问候	勿
卧室	物理
握手	物质

993 文学 wénxué (名) (n.) literature

搭配：古典文学，外国文学，儿童文学，文学作品
例句：李红喜欢文学，而我喜欢数学。
　　　她向我推荐了一部优秀的文学作品。

994 文字 wénzì (名) (n.) characters, script, writing, written language

搭配：文字游戏，拼音文字
例句：这篇报道中有好几处文字被删掉了。
　　　她喜欢用文字表达自己的心情。

995 闻 wén (动) (v.) smell, hear

搭配：难闻，好闻，闻一闻，闻不到
例句：你闻闻这是什么味儿？
　　　卫生间的气味儿有些难闻。

996 吻 wěn (动) (v.) kiss

搭配：吻了一下，吻别，亲吻
例句：她温柔地吻了一下女儿的脸。
　　　每天早上，丈夫都会吻她一下才出门。

997 稳定 wěndìng (形/动) (adj./v.) stable, steady; stabilize, steady

搭配：病情稳定，社会稳定；稳定情绪，稳定物价
例句：因为没有稳定的收入，她的生活很困难。
　　　李红的成绩一直很稳定。
　　　她稳定了一下情绪，接着跟大家讲述了自己的遭遇。

998 问候 wènhòu (动) (v.) send one's respects to, extend greetings to

搭配：传递问候，新年问候，节日问候
例句：用短信传递问候已经成为一种时尚。
　　　一句简单的问候也可以带给别人温暖。

999 卧室 wòshì (名) (n.) bedroom, chamber

搭配：一间卧室，卧室里面
例句：这间卧室有一个大大的窗户。
　　　我的卧室里只放了一张床。

1000 握手 wò shǒu (动) (v.) shake hands

搭配：与人握手，握手言和，跟……握手，握着……的手
例句：王经理正与客人一一握手。
　　　跟别人握手的时候不要太用力。

Unit 63

1001 屋子 wūzi 名 (n.) room
搭配：一间屋子，屋子外面
例句：这间屋子太小，睡不了六个人。
屋子里这么热，你怎么不开空调？

1002 无奈 wúnài 动/连 (v./conj.) cannot help but, have no choice; however
搭配：迫于无奈，被逼无奈，万般无奈，出于无奈；无奈……
例句：她的不配合让王东感到很无奈。
昨天我就想来看你的，无奈雨下得太大，我只好等到今天。

1003 无数 wúshù 形 (adj.) innumerable, countless
搭配：无数人，无数次
例句：经过无数次的研究和实验，他们终于成功了。
他从医四十年，治好了无数病人。

1004 无所谓 wúsuǒwèi 动 (v.) cannot be designated as
搭配：觉得无所谓，无所谓的态度
例句：不管别人怎么看他，他都无所谓。
她表现出一副无所谓的样子。
他的去留对我来说都无所谓。

1005 武术 wǔshù 名 (n.) wushu, martial or physical arts
搭配：学武术，武术表演，武术教练，武术比赛
例句：武术是中国传统的体育项目。
太极拳是中国武术的重要拳种。

1006 勿 wù 副 (adv.) do not
搭配：请勿入内，请勿抽烟，非礼勿视
例句：公共场所，请勿抽烟！
非本公司员工请勿入内。

1007 物理 wùlǐ 名 (n.) physics
搭配：物理学，物理现象，物理变化
例句：王东对数学和物理都很感兴趣。
极光是一种美丽的大气物理现象。

1008 物质 wùzhì 名 (n.) matter, substance, material
搭配：有害物质，物质文明，物质条件，物质享受，物质生活
例句：树木能够吸收有害物质。
她对物质生活的要求不高。

实战练习（六十三）

一、听对话，选择正确答案

1. A. 他们在家里　　B. 女的要下班　　C. 男的想去医院　　D. 男的母亲病了
2. A. 今天不能开车　B. 公司离家太远　C. 自己技术不好　D. 半小时不能到公司

二、选词填空

A 屋子　B 闻一闻　C 问候　D 稳定　E 物质　F 文学　G 无奈　H 无数　I 卧室

1. 李明让我向你转达他的（　　　）。
2. 这是什么味儿？你快（　　　）。
3. 儿子希望我能给他一些（　　　）奖励，不要总是口头表扬。
4. 这（　　　）不大，但收拾得很干净。
5. 李红每次考试都前三名，她的成绩非常（　　　）。
6. 他老是犯这样的错误，我感到很（　　　）。
7. （　　　）里太乱了，快收拾收拾。
8. 这间（　　　）里除了一张床之外，什么东西都没有。
9. 因为粗心，王东已经错过了（　　　）机会。
10. 因为有共同的（　　　）爱好，所以我们成了好朋友。

三、完成句子

1. 比赛项目　奥运会　是　武术　的　之一
2. 人的情绪　可以　稳定　这种音乐　下来　让　很快就
3. 二等奖　物理　这次　全国　他　在　竞赛中　得了
4. 内　请　吸烟　勿　在办公室
5. 女朋友的　把　嘴边　吻了一下　他　放在　手

四、选择合适的词语填空

早上起床的时候，她发现今天下了特别大的＿＿1＿＿。为了不迟到，她得提前半小时就出门。临走时来到女儿的＿＿2＿＿，女儿还没醒，她＿＿3＿＿下身子，温柔地在女儿脸上＿＿4＿＿了一下。

1. A. 雨　　　B. 雾
2. A. 卧室　　B. 教室
3. A. 弯　　　B. 歪
4. A. 吻　　　B. 咬

Unit 64

雾	下载
吸取	吓
吸收	夏令营
戏剧	鲜艳
系	显得
系统	显然
细节	显示
瞎	县

1009 雾 wù (n.) fog

搭配：大雾，浓雾，雾气，烟雾

例句：今天的雾很大，连十几步以外的东西都看不清楚。
大雾天气应尽量减少户外活动。

1010 吸取 xīqǔ (v.) absorb, draw, suck up, assimilate

搭配：吸取教训，吸取先进技术

例句：大家吸取了上次的教训，谁都没有再犯同样的错误。
我们应当吸取别人的长处。

1011 吸收 xīshōu (v.) absorb, intake, recruit

搭配：吸收营养，吸收阳光，吸收人才

例句：要想做好这项工作，必须要吸收大家的意见。
你不好好儿吃饭，吸收不到足够的营养，就不能长高。

1012 戏剧 xìjù (n.) drama, play

搭配：欣赏戏剧，戏剧演员，戏剧表演，戏剧大师

例句：那位戏剧演员非常有名。
我喜欢表演，所以选择了戏剧专业。

1013 系 xì (n.) department, faculty, system

搭配：物理系，数学系，音乐系，太阳系

例句：王东是北京大学音乐系毕业的。
请问，历史系办公室在哪儿？

1014 系统 xìtǒng (n./adj.) system; systematic

搭配：系统化，组织系统；系统学习，系统研究

例句：这台电脑需要重新装一下系统。
老师带我们系统地复习了一遍。

1015 细节 xìjié (n.) details, particulars

搭配：生活细节，细节方面，细节描写

例句：这篇论文有些细节方面还要再修改一下。
我们接下来要讨论一些细节问题。

1016 瞎 xiā (v./adv.) become blind; blindly, aimlessly, groundlessly

搭配：瞎眼；瞎说，瞎花钱，瞎操心

例句：这条狗的两只眼睛都瞎了。
你别听李红瞎说，事情不是这样的。

Unit 64

1017 下载 xiàzǎi 动 (v.) download
搭配：下载电影，下载音乐，下载资料，免费下载
例句：下载这个文件要花几分钟的时间。
　　　她下载了几首自己喜欢听的歌在手机里。

1018 吓 xià 动 (v.) frighten, scare, intimidate
搭配：吓哭了，吓了一跳，吓出一身冷汗
例句：他忽然从门后跳出来，吓了我一跳。
　　　你这么大声，会吓着孩子的。

1019 夏令营 xiàlìngyíng 名 (n.) summer camp
搭配：暑期夏令营，英语夏令营
例句：一到假期，就有很多各具特色的夏令营供孩子们选择。
　　　让孩子多参加英语夏令营活动有很多好处。

1020 鲜艳 xiānyàn 形 (adj.) bright-colored, brilliant
搭配：颜色鲜艳，鲜艳的鲜花儿，鲜艳的服装
例句：广场上摆满了各种鲜艳的鲜花儿。
　　　妈妈喜欢穿颜色鲜艳的衣服。

1021 显得 xiǎnde 动 (v.) look, seem, appear
搭配：显得很正式，显得很年轻，显得十分高兴
例句：他穿这件衣服显得很年轻。
　　　你再这样说就显得太小气了。

1022 显然 xiǎnrán 形 (adj.) clear, obvious, evident, explicit, apparent
搭配：问题很显然，显然很重要，显然很生气
例句：这个答案显然是不对的。
　　　刚才的事情显然是你的错。

1023 显示 xiǎnshì 动 (v.) show, display, demonstrate
搭配：显示效果，显示本领，资料显示
例句：根据资料显示，今年的销售量较去年有所下降。
　　　在这次比赛中，王东充分显示了自己的能力。

1024 县 xiàn 名 (n.) county
搭配：县城，县政府，县领导，县级干部
例句：他已经把情况反映到了县里。
　　　你知道中国一共有多少个县吗？

255

实战练习（六十四）

一、听对话，选择正确答案

1. A. 李红不太诚实　　　　　　B. 自己没有升职
   C. 李红很难相处　　　　　　D. 男的爱开玩笑
2. A. 他们陪母亲逛街　　　　　B. 女的显得很年轻
   C. 女的想穿鲜艳的衣服　　　D. 男的觉得衣服不合适

二、选词填空

A 瞎　B 细节　C 吓　D 系统　E 鲜艳　F 吸收　G 系　H 显得　I 县　J 吸取

1. 他知道自己做错了事情，（　　）得不敢回家了。
2. 这个问题可能是你的电脑（　　）不稳定造成的。
3. 具体的（　　）问题，你再和小王商量一下。
4. 我的事情我自己知道，不用你（　　）操心。
5. 李红想买一个颜色（　　）一些的沙发。
6. 我们必须从这次失败中（　　）教训。
7. 她看起来（　　）年龄特别小，根本不像老师。
8. 这个（　　）一共有六十多万人。
9. 请问，中文（　　）办公室在哪儿？
10. 你一下子讲了这么多知识点，学生不一定能完全（　　）。

三、完成句子

1. 戏剧　是　个　女朋友　李明　演员　的 _____
2. 几分钟　这个　需要　下载　时间　文件　的 _____
3. 显然　的　问题　王东　出在　是　身上 _____
4. 要　安全　大雾天气　注意　行车 _____
5. 显示　能力　想向　他这样做　自己的　只是　大家 _____

四、选择合适的词语填空

王东___1___了以前的失败教训，经过两年的___2___学习，他在表演___3___上有了很大提高。这次他在戏剧节上的表演，___4___成熟了很多。

1. A. 吸取　　　B. 吸收　　　　2. A. 统一　　　B. 系统
3. A. 细节　　　B. 仔细　　　　4. A. 显示　　　B. 显得

Unit 65

现代	相似
现实	香肠
现象	享受
限制	想念
相处	想象
相当	项
相对	项链
相关	项目

1025 现代 xiàndài 〈名〉(n.) modern times
搭配：现代文明，现代社会，现代思想，现代文学
例句：现代的年轻人都很喜欢上网。
　　　现代汉语与古代汉语有很大的区别。

1026 现实 xiànshí 〈名/形〉(n./adj.) reality, actuality; real, actual
搭配：面对现实，现实生活，脱离现实；很现实
例句：你不能一直逃避，要面对现实才行。
　　　你的计划不太现实，一定没有人支持。

1027 现象 xiànxiàng 〈名〉(n.) phenomenon, appearance of things
搭配：社会现象，自然现象，分析现象
例句：这些现象都是正常的。
　　　她的温柔只是表面现象。

1028 限制 xiànzhì 〈动/名〉(v./n.) confine, restrict; restriction, limit, limitation
搭配：限制发展，限制时间，限制条件；受到限制，对……有限制
例句：政府应该限制香烟广告的播出。
　　　这份工作对应聘者的性别有明确的限制。

1029 相处 xiāngchǔ 〈动〉(v.) get along with, get on with, live together
搭配：友好相处，难以相处，相处多年
例句：王东和同事们相处得都很好。
　　　他这个人性格有点儿怪，大家很难跟他相处。

1030 相当 xiāngdāng 〈动/形/副〉(v./adj./adv.) match, correspond to, be equivalent to; suitable, fit, appropriate; quite, fairly, considerably
搭配：实力相当，年龄相当；相当的条件；相当成功，相当便宜
例句：他们俩年龄相当，相处起来很容易。
　　　这个工作还没有找到相当的人来做。
　　　这个电影拍得相当成功。

1031 相对 xiāngduì 〈动/形〉(v./adj.) oppose, face to face; relative
搭配：相对而坐，相对于……来说；相对高度，相对稳定
例句：他们俩相对而坐，谁也没有说话。
　　　相对于其他人来说，他不太好相处。
　　　这场比赛，他们队的发挥相对稳定。

1032 相关 xiāngguān 〈动〉(v.) be related to, be interrelated
搭配：密切相关，息息相关，相关部门，相关内容
例句：你明天别忘了把相关资料都带来。
　　　与工作不相关的事情不要来问我。

Unit 65

1033 相似 xiāngsì (adj.) similar, alike
搭配：条件相似，相似关系，相似之处
例句：请你把这两幅图的相似之处找出来。
　　　她的性格和我有些相似，都很活泼。

1034 香肠 xiāngcháng (n.) sausage
搭配：一根香肠，加工香肠，吃香肠
例句：昨天我买了好几根香肠，你就别买了。
　　　他不喜欢香肠的味道。

1035 享受 xiǎngshòu (v.) enjoy
搭配：享受生活，享受幸福，物质享受，超值享受
例句：这种待遇是他以前从没享受过的。
　　　对他来说，能和李红在一起就是一种享受。

1036 想念 xiǎngniàn (v.) miss, remember fondly, think of
搭配：想念你，想念亲人，想念家乡，非常想念
例句：爸爸妈妈很想念你，你什么时候回来啊？
　　　他们虽然身在海外，但时时刻刻都在想念着祖国。

1037 想象 xiǎngxiàng (n./v.) imagination, fancy; imagine, conceive
搭配：一种想象，想象力；不难想象，想象不到
例句：这只是你的想象，不是真的。
　　　这件事太突然了，谁能想象得到啊？

1038 项 xiàng (classifier) term
搭配：一项任务，一项规定，各项工作
例句：王东有能力做好那项工作。
　　　他决定不给那项工程投资。

1039 项链 xiàngliàn (n.) necklace
搭配：一根项链，一条项链，金项链，银项链
例句：这条项链得要三千多块钱吧？
　　　李红回到家才发现项链丢了。

1040 项目 xiàngmù (n.) item, program, project
搭配：服务项目，体育项目，建设项目，项目经理
例句：这个项目是谁负责的？
　　　跳水是水上体育运动项目之一。

实战练习（六十五）

一、听对话，选择正确答案

1. A. 1200 元　　B. 3400 元　　C. 4600 元　　D. 5800 元
2. A. 发烧了　　B. 感冒了　　C. 脚扭伤了　　D. 胃不舒服

二、选词填空

A 相关　B 享受　C 项目　D 想象　E 相处　F 想念　G 相当　H 现实　I 现代　J 限制

1. 作为（　　）经理，他应该负全部责任。
2. 大家都反映，王红是个很难（　　）的人。
3. 这件事与我不（　　），你不要再来问我。
4. 你（　　）一下，如果真遇到那种情况你该怎么办？
5. 你不要急着走，好好儿（　　）一下这儿的新鲜空气。
6. 这部电影反映了很多（　　）问题。
7. 这个设计非常有（　　）感，很受年轻人欢迎。
8. 走了这么多年，我真的很（　　）大家。
9. 这个夏令营对人数有严格的（　　）。
10. 李红家里（　　）有钱，所以她花起钱来总是大手大脚的。

三、完成句子

1. 这种　相对　电脑操作系统　简单一些　要　_____
2. 刚刚　新任务　给了　经理　一项　我　_____
3. 生日礼物　女朋友　这条项链　他　打算　送给　把　当作　_____
4. 与我妈妈　饭店　味道　很相似　这家　的　面条儿　做的　_____
5. 相对来说　稳定　现在的形势　的　还算是　_____

四、请结合下列词语（要全部使用），写一篇80字左右的短文

相处　显然　物质　享受　分手

Unit 66

象棋	小气
象征	孝顺
消费	效率
消化	歇
消极	斜
消失	写作
销售	血
小麦	心理

1041 **象棋** xiàngqí (名) (n.) chess

搭配：下象棋，国际象棋，象棋大师，象棋比赛

例句：他从十二岁开始学下象棋。
你知道国际象棋的规则吗？

1042 **象征** xiàngzhēng (动/名) (v./n.) symbolize, signify, stand for; symbol, emblem, token

搭配：象征友谊，象征光明，象征意义；和平的象征，爱情的象征

例句：在大多数人眼里，能进入这个公司就象征着一种成功。
鸽子是和平的象征。
对她来说，这条项链就是他们爱情的象征。

1043 **消费** xiāofèi (动) (v.) consume, spend, purchase, buy

搭配：高消费，消费水平，超前消费

例句：我们公司的新产品受到了消费者的热烈欢迎。
这五百块钱还不够我一个星期消费的。

1044 **消化** xiāohuà (动) (v.) digest

搭配：消化系统，消化食物，消化不良

例句：这种食物不容易消化，你还是少吃点儿吧。
她只是因为吃多了，有些消化不良。

1045 **消极** xiāojí (形) (adj.) negative, passive, inactive

搭配：消极情绪，消极影响

例句：这件事在公司产生了不小的消极影响。
你不要想得太消极，应该还有其他的解决办法。

1046 **消失** xiāoshī (动) (v.) disappear, vanish, perish, fade away

搭配：完全消失，突然消失，没有消失，逐渐消失

例句：他对象棋的兴趣很快就消失了。
他忽然消失了，谁都不知道他去了哪儿。

1047 **销售** xiāoshòu (动) (v.) sell

搭配：销售商品，降价销售，销售一空

例句：有什么方法能提高产品的销售量？
这些商品因为价格便宜，很快就销售一空。

1048 **小麦** xiǎomài (名) (n.) wheat

搭配：种小麦，春小麦，冬小麦，小麦的产量

例句：今年的小麦获得了大丰收。
小麦的产量因为大雨受到了影响。

1049 小气 xiǎoqi (形) (adj.) stingy, mean, tight, close
搭配：小气鬼，非常小气
例句：她非常小气，从没请朋友吃过饭。
他这么有钱，怎么还这么小气啊？

1050 孝顺 xiàoshùn (动) (v.) show filial obedience, filial piety
搭配：孝顺父母，孝顺老人，孝顺的孩子
例句：他对奶奶十分孝顺。
她一直是个非常孝顺的孩子。

1051 效率 xiàolǜ (名) (n.) efficiency, productivity
搭配：学习效率，工作效率，提高效率
例句：因为心情好，我的学习效率也明显提高了。
他知道怎么样才能提高员工的工作效率。

1052 歇 xiē (动) (v.) rest, break, stop, close
搭配：歇脚，歇业，歇息，歇一会儿
例句：你干了这么长时间了，歇一会儿吧。
他只在中午吃饭的时候才能歇一歇。

1053 斜 xié (形/动) (adj./v.) slanting, skew, tilted, inclined; incline, tilt, slant
搭配：斜线，斜对面；斜着身子
例句：我家斜对面就有一个超市。
他斜着身子坐在那儿，看上去很难受。

1054 写作 xiězuò (动) (v.) write
搭配：写作水平，写作过程，练习写作
例句：他现在完全靠写作为生。
我把所有的空闲时间都用来写作。

1055 血 xiě/xuè (名) (n.) blood
搭配：流血，抽血，一滴血，很多血，血压
例句：他今天打篮球的时候摔倒了，流了很多血。
你到三楼抽血化验吧。

1056 心理 xīnlǐ (名) (n.) psychology, mentality, mind
搭配：心理活动，心理健康，心理作用，心理变化
例句：她终于克服了自己的恐高心理。
对将要面对的困难，李红已经有了充分的心理准备。

实战练习（六十六）

一、听对话，选择正确答案

1. A. 墙上不该挂画儿　　　　　B. 那幅画儿不好看
   C. 应该等自己挂　　　　　　D. 画儿挂得有些歪
2. A. 伤心　　B. 愤怒　　C. 遗憾　　D. 委屈

二、选词填空

　　A 小麦　B 斜　C 消化　D 消费　E 象征　F 象棋　G 消极　H 歇　I 小气　J 血

1. 北京的（　　）这么高，你这么点儿工资，够生活的吗？
2. 李红有些（　　）不良，一上午都很不舒服。
3. 对她来说，这条项链就是他们爱情的（　　）。
4. 今年春天一直没有下雨，影响了（　　）的生长。
5. 她（　　）着身子，伸长了胳膊，想把桌子上的杯子拿过来。
6. 为了证明自己不是个（　　）的人，他打算请同事们一起去唱歌。
7. 你流了这么多（　　），赶紧去医院吧。
8. 他在一棵大树下（　　）了一会儿，又继续向前赶路。
9. 他喜欢跟爸爸一起下（　　）。
10. 事业失败后，他变得很（　　）。

三、完成句子

1. 我们的　机器　这台　工作效率　老旧的　影响了 _____
2. 消费者的　才做的　商家　促销活动　抓住了　心理　就是 _____
3. 最大的　销售市场　是　我们　如何　面临的　打开　问题 _____
4. 吃顿饭　有空儿的时候　陪父母　也是　一种孝顺　回家 _____
5. 象棋　王东　感兴趣　对　不 _____

四、请结合下列词语（要全部使用），写一篇80字左右的短文

　　想念　享受　项链　象征　想象

Unit 67

心脏	形容
欣赏	形式
信号	形势
信任	形象
行动	形状
行人	幸亏
行为	幸运
形成	性质

1057 心脏 xīnzàng (名) (n.) heart

搭配：心脏病，心脏跳动

例句：王东的心脏不好，不能参加长跑。

他的心脏停止了跳动，医生宣布他已经死亡。

1058 欣赏 xīnshǎng (动) (v.) appreciate, enjoy

搭配：欣赏风景，欣赏电影，音乐欣赏，自我欣赏，欣赏某人

例句：她坐在车上一边听音乐，一边欣赏路边的风景。

经理很欣赏你，才把这件事交给你处理。

1059 信号 xìnhào (名) (n.) signal

搭配：电视信号，手机信号，交通信号，传递信号

例句：我的手机一点儿信号也没有，没办法打电话。

这场大雨使电视信号受到了影响。

1060 信任 xìnrèn (动)(名) (n.) trust

搭配：信任某人，值得信任，对……信任……，得到……信任

例句：小李是一个值得信任的人，你可以放心地把事情交给他做。

我对她很信任，什么事情都会告诉她。

1061 行动 xíngdòng (动)/(名) (v./n.) act, take action, move about; action, behavior

搭配：迅速行动；具体的行动，采取行动

例句：大家迅速行动起来，很快就集合完毕。

这次行动得到了有关部门领导的大力支持。

1062 行人 xíngrén (名) (n.) pedestrian

搭配：很多行人，来往的行人

例句：早上六点的时候，马路上还没有多少行人。

那个地方行人很多，十分拥挤。

1063 行为 xíngwéi (名) (n.) action, behavior, conduct, deed

搭配：不良行为，不法行为，行为习惯，行为能力

例句：这种行为值得我们大家学习。

你要为自己的行为负责！

1064 形成 xíngchéng (动) (v.) form, take shape

搭配：形成习惯，形成对比，逐渐形成，迅速形成

例句：孩子性格的形成跟家庭有很大关系。

这种产品的销售网络已经形成，相信不久产品将会大卖。

1065 形容 xíngróng (动) (v.) describe
搭配：无法形容，难以形容
例句：我的快乐无法用语言来形容。
他并不像别人形容的那样坏。

1066 形式 xíngshì (名) (n.) form, shape, layout
搭配：改变形式，组织形式，艺术形式，内容和形式
例句：艺术的形式是多种多样的。
这篇文章采用了第一人称的形式。

1067 形势 xíngshì (名) (n.) situation, circumstances
搭配：国内形势，国际形势，经济形势，形势危急
例句：现在的经济形势对我们公司发展十分有利。
我们必须要经常了解国内外形势。

1068 形象 xíngxiàng (名/形) (n./adj.) image, form, figure; vivid
搭配：英雄形象，形象大使，个人形象，艺术形象；生动形象，很形象
例句：这件事破坏了她在大家心目中的良好形象。
老师生动形象地给大家讲了一些自我保护的常识。

1069 形状 xíngzhuàng (名) (n.) form, appearance, shape
搭配：改变形状，形状相似，奇怪的形状
例句：这两座山的形状很相似。
她把橡皮刻成了一个心的形状。

1070 幸亏 xìngkuī (副) (adv.) fortunately, luckily
搭配：幸亏……不然……，幸亏……才……
例句：幸亏我提前半小时出发，不然非得堵车不可。
幸亏有他的帮助，我才顺利地回到家。

1071 幸运 xìngyùn (名/形) (n./adj.) fortune; fortunate, lucky
搭配：一种幸运；幸运观众，幸运读者，非常幸运
例句：我能得到这次出国的机会真是一种幸运。
有她这个朋友，对我来说真的是很幸运。

1072 性质 xìngzhì (名) (n.) properties, quality, character, nature
搭配：化学性质，物理性质，性质不同
例句：现在这件事情的性质已经发生了很大的变化。
木头和银是两种性质完全不同的物质。

实战练习（六十七）

一、听对话，选择正确答案

1. A. 男的非常讨厌吃饺子　　B. 李红包的饺子不好看
   C. 女的以前没包过饺子　　D. 这次包的饺子很难吃
2. A. 七点十分　　　　　　　B. 七点二十
   C. 七点三十　　　　　　　D. 七点五十

二、选词填空

A 行人　B 形容　C 幸运　D 形式　E 心脏　F 形状　G 行动　H 性质　I 幸亏　J 形势

1. 她感觉自己是个（　　）的人，能得到这么多人的帮助。
2. 夜已经深了，街上没有几个（　　）。
3. 发现自己得了（　　）病之后，张明再也不敢踢球了。
4. 她的幸福之情用语言无法（　　）。
5. 他一直都认为，内容和（　　）同样重要。
6. 等了这么多天，也没见他采取任何（　　）。
7. 现在（　　）危急，大家一定要保持冷静。
8. 这件事情的（　　）太恶劣了，我们一定要严肃处理。
9. 他用鲜花儿在床上摆出了一个"心"的（　　）。
10. （　　）你提醒我，不然我的麻烦就大了。

三、完成句子

1. 形成　计划　在他心里　一个　逐渐　新的 _____
2. 孩子　看　我们　要　教　学会　交通信号灯 _____
3. 这个　对　小伙子　总裁　很欣赏　工作　的　充满热情 _____
4. 行为　吗　不觉得　你　错误的　你的　是 _____
5. 信号　不太　手机　的　这种　稳定 _____

四、请结合下列词语（要全部使用），写一篇80字左右的短文

孝顺　小伙子　心脏　小偷　欣赏

Unit 68

兄弟	学历
胸	学术
休闲	学问
修改	寻找
虚心	询问
叙述	训练
宣布	迅速
宣传	押金

1073 兄弟 xiōngdì (名) (n.) brothers
搭配：好兄弟，亲兄弟，兄弟姐妹，兄弟单位
例句：他在兄弟姐妹之中是最讨父母喜欢的一个。
这兄弟俩的性格很相似。

1074 胸 xiōng (名) (n.) chest, bosom
搭配：胸口，心胸，胸部，前胸后背，胸无大志
例句：王东挺起胸，大步走了出去。
他是一个胸无大志的人。

1075 休闲 xiūxián (动) (v.) leisure, relax
搭配：休闲服，休闲食品，休闲场所
例句：女孩子一般都喜欢吃休闲食品。
这种休闲装很适合他。

1076 修改 xiūgǎi (动) (v.) revise, amend, alter, modify
搭配：修改文章，修改计划，修改意见，反复修改
例句：我综合大家的意见修改了一下这个计划。
我想请你帮我修改一下这篇文章。

1077 虚心 xūxīn (形) (adj.) open-minded, modest
搭配：不虚心，虚心接受，虚心学习
例句：每个人都应该虚心学习别人的长处。
他虚心接受了大家对他提出的意见。

1078 叙述 xùshù (动) (v.) narrate, relate, describe, tell
搭配：叙述句，叙述方式，详细叙述，展开叙述
例句：这部分的内容我们将在下一章中进行详细叙述。
她向我简单地叙述了事情的经过。

1079 宣布 xuānbù (动) (v.) declare, proclaim, announce
搭配：宣布命令，宣布结果，宣布消息
例句：他向大家宣布了他要结婚的消息。
这件事还是晚一些再向大家宣布比较好。

1080 宣传 xuānchuán (动) (v.) propagate, promote
搭配：宣传画，广告宣传，宣传先进人物，宣传好人好事
例句：我们要利用广告来宣传新产品。
这次的宣传活动是由王东负责的。

1081 学历 xuélì (n.) record of formal schooling, educational background
搭配：学历证书，中等学历，本科学历
例句：他是什么学历啊？
这个职位要求有大学以上的学历。

1082 学术 xuéshù (n.) academic, learning
搭配：学术界，学术地位，学术思想，学术报告
例句：张教授做了一场关于汉语言文学的学术报告。
他们经常在一起讨论学术问题。

1083 学问 xuéwen (n.) learning, knowledge, scholarship
搭配：一门学问，有学问，研究学问
例句：他是一位很有学问的老人。
其实看似简单的事情中也有很大的学问。

1084 寻找 xúnzhǎo (v.) seek, look for, search
搭配：寻找机会，寻找目标，寻找工作，寻找失物
例句：他在到处寻找那个帮助过他的男孩儿。
她在房间里四处寻找她的那条金项链。

1085 询问 xúnwèn (v.) ask about, inquire
搭配：询问原因，询问具体情况，询问价格，询问方式
例句：王老师正在询问那件事情是怎么发生的。
我想询问一下春运期间机票的价格。

1086 训练 xùnliàn (v.) train, drill, pratice
搭配：受到……的训练，接受训练，业务训练，严格训练
例句：这些人员都是受到专业训练的。
她在表演方面受过多年训练。

1087 迅速 xùnsù (adj.) rapid, swift, quick
搭配：迅速处理，迅速出发，迅速发展，行动迅速
例句：这些问题需要迅速处理一下，否则会影响下一步的工作计划。
你行动迅速点儿，不然我们就要落后了。

1088 押金 yājīn (n.) cash pledge, deposit
搭配：交押金，预付押金
例句：您现在需要先交三千块钱的押金才能办理住院手续。
先生，等你退卡的时候，我们会退还押金的。

实战练习（六十八）

一、听对话，选择正确答案

1. A. 货物质量不好　　　　　B. 数量出现错误
   C. 发货速度太慢　　　　　D. 服务态度很差
2. A. 他们现在在打电话　　　B. 男的打算去电视台
   C. 女的负责产品开发　　　D. 公司想提高产品知名度

二、选词填空

A 迅速　B 学历　C 学术　D 虚心　E 押金　F 休闲　G 寻找　H 学问　I 训练　J 叙述

1. 即使取得了好成绩你也得要（　　　），千万不能骄傲。
2. 租房子一般得先交（　　　）。
3. 能力比（　　　）更重要。
4. 他的观点在（　　　）界得不到支持。
5. 请大家动作（　　　）一点儿，五分钟后到大门口集合。
6. 她一点儿（　　　）也没有，还总认为自己知道的很多。
7. 他一直在（　　　）升职的机会。
8. 听李红（　　　）了事情的整个经过，大家才明白经理生气的原因。
9. 他一身（　　　）打扮，看起来很精神。
10. 李红把她家的小狗（　　　）得非常听话。

三、完成句子

1. 已经　最小的　好几年了　他　兄弟　离家　那个　_____
2. 大家　正式　事情　向　宣布　还没　这件　_____
3. 我们　宣传　好人好事　要　这样的　大力　_____
4. 就要　下学期　实习了　参加　我们　去　_____
5. 老师　的　作文　都是　过　这些　修改　_____

四、请结合下列词语（要全部使用），写一篇80字左右的短文

形势　兄弟　行动　幸运　形象

Unit 69

牙齿	腰
延长	摇
严肃	咬
演讲	要不
宴会	业务
阳台	业余
痒	夜
样式	一辈子

1089 牙齿 yáchǐ (n.) tooth
搭配：一颗牙齿，牙齿松动，保护牙齿
例句：睡觉前吃东西对牙齿不好。
　　　外公虽然上了年纪，但牙齿一直都很好。

1090 延长 yáncháng (v.) lengthen, extend, prolong
搭配：延长生命，延长时间，延长工期
例句：这个会议足足延长了两天才结束。
　　　老师把放学时间延长到了五点。

1091 严肃 yánsù (adj.) serious, solemn
搭配：非常严肃，严肃处理
例句：我们经理是个很严肃的人，大家都有些怕他。
　　　这件事给学校带来这么坏的影响，必须要严肃处理！

1092 演讲 yǎnjiǎng (v.) give a lecture, make a speech
搭配：演讲比赛，电视演讲，进行演讲
例句：他在这次演讲比赛中得了第一名。
　　　每次演讲之前她都会很紧张。

1093 宴会 yànhuì (n.) banquet, feast
搭配：参加宴会，举行宴会，正式的宴会
例句：我今天晚上要参加公司举行的宴会。
　　　宴会马上就要开始了，你怎么还没到？

1094 阳台 yángtái (n.) balcony
搭配：大阳台，观景阳台，阳台设计
例句：他坐在阳台上晒太阳。
　　　你把这盆花儿搬到阳台上去吧。

1095 痒 yǎng (adj.) itching
搭配：发痒，止痒，痒痒的
例句：她感觉眼睛又疼又痒。
　　　看到大家都去打球，王东心里也痒痒的。

1096 样式 yàngshì (n.) pattern, type, style, form
搭配：服装样式，各种样式，标准样式
例句：这条裙子的样式太老气了，不适合你。
　　　这些鞋子都是今年最流行的样式。

Unit

1097 腰 yāo (名) (n.) waist, half way
搭配：弯腰，腰疼，半山腰
例句：小心，他腰里好像有武器！
这条裤子腰太肥了，我穿不合适。
他们刚爬到半山腰，天就开始下雨了，真倒霉！

1098 摇 yáo (动) (v.) shake, wave, rock
搭配：摇头，摇手，摇椅
例句：他坐在阳台的摇椅上睡着了。
对于这个提议，王东摇了摇头表示反对。

1099 咬 yǎo (动) (v.) bite, grip, bark
搭配：咬住，咬掉，咬牙，咬了一口，咬苹果
例句：你别害怕，这条狗不咬人。
他拿起面包只咬了一口就放下了。

1100 要不 yàobù (连) (conj.) otherwise, or
例句：你动作快一点儿，要不就该迟到了。
幸亏李红提醒我去车站，要不我就忘了。
今天的活动得有一个人参加，要不你去，要不我去。

1101 业务 yèwù (名) (n.) business, service, profession
搭配：业务范围，业务能力，业务学习，发展业务
例句：李明是我们公司业务能力最强的销售员。
今天下午我们要进行业务学习。

1102 业余 yèyú (形) (adj.) spare time, amateur
搭配：业余生活，业余时间，业余爱好，业余大学
例句：王东的业余爱好是外出旅行。
他只是一位业余歌手，从没接受过专业训练。

1103 夜 yè (名/量) (n./classifier) night, evening
搭配：夜晚，黑夜，夜生活；三天三夜，每日每夜
例句：李红最害怕上夜班了。
他已经一天一夜没有睡觉了。

1104 一辈子 yíbèizi (名) (n.) all one's life, throughout one's life, a lifetime
搭配：一辈子的时间，一辈子在一起
例句：他干了一辈子的教育工作。
老师对我的帮助，我一辈子也忘不了。

实战练习（六十九）

一、听对话，选择正确答案

1. A. 回公司　　　　　　　　B. 去机场
   C. 送女的　　　　　　　　D. 打电话
2. A. 王东离开了北京　　　　B. 自己马上要辞职
   C. 老板很喜欢唱歌　　　　D. 王东不是专业歌手

二、选词填空

A 腰　B 样式　C 牙齿　D 延长　E 依然　F 夜　G 严肃　H 要不　I 阳台　J 宴会

1. 这件衣服的（　　　）很好，就是没有她喜欢的颜色。
2. 我已经给她道歉了，可她（　　　）在生我的气。
3. 快考试了，图书馆（　　　）了开放时间。
4. 他干了一天的活儿，累得（　　　）都直不起来了。
5. 天天刷牙才能保护好（　　　）。
6. 她在医院守了整整一（　　　），直到孩子的烧退下去才放心。
7. 快下雨了，（　　　）上的衣服收了没有？
8. 你还没准备好吗？（　　　），我自己先去了？
9. 幸亏我没参加那晚的（　　　）。
10. 王东是个很（　　　）的人，他平时不爱开玩笑。

三、完成句子

1. 很不满意地　让　摇了摇　这个结果　经理　头　＿＿＿＿＿＿＿
2. 效果　药　特别　这种　的　好　止痒　＿＿＿＿＿＿＿
3. 他　自学了　业余　利用　外语　时间　一门　＿＿＿＿＿＿＿
4. 我们　要　四点　学习　今天下午　进行　业务　＿＿＿＿＿＿＿
5. 新华饭店　六点　举行　宴会　在　将于　晚上　＿＿＿＿＿＿＿

四、请结合下列词语（要全部使用），写一篇80字左右的短文

训练　休闲　虚心　宴会　迅速

Unit 70

一旦	疑问
一律	乙
一再	以及
一致	以来
依然	亿
移动	义务
移民	议论
遗憾	意外

1105 一旦 yídàn (adv./n.) once, in case, now that; in a single day

搭配：一旦离开，一旦出现错误；毁于一旦

例句：你一旦选择了这条路，就必须要坚持下去，不能放弃。

多年的心血毁于一旦，他真的无法接受。

1106 一律 yílǜ (adv.) same, alike, uniform

搭配：一律无效，一律平等，千篇一律

例句：参加会议的人员一律不准带手机。

这个小商店的商品一律十元一个。

1107 一再 yízài (adv.) time and again, again and again, repeatedly

搭配：一再强调，一再表示感谢

例句：妈妈一再跟我强调平时要注意身体，不要老是拼命加班。

他一再追问我这件事到底是怎么处理的。

1108 一致 yízhì (adj./adv.) fit, showing no difference, consistent, in accordance with

搭配：行动一致，看法一致；一致同意，一致反对

例句：他说的和做的完全不一致。

大家一致反对选他当队长。

1109 依然 yīrán (v./adv.) be like before; still

搭配：风景依然；依然如故，依然如此

例句：这么多年了，她的样子几乎没变，依然如故。

现在问题依然没有得到解决。

1110 移动 yídòng (v.) shift, move

搭配：移动位置，移动家具，把……移动到……

例句：请你把车向前移动一下。

天气预报说冷空气正向南移动。

1111 移民 yímín (v./n.) migrate; migrant

搭配：移民海外，移民政策；很多移民

例句：李红前年就移民到了海外。

在这个地方，移民比本地人还要多。

1112 遗憾 yíhàn (n./adj.) regret, pity; regretful, pitiful

搭配：一辈子的遗憾；感到遗憾，令人遗憾，深感遗憾，很遗憾

例句：没有上大学是他一辈子的遗憾。

大家都为他放弃了这个机会而感到遗憾。

Unit 70

1113 疑问 yíwèn (n.) question, doubt
搭配：有疑问，产生疑问，表示疑问
例句：毫无疑问，这件事就是他做的。
大家对这个问题还有什么疑问？

1114 乙 yǐ (n.) the second of the Ten Heavenly Stems, second
搭配：乙队，乙等，甲乙双方
例句：他这次的作文被老师评为"乙"等。
甲乙双方都在合同上签了字。

1115 以及 yǐjí (conj.) and, as well as, along with
例句：李红连他是哪儿人、今年多大以及在什么地方工作都不知道。
他家的院子里种着玫瑰、月季以及其他几种花儿。

1116 以来 yǐlái (n.) since
搭配：自古以来，有生以来，长期以来
例句：从发生意外以来，他再也没有开过车。
自从失业以来，他一直都很不开心。

1117 亿 yì (num.) a hundred million
搭配：一亿，亿万
例句：天文学家发现的星系总数大约为 10 亿以上。
据统计，目前中国有 13 亿人口。

1118 义务 yìwù (n./adj.) duty, obligation; obligatory, compulsory
搭配：权利和义务；义务劳动，义务演出，义务教育
例句：我们有义务去帮助那些需要帮助的人。
参加义务劳动是一件很有意义的事情。

1119 议论 yìlùn (v.) comment, discuss
搭配：议论纷纷，大发议论
例句：大家都在议论这件事到底是谁做的。
你连情况都不清楚，不要胡乱发表议论。

1120 意外 yìwài (adj./n.) accidental, unexpected; accident
搭配：感到意外；意外事故，意外发现，发生意外
例句：王东决定辞职，大家感到十分意外。
他开了二十年车，从来没有发生过意外。

实战练习（七十）

一、听对话，选择正确答案

1. A. 李红出了意外事故　　　　B. 男的现在非常激动
   C. 女的没想到会见到李红　　D. 男的和女的现在是同学
2. A. 大家不想去旅游　　　　　B. 自己没有时间去
   C. 去旅游花费太高　　　　　D. 找个大家都想去的地方

二、选词填空

A 移动　B 一旦　C 一致　D 乙　E 以来　F 一辈子　G 一律　H 以及　I 遗憾　J 义务

1. 这个月（　　　），王东已经请假四次了。
2. 对不起，请把你的椅子往旁边（　　　）一下好吗？
3. （　　　）有危险，应该赶紧打110报警。
4. 王华那个坏脾气，（　　　）都改不了。
5. 在这件事上，我们的意见完全（　　　）。
6. 他把自己对这件事的看法（　　　）解决方法都告诉了我。
7. 甲（　　　）双方就这个问题展开了辩论。
8. 公司组织员工这周六去参加（　　　）劳动。
9. 参加过昨晚宴会的客人（　　　）不准离开。
10. 你不能来参加这个宴会，我感到很（　　　）。

三、完成句子

1. 不满意　政策　当地　都　这项　许多人　移民 ＿＿＿＿＿＿
2. 出现　意外　令人　这样的　太　遗憾了 ＿＿＿＿＿＿
3. 引起了　意外　高度　这次的　重视　学校的　事件 ＿＿＿＿＿＿
4. 可以　疑问　直接　有　什么　大家　提出来 ＿＿＿＿＿＿
5. 议论　他们　什么　我　事情　不知道　在 ＿＿＿＿＿＿

四、选择合适的词语填空

我觉得他的＿1＿能力还不错，＿2＿就让他去试试？你不要＿3＿头，＿4＿他真的能把这个合同签下来的话，你也不用发愁了。

1. A. 业务　　　B. 专业　　　　2. A. 假如　　　B. 要不
3. A. 摇　　　　B. 摆　　　　　4. A. 要是　　　B. 即使

Unit 71

意义	营养
因而	营业
因素	影子
银	应付
印刷	应用
英俊	硬
英雄	硬件
迎接	拥抱

1121 意义 yìyì (n.) significance, importance, meaning, sense
搭配：特殊意义，教育意义，象征意义，意义重大
例句：我觉得当一名志愿者非常有意义。
这条项链对她来说是有特殊意义的。

1122 因而 yīn'ér (conj.) thus, as a result
搭配：因而得名，因而感到高兴，因而……
例句：这次比赛关系到班级荣誉，因而大家都在积极准备。
他长得很帅，又很有才华，因而许多姑娘都喜欢他。

1123 因素 yīnsù (n.) factor, element
搭配：重要因素，复杂因素，环境因素，决定性因素
例句：调查显示，这次事故主要是人为因素造成的。
玩儿游戏是导致他成绩下降的主要因素。

1124 银 yín (n.) silver
搭配：银牌，银项链，银戒指
例句：这条银项链值不了多少钱。
他在这次比赛中得了第二名，拿到一枚银牌。

1125 印刷 yìnshuā (v.) print
搭配：印刷厂，印刷工人，印刷技术
例句：这本书不但印刷粗糙，字体还特别小。
这种新的印刷方式有很多优点。

1126 英俊 yīngjùn (adj.) handsome
搭配：英俊少年，英俊潇洒
例句：你儿子长得高大英俊，怎么可能找不到女朋友？
这个小伙子不仅长得英俊，还非常孝顺，真得很不错。

1127 英雄 yīngxióng (n./adj.) hero; heroic
搭配：民族英雄，英雄好汉；英雄事迹，英雄人物
例句：文天祥是中国古代杰出的民族英雄。
他的英雄事迹感动了每一个人。

1128 迎接 yíngjiē (v.) meet, welcome, greet
搭配：迎接客人，迎接贵宾，迎接挑战，迎接新生活
例句：我去机场迎接一位重要的客户。
每天他回到家，迎接他的都是女儿甜甜的一个吻。

Unit 71

1129 营养 yíngyǎng / 名 (n.) / nutrition, nourishment
搭配：吸收营养，营养不良，补充营养，增加营养
例句：这些都是垃圾食品，没有任何营养。
　　　你这么瘦，是不是有些营养不良？

1130 营业 yíngyè / 动 (v.) / do business, operate, open
搭配：营业员，营业额，正常营业，开始营业
例句：这个月的营业额不如上个月，只有两万多块钱。
　　　那家商场到九点才开始营业，你现在去有什么用？

1131 影子 yǐngzi / 名 (n.) / shadow, trace, sign
例句：路灯下，他的影子被拉得很长。
　　　等了一下午，我连他的影子都没见到。

1132 应付 yìngfu / 动 (v.) / meet, deal with, cope with, handle
搭配：难以应付，小心应付，临时应付，应付检查，应付不过来
例句：今天来的客人很多，你去帮着应付一下。
　　　最近事情太多，我都快应付不过来了。

1133 应用 yìngyòng / 动 (v.) / apply, use, utilize, put into effect
搭配：普遍应用，广泛应用，应用范围，应用新技术
例句：这种软件的广泛应用，大大提高了人们的工作效率。
　　　这项技术应用到生活中给人们带来了很大方便。

1134 硬 yìng / 形 (adj.) / hard, tough
搭配：很硬，硬度，硬汉子
例句：钻石的质地很硬。
　　　给他钱，他不要，于是我就把钱硬塞给他了。

1135 硬件 yìngjiàn / 名 (n.) / hardware
搭配：硬件设备，硬件部分
例句：显示卡是计算机的硬件之一。
　　　因为公司的硬件设施跟不上，所以失去了竞争的资格。

1136 拥抱 yōngbào / 动 (v.) / embrace, hug, hold in one's arms
搭配：热烈拥抱，紧紧拥抱，拥抱在一起
例句：他一见面就给了我一个大大的拥抱。
　　　王东和多年没见的好朋友紧紧地拥抱在一起。

实战练习（七十一）

一、听对话，选择正确答案

1. A. 车站　　　B. 家里　　　C. 超市　　　D. 银行
2. A. 找个服务员　B. 来饭店吃饭　C. 帮忙招呼客人　D. 给张玲打电话

二、选词填空

A 影子　B 应用　C 营养　D 英俊　E 硬件　F 应付　G 营业　H 迎接　I 因素　J 拥抱

1. 这种化工原料的广泛（　　　）给环境造成了严重的污染。
2. 小伙子长得很（　　　），个子又高，好多姑娘都喜欢他。
3. 他的身体不好，得多吃些东西补充（　　　）。
4. 我等了半天，连他的（　　　）都没看到。
5. 这两个月，计算机的（　　　）价格涨得很厉害。
6. 这个客户很难（　　　），你小心点儿。
7. 看到一大群朋友到车站来（　　　）我，我真的很感动。
8. 对不起，我们的（　　　）时间还没到。
9. 他一见到我，就给了我一个热情的（　　　）。
10. 当地的环境（　　　）导致了这次试验的失败。

三、完成句子

1. 任何意义　这些　你　没有　现在　再做　事情 _____
2. 男朋友　这条　是　送给她　银项链　的 _____
3. 讲　战斗英雄　的　爷爷　故事　我　经常　给 _____
4. 这次　带来了　很多　意外　消极因素 _____
5. 意义　这次　非常　演讲的　重大 _____

四、请结合下列词语，写一篇80字左右的短文

一致　移民　遗憾　以及　因而

Unit 12

拥挤	犹豫
勇气	油炸
用功	游览
用途	有利
优惠	幼儿园
优美	娱乐
优势	与其
悠久	语气

1137 拥挤 yōngjǐ (v./adj.) crowd, push and squeeze; crowded
搭配：不要拥挤；车辆拥挤，道路拥挤，拥挤的车厢
例句：请大家排好队，不要拥挤，一个一个地上车。
　　　现在正是下班时间，路上特别拥挤。

1138 勇气 yǒngqì (n.) courage, nerve
搭配：鼓起勇气，没有勇气，信心和勇气
例句：她没有勇气向老师承认自己的错误。
　　　李红鼓足勇气，向王东表明了自己的心意。

1139 用功 yòng gōng/yònggōng (v./adj.) study hard; hardworking, diligent, studious
搭配：用功学习；读书很用功
例句：他正在图书馆里用功呢！
　　　你必须要用功学习，才能把成绩提上去。

1140 用途 yòngtú (n.) use
搭配：其他用途，多种用途，不同的用途，广泛的用途
例句：这种工业原料用途非常广泛。
　　　我要这些废瓶子还有其他用途。

1141 优惠 yōuhuì (adj.) favorable, beneficial
搭配：优惠政策，优惠条件，价格优惠，特别优惠
例句：对不起，我们超市的优惠活动已经结束了。
　　　在这家商场消费超过五百元可以享受九折优惠。

1142 优美 yōuměi (adj.) graceful, fine, exquisite
搭配：优美的音乐，风景优美，环境优美
例句：优美的音乐可以有效地缓解工作压力。
　　　这里环境优美，交通方便，很适合老年人居住。

1143 优势 yōushì (n.) goodness, advantage
搭配：有优势，占优势，优势地位，相对优势
例句：我们队刚刚还是占优势的，怎么一转眼就输了？
　　　他们班以绝对的优势赢得了这场比赛。

1144 悠久 yōujiǔ (adj.) long, long-standing, venerable
搭配：历史悠久，悠久的文化
例句：在中国悠久的历史上，出现过许多民族英雄。
　　　这是一座历史悠久的城市。

Unit 72

1145 犹豫 yóuyù (adj.) hesitating, irresolute
搭配：犹豫不决，毫不犹豫，犹犹豫豫
例句：李红毫不犹豫地拒绝了张华的邀请。
　　　他一直在犹豫自己要不要去参加这个宴会。

1146 油炸 yóuzhá (adj.) fried
搭配：油炸食品
例句：这种油炸的东西最好少吃，对身体没什么好处。
　　　你不要老是给孩子吃油炸的食品。

1147 游览 yóulǎn (v.) go sight-seeing, tour, visit
搭配：去……游览……，游览西湖，游览美景
例句：他一直很想去黄山游览，只是抽不出时间来。
　　　我打算带爸爸妈妈去泰山游览。

1148 有利 yǒulì (adj.) advantageous, beneficial, favorable
搭配：有利条件，有利形势，非常有利，对……有利，有利于……
例句：现在的形势对我们公司非常有利。
　　　开展课外活动有利于学生全面发展。

1149 幼儿园 yòu'éryuán (n.) kindergarden, nursery school
搭配：上幼儿园，去幼儿园，幼儿园老师
例句：小王的女朋友在幼儿园工作。
　　　我得先把儿子送到幼儿园，才能去接你。

1150 娱乐 yúlè (v./n.) entertain, amuse; entertainment, amusement, recreation
搭配：娱乐娱乐；娱乐场所，娱乐节目，娱乐设施
例句：昨天你和李明上哪儿娱乐去了？
　　　现在电视上播放的娱乐节目质量越来越差了。

1151 与其 yǔqí (conj.) would rather...than
搭配：与其……不如……，与其……宁可……
例句：与其你在这儿干着急，不如亲自过去看看。
　　　与其坐你开的车，我宁可走着去公司。

1152 语气 yǔqì (n.) tone, manner of speaking
搭配：语气不好，疑问语气，肯定的语气
例句：听他的语气，好像是真的生气了。
　　　经理今天说话的语气不太好，大家都小心点儿。

实战练习(七十二)

一、听对话,选择正确答案

1. A. 自己没有时间　　　　B. 学驾驶要花钱
   C. 还没下定决心　　　　D. 让男的等着她
2. A. 经理现在很生气　　　B. 女的刚打过电话
   C. 男的想去见经理　　　D. 男的有些不高兴

二、选词填空

A 优惠　B 犹豫　C 油炸　D 用途　E 用功　F 有利　G 语气　H 与其　I 拥挤　J 优势

1. 你别再（　　）了,快下决心吧。
2. 这两个工具不是一回事,（　　）也不一样。
3. 李红学习非常（　　）,成绩一直稳定在前五名。
4. 如果我们与对方合作的话,他们给什么（　　）条件?
5. 长期吃（　　）食品对皮肤不好。
6. 你要充分利用你的（　　）条件,争取签下这份合同。
7. 在技术方面,我们公司还是处在（　　）地位的。
8. 他肯定的（　　）让我相信了这件事。
9. 我家只有30平米,显得非常（　　）。
10. （　　）在这儿坐着等消息,还不如直接去问他。

三、完成句子

1. 这些　出入　场所　李明　娱乐　经常＿＿＿＿＿
2. 一切　勇气　我们　困难　要　有　面对　去＿＿＿＿＿
3. 非常　幼儿园　高　这家　的　收费＿＿＿＿＿
4. 文明　是个　中国　的　古国　历史悠久＿＿＿＿＿
5. 打算　黄山　两天　的　我们　游览　用　时间＿＿＿＿＿

四、请结合下列词语,写一篇80字左右的短文

原料　运输　运气　糟糕　原因

Unit 73

玉米	圆
预报	愿望
预订	乐器
预防	晕
元旦	运气
员工	运输
原料	运用
原则	灾害

1153 玉米 yùmǐ (名) (n.) corn, maize
搭配：一棵玉米，种玉米，吃玉米
例句：他在院子里种了几棵玉米。
　　　我最喜欢吃玉米了。

1154 预报 yùbào (动) (v.) forecast, prediction
搭配：天气预报，地震预报，据……预报……
例句：据气象台预报，从明天起会有大风降温天气。
　　　天气预报说今天有雨，可现在太阳这么好，一点儿也不像要下雨的样子。

1155 预订 yùdìng (动) (v.) subscribe, book, reserve
搭配：预订机票，预订座位，接受预订
例句：他打电话预订了后天去北京的飞机票。
　　　先生，请问您有预订的座位吗？

1156 预防 yùfáng (动) (v.) prevent, guard against, take precautions against
搭配：预防近视，预防感冒，预防措施，预防传染病
例句：多喝开水可以预防感冒。
　　　他们采取了有效的预防措施，事情才没进一步扩大。

1157 元旦 Yuándàn (专) New Year's Day
搭配：庆祝元旦，元旦期间，元旦联欢会
例句：今年的元旦和春节都在一月份。
　　　他们的婚期定在明年元旦。

1158 员工 yuángōng (名) (n.) employee, staff, personnel
搭配：公司员工，全体员工
例句：这次会议全体员工都必须参加。
　　　作为员工代表，他在会上做了精彩的发言。

1159 原料 yuánliào (名) (n.) raw material, crude material, ingredient
搭配：生产原料，工业原料，原料产地，重要原料
例句：这种工业原料对人体有害。
　　　羊毛是纺织品的重要原料。

1160 原则 yuánzé (名) (n.) principle
搭配：讲原则，坚持原则，原则问题，基本原则
例句：诚实守信是我做人的基本原则。
　　　他是一个很讲原则的人，违反公司规定的事情他坚决不做。

Unit 73

1161 圆 yuán (名/形) (n./adj.) circle; round
搭配：一个圆；圆形，很圆，圆圆的月亮
例句：这个圆画得并不圆。
　　　她的眼睛又大又圆。

1162 愿望 yuànwàng (名) (n.) desire, wish, aspiration
搭配：实现愿望，满足愿望，美好的愿望
例句：只要你努力，就一定会实现自己的愿望。
　　　他的愿望是考上北京电影学院。

1163 乐器 yuèqì (名) (n.) musical instrument, instrument, axe
搭配：各种乐器，古代乐器
例句：大家都不认识这种乐器。
　　　她什么乐器都不会。

1164 晕 yūn (形/动) (adj./v.) dizzy; faint, swoon
搭配：头晕；晕车，晕船，晕倒
例句：我现在头很晕，过一会儿再跟你说好吗？
　　　请给我一个靠窗的位置，我有点儿晕车。
　　　她知道妈妈去世的消息时晕倒了。

1165 运气 yùnqi (名) (n.) fortune, luck
搭配：运气差，运气好，有运气
例句：我最近运气真差，昨天刚丢了钱包今天又把腿摔伤了。
　　　自己没有能力，光靠运气是干不成大事的。

1166 运输 yùnshū (动) (v.) transport, traffic
搭配：运输货物，运输工具，运输任务，跑运输
例句：这些商品在运输过程中受到了不同程度的损坏。
　　　这些年他自己跑运输，挣了不少钱。

1167 运用 yùnyòng (动) (v.) utilize, wield, apply, put to use
搭配：自由运用，灵活运用，运用自如，运用……方法
例句：这个孩子太笨，不知道灵活运用学过的知识。
　　　他运用了简单方便的计算方法，很快就得出了答案。

1168 灾害 zāihài (名) (n.) damage, disaster, calamity
搭配：自然灾害，严重灾害，遇到灾害
例句：近年来，世界上不少地区都发生了严重的自然灾害。
　　　这场灾害让他失去了三位亲人。

实战练习（七十三）

一、听对话，选择正确答案

1. A. 套房　　　B. 单人间　　　C. 双人间　　　D. 三人间
2. A. 男的头晕　B. 女的病了　　C. 会有大雨　　D. 男的是医生

二、选词填空

A 预报　B 预防　C 预订　D 员工　E 原料　F 愿望　G 运输　H 乐器　I 晕　J 运气

1. 天气（　　）说明天有大风。
2. 很多传染病都是可以（　　）的。
3. 我（　　）了鲜花儿，准备送给我的女朋友。
4. 公司这次提价主要原因是（　　）涨价了。
5. 王经理挑选新（　　）的标准是诚实。
6. 老李买了辆大货车准备跑（　　）。
7. 李红会演奏多种（　　）。
8. 我（　　）车，所以很少坐汽车。
9. 我无法满足你的各种（　　）。
10. 王东中了大奖，他（　　）真好。

三、完成句子

1. 今天　有　天气预报　说　大暴雨
2. 晕　有点儿　我　头　现在
3. 他　的　演奏　特长　乐器　是
4. 原则　始终　王东　坚持　自己的　做事
5. 成为　愿望　一名　是　我的　艺术家

四、选择合适的词语填空

天气　1　说下周天气就要开始暖和了，这对我们的出游特别　2　。所以你别　3　了，和我们一起去游览黄山吧。如果你答应的话，我现在就打电话　4　房间了。

1. A. 预报　　B. 预防　　　　2. A. 有利　　B. 一致
3. A. 谦虚　　B. 犹豫　　　　4. A. 预订　　B. 申请

Unit 74

再三	责备
在乎	摘
在于	窄
赞成	粘贴
赞美	展开
糟糕	展览
造成	占
则	战争

1169 再三 zàisān 副 (adv.) again and again, over and again, repeatedly
搭配：再三推辞，再三解释，考虑再三，再三表示感谢
例句：经过再三考虑，他最后决定不参加表演。
　　　她再三嘱咐儿子过马路时要小心。

1170 在乎 zàihu 动 (v.) care about, mind, take to heart
搭配：不在乎，十分在乎，在乎某人
例句：我根本不在乎别人怎么说。
　　　她很在乎她的男朋友。

1171 在于 zàiyú 动 (v.) lie in, rest with
搭配：一年之计在于春，问题在于……
例句：现在的问题在于大家都不认识路。
　　　他有今天的成就完全在于他自己的努力。

1172 赞成 zànchéng 动 (v.) approve, agree, endorse, consent
搭配：表示赞成，举双手赞成，赞成……的意见
例句：我不赞成你在这个时候辞职。
　　　父母都不赞成我去当演员。

1173 赞美 zànměi 动 (v.) praise, compliment
搭配：赞美祖国，赞美他人，赞美自己，受到赞美，得到赞美
例句：他写了篇赞美祖国的作文。
　　　他努力地表现自己就是为了得到老师的赞美。

1174 糟糕 zāogāo 形 (adj.) terrible, bad
搭配：真糟糕，非常糟糕，糟糕透了
例句：真糟糕，我的手机不见了。
　　　没有得到大家的肯定，我的心情糟糕透了。

1175 造成 zàochéng 动 (v.) cause, result in
搭配：造成污染，造成事故，造成破坏
例句：不知道我这样做会造成什么后果。
　　　这场灾害造成了很大的损失。

1176 则 zé 连/量 (conj./classifier) thus, therefore; an item
搭配：如果……则……；一则新闻，一则报道
例句：这兄弟俩一个不爱说话，另一个则话太多。
　　　如果事情真的出现那种结果，则证明他的猜想是对的。
　　　电视里的一则新闻吸引住了他。

Unit 74

1177 责备 zébèi (v.) reproach, blame, scold, reprove
搭配：受到责备，责备自己，责备他人
例句：他的任务没有完成，被经理责备了几句。
　　　孩子是需要鼓励的，你不要总是责备他。

1178 摘 zhāi (v.) pick, pluck, select, extract
搭配：摘花儿，摘苹果，摘下帽子
例句：这些苹果是刚摘下来的，很新鲜。
　　　屋里这么暖和，把帽子摘下来吧。

1179 窄 zhǎi (adj.) narrow
搭配：很窄，路窄，变窄
例句：这扇门有点儿窄，两个人是同时进不来的。
　　　这条路太窄了，汽车开不过去。

1180 粘贴 zhāntiē (v.) paste, stick
搭配：粘贴广告，粘贴邮票
例句：这张邮票粘贴得太结实了，我撕不下来。
　　　不准你在墙上随便粘贴广告！

1181 展开 zhǎn kāi (v.) develop, spread, unfold, open up, stretch
搭配：展开地图，展开地毯，展开辩论，展开斗争
例句：他们围绕这个主题展开了激烈的辩论。
　　　他把地图展开，寻找自己将要去的那个城市。

1182 展览 zhǎnlǎn (v.) display, show, exhibit
搭配：书画展览，参观展览
例句：他向我展览了自己最近创作的作品。
　　　这个书画展览到明天就要结束了。

1183 占 zhàn (v.) occupy, take up, make up, account for
搭配：占用，占座位，占线，占优势
例句：真对不起，占用了你的休息时间。
　　　他的手机一直打不通，好像是占线。
　　　据调查，在最缺乏运动的三类人群中，职场新人占首位。

1184 战争 zhànzhēng (n.) war, warfare
搭配：发动战争，国内战争，解放战争，战争时期
例句：这场战争持续了八年时间。
　　　我们的世界需要和平，不需要战争。

实战练习（七十四）

一、听对话，选择正确答案

1. A. 无所谓　　　　　　　　B. 很欣赏
   C. 不喜欢　　　　　　　　D. 还得修改
2. A. 小王现在不开心　　　　B. 小张马上去北京
   C. 女的心情不好　　　　　D. 男的很想去学习

二、选词填空

A 展开　B 摘　C 占　D 展览　E 责备　F 赞美　G 造成　H 糟糕　I 再三　J 在乎

1. 随便（　　）公园里的花儿是不文明的行为。
2. 多一些（　　）、少一些责备是激励别人的一种比较好的方法。
3. 他把地毯（　　）后才发现上面有一个洞。
4. 第二届书法（　　）将于下个星期二举行。
5. 事情已经这样了，你再（　　）他也没有用。
6. 你现在再给王东打个电话看看，是不是还（　　）线？
7. 这次意外给公司（　　）了很大的损失。
8. 我（　　）提醒他，可他就是不听。
9. 他有的是钱，不（　　）这点儿小恩惠。
10. 真是（　　）的一天，无论我干什么都不顺利。

三、完成句子

1. 时期　人们的　战争　艰苦　生活　很 _____
2. 车　赞成　买　我　不　这么好　的　现在　你 _____
3. 报道　则　马上　这　出去　发　要 _____
4. 很多　摘了　红　王东　苹果　新鲜的 _____
5. 你　吧　这段话　是　从网上　粘贴来的 _____

四、请结合下列词语，写一篇80字左右的短文

运输　原料　运气　糟糕　原因

Unit 75

长辈	照常
涨	哲学
掌握	针对
账户	珍惜
招待	真实
着火	诊断
着凉	阵
召开	振动

1185 长辈 zhǎngbèi (名) (n.) elder member of a family, elder, senior
搭配：尊敬长辈，听长辈的话
例句：家里的长辈都反对他的做法。
　　　孩子们没把他当成长辈来看待。

1186 涨 zhǎng (动) (v.) rise, go up, swell up
搭配：涨价，物价上涨，河水暴涨
例句：油价再涨下去，我都开不起车了。
　　　他升职以后，每月工资涨到了八千元。

1187 掌握 zhǎngwò (动) (v.) grasp, master, have in hand, hold, control
搭配：掌握情况，掌握局面，掌握权力，掌握命运，掌握技术
例句：我要掌握自己的命运，不能一直听别人安排。
　　　掌握了这门技术，走到哪儿都不会饿肚子。

1188 账户 zhànghù (名) (n.) account
搭配：个人帐户，公司帐户，账户管理
例句：我想开个个人帐户，把这笔钱存起来。
　　　不知道银行帐户的密码，你怎么取钱呢？

1189 招待 zhāodài (动) (v.) receive, entertain, serve
搭配：招待客人，好好儿招待，记者招待会
例句：我要好好儿招待一下多年没见的老朋友。
　　　我们经理正在招待远方来的客人。

1190 着火 zháo huǒ (动) (v.) inflame, catch fire, be on fire
搭配：房子着火，小心着火，着了一场大火
例句：秋天天气干燥，小心着火。
　　　这家超市前几天着了一场大火。

1191 着凉 zháo liáng (动) (v.) catch cold, catch a chill
搭配：小心着凉，注意别着凉
例句：你穿这么少，会不会着凉？
　　　晚上睡觉要盖好被子，注意别着凉。

1192 召开 zhàokāi (动) (v.) convene, open, start, commence
搭配：召开会议，胜利召开，召开运动会
例句：我们学校要在下周召开运动会。
　　　这次会议将在上海召开。

1193 照常 zhàocháng (v./adv.) as usual
搭配：一切照常；照常工作，照常营业，照常休息
例句：我们公司一切照常，没看出发生过什么事。
本店在元旦期间照常营业。

1194 哲学 zhéxué (n.) philosophy
搭配：哲学系，哲学家，研究哲学
例句：他对传统哲学了解得并不多。
张明是北京大学哲学系毕业的。

1195 针对 zhēnduì (v.) be aimed at, point at, counter, as far as... is concerned
搭配：针对……问题，针对这个现象，针对他的情况，针对某人
例句：针对目前的情况，我们需要调整一下工作方式。
你最近为什么总是针对我？

1196 珍惜 zhēnxī (v.) treasure, value, cherish
搭配：珍惜时间，珍惜生命，珍惜爱情，珍惜友谊
例句：我很珍惜我们在一起的日子。
这份友情我会珍惜一辈子。

1197 真实 zhēnshí (v.) treasure, value, cherish
搭配：很真实，不真实，真实的想法
例句：他没把真实的情况告诉大家。
这部电影是根据一个真实的事件改编的。

1198 诊断 zhěnduàn (v.) diagnose.
搭配：诊断书，诊断结果，诊断病情，正确诊断
例句：医生已经把诊断结果告诉了他。
他的病情需要再诊断一下。

1199 阵 zhèn (classifier) short period, spell
搭配：一阵雨，这阵子，那阵儿，前一阵时间，一阵掌声
例句：今天这阵雨下得真及时。
他前阵子病了，没能去北京出差。
老王的话赢得了大家一阵热烈的掌声。

1200 振动 zhèndòng (v.) vibrate
搭配：手机振动，树枝振动，振动的声音
例句：我不知道怎么才能把手机调成振动状态。
当他感觉房屋在振动的时候，地震已经发生了。

实战练习（七十五）

一、听对话，选择正确答案

1. A. 找文件　　　　　　　B. 打电话
   C. 复印材料　　　　　　D. 去公司上班
2. A. 油价要涨了　　　　　B. 他们在看新闻
   C. 男的每天骑车上班　　D. 女的有买车的打算

二、选词填空

A 振动　B 着凉　C 针对　D 阵　E 照常　F 长辈　G 召开　H 着火　I 账户　J 招待

1. （　　）他的这个问题，学校专门开会研究了一下。
2. 经理通知大家，这个周末（　　）上班。
3. 我昨天不小心（　　）了，现在觉得很难受。
4. 一（　　）风吹过来，让人感觉很凉快。
5. 开会的时候，请把手机调到（　　）状态。
6. 别让小孩子玩儿火，（　　）就麻烦了。
7. 王女士，钱已经汇到您（　　）里了。
8. 我们要尊重（　　），爱护晚辈。
9. 张律师下午要参加一个记者（　　）会。
10. 我们单位下午要（　　）中层领导以上会议。

三、完成句子

1. 帐户里　我　的　没有钱　了　银行　已经 _____
2. 值得　这个　你　珍惜　女孩儿　一辈子 _____
3. 他　的　权力　公司　都　手里　掌握在　的 _____
4. 非常　研究　哲学　她　喜欢 _____
5. 涨得　最近　很厉害　青菜的　价格 _____

四、请结合下列词语，写一篇80字左右的短文

召开　针对　照常　展览　战争

Unit 76

争论　　　证件
争取　　　证据
征求　　　政府
睁　　　　政治
整个　　　挣
整齐　　　支
整体　　　支票
正　　　　执照

1201 争论 zhēnglùn (v.) argue, dispute, debate
搭配：争论不休，争论双方，自由争论，激烈争论
例句：你们俩不用再争论，等会儿问问老师就知道谁对谁错了。
这是最近大家争论最激烈的一件事。

1202 争取 zhēngqǔ (v.) strive for, fight for, endeavor to, win over
搭配：争取时间，主动争取，争取成功，努力争取
例句：我争取下次一定考出更好的成绩。
大家抓紧时间，争取这周内完成任务。

1203 征求 zhēngqiú (v.) solicit, ask for
搭配：征求答案，征求意见，公开征求
例句：我得先征求一下我妻子的意见，才能决定去不去上海工作。
你在做这件事之前应该先征求一下大家的意见。

1204 睁 zhēng (v.) open (eyes)
搭配：睁开，睁眼，睁大眼睛
例句：今天风太大了，走在路上眼睛都睁不开。
他睁大眼睛看着我，好像很陌生的样子。

1205 整个 zhěnggè (adj.) whole, total, entire
搭配：整个下午，整个社会，整个集体，整个公司
例句：今天整个下午的时间全浪费了，我几乎什么也没做。
当经理宣布这个坏消息的时候，整个公司都乱了。

1206 整齐 zhěngqí (adj.) orderly
搭配：干净整齐，很整齐，整整齐齐
例句：他的穿着很整齐，给人很干净的感觉。
桌子上的书摆得非常整齐。

1207 整体 zhěngtǐ (n.) ensemble, whole, entirety
搭配：整体利益，整体实力，组成一个整体
例句：整体是由部分组成的。
这几个建筑其实是一个整体。

1208 正 zhèng (adj./adv.) positive, regular, straight; just, exactly, right, precisely
搭配：正南，正前方，味道不正，颜色不正；正好，正是
例句：教室的正前方挂着一面国旗。
你这件衣服的颜色不正，快把它退了吧！
正是为了你，我才这样做的。

他给我打电话的时候我正在吃饭。

1209 证件 zhèngjiàn (n.) credentials, certificate
搭配：出示证件，检查证件，收回证件
例句：那个包里有我所有的证件。
你别忘了带证件，不然你到了那儿也进不去。

1210 证据 zhèngjù (n.) evidence, proof, testimony
搭配：寻找证据，缺乏证据，证据不足
例句：目前他们找到的证据对我们很不利。
他有充分的证据证明他当时不在现场。

1211 政府 zhèngfǔ (n.) government
搭配：人民政府，各国政府，政府领导，政府工作报告
例句：政府采取了一系列措施，有效控制了物价上涨。
当地政府为了鼓励外商投资，制定了许多优惠政策。

1212 政治 zhèngzhì (n.) politics
搭配：政治家，政治课，政治活动，政治学习，关心政治
例句：你去通知大家今天下午进行政治学习。
他这个人对政治毫不关心。

1213 挣 zhèng (v.) struggle to get free, try to throw off, earn, labour for
搭配：挣开，挣钱
例句：他趁没人的时候挣开绳子跑了出去。
全家人都靠着他每月挣的那点儿钱生活。

1214 支 zhī (v./classifier) support, sustain, prop up; measure word for long, thin and inflexible objects
搭配：支着脑袋；一支铅笔，两支香烟
例句：他用手支着脑袋，一副无精打采的样子。
我想把这支歌送给我的妈妈，感谢她为我所做的一切。

1215 支票 zhīpiào (n.) check
搭配：一张支票，开支票，旅行支票，空头支票
例句：我带现金不太方便，麻烦您帮我开张支票行吗？
会计已经把支票开好了，我现在就帮您拿来。

1216 执照 zhízhào (n.) license, permit
搭配：办执照，营业执照，驾驶执照
例句：我没有驾驶执照，所以不能开车。
你的营业执照已经过期了。

实战练习（七十六）

一、听对话，选择正确答案

1. A. 公司　　　　B. 家里　　　　C. 医院　　　　D. 机场
2. A. 身体好了　　B. 要去医院　　C. 头晕　　　　D. 要加班

二、选词填空

A 支票　B 证件　C 执照　D 证据　E 睁　F 争论　G 整体　H 正　I 征求　J 整个

1. 我想办一张营业（　　　　），请问需要哪些手续？
2. 谁也没有（　　　　）证明这件事是他做的。
3. 对不起，请出示您的（　　　　）。
4. 我身上没有带现金，给你开（　　　　）可以吗？
5. 他太困了，眼睛都（　　　　）不开了。
6. 你不要再和他（　　　　）了，没用的。
7. （　　　　）下午他都在开会。
8. 这个公司的（　　　　）实力不行，所以不能跟他们合作。
9. 她没有（　　　　）父母的同意就结婚了。
10. 你不要再打电话了，我估计这会儿他（　　　　）在路上呢。

三、完成句子

1. 大多数人的　遭到了　这项　反对　政策 ＿＿＿＿＿＿
2. 有　这个　文具盒　一支　只　铅笔　里 ＿＿＿＿＿＿
3. 当地　对　这件事　全部　政府　责任　应该　负 ＿＿＿＿＿＿
4. 下周一　参加　我　考试　争取　赶回来 ＿＿＿＿＿＿
5. 政治课　明天上午　的　调到了　今天下午 ＿＿＿＿＿＿

四、请结合下列词语，写一篇80字左右的短文

正　振动　睁　不得不　征求

Unit 17

直	制造
指导	制作
指挥	治疗
至今	秩序
至于	智慧
志愿者	中介
制定	中心
制度	中旬

1217 直 zhí /形/动/副 (adj./v./adv.) / straight, erect, vertical; straighten, stretch; frankly, always

搭配：直线，很直；直起腰来；直哭了一天，直笑

例句：她的腿又细又直，非常漂亮。
你不要总是弯着腰，要直起腰来。
他看着我直哭，弄得我都不好意思了。

1218 指导 zhǐdǎo /动 (v.) / guide, direct, conduct

搭配：指导学生，指导我们，指导工作

例句：小王对这项工作不太熟悉，你来帮他指导一下。
没有您的指导，我们就不会获得成功。

1219 指挥 zhǐhuī /动/名 (v./n.) / command, direct, conduct; commander, director, conductor

搭配：指挥交通，指挥作战；音乐指挥

例句：交警正站在马路中间指挥交通。
作为这次音乐会的总指挥，他应该负主要责任。

1220 至今 zhìjīn /副 (adv.) / up to now, until this day, so far

搭配：保存至今，至今为止，至今难忘

例句：至今为止，还没有哪个业务员的销售业绩能够超过他。
这件事给我的印象太深了，我至今难忘。

1221 至于 zhìyú /动/介 (v./prep.) / go so far as to; as for, as to, concerning, with regard to

搭配：不至于；至于……

例句：我不过是随便说说，你也不至于生这么大的气吧？
李红和王东都会参加这次旅游，至于我，到时候再说吧。

1222 志愿者 zhìyuànzhě /名 (n.) / volunteer

搭配：一名志愿者，选拔志愿者，当志愿者

例句：大批的志愿者投入到了抗震救灾的工作中来。
退休以后，他还经常作为志愿者去乡村学校教书。

1223 制定 zhìdìng /动 (v.) / lay down, formulate, design, enact

搭配：制定规章制度，制定法律，制定政策

例句：公司根本就没有必要制定这么多规章制度。
近些年来，我国政府制定并执行了一系列与环境保护相关的政策法规。

1224 制度 zhìdù /名 (n.) / system, institution

搭配：社会制度，招生制度，遵守制度

例句：大家都认为公司新制定的奖罚制度不公平。
我们单位的管理制度非常严格，不准迟到早退。

1225 制造 zhìzào (v.) make, produce
搭配：中国制造，制造飞机，制造摩擦，制造紧张的气氛
例句：你知道飞机最早是由哪个国家制造的吗？
舞台上使用适量的烟雾能制造出朦胧的气氛。

1226 制作 zhìzuò (v.) make, produce, manufacture
搭配：制作过程，制作时间，制作家具，制作广告
例句：制作这套家具用了他两个月的时间。
她打算自己制作一个蛋糕送给妈妈做生日礼物。

1227 治疗 zhìliáo (v.) treat, cure
搭配：长期治疗，简单治疗，住院治疗
例句：她的病很严重，需要住院治疗。
经过简单治疗，他已经恢复了意识。

1228 秩序 zhìxù (n.) order, sequence
搭配：遵守秩序，社会秩序，秩序正常，维持秩序
例句：请在场的观众遵守秩序，不要影响其他人观看比赛。
朋友的忽然到来，打乱了他原有的生活秩序。

1229 智慧 zhìhuì (n.) wisdom, intelligence, wit
搭配：有智慧，充满智慧，增长智慧
例句：万里长城是中国古代劳动人民的智慧结晶。
这件事处理得很漂亮，充分显示了他的智慧与才能。

1230 中介 zhōngjiè (n.) medium, intermediary agent
搭配：中介公司，市场中介，房地产中介
例句：下次租房你就别再找这家中介公司了，他们的中介费太高了。
她是通过婚姻中介认识现在的男朋友的。

1231 中心 zhōngxīn (n.) centre, heart, core
搭配：广场的中心，文化中心，维修中心，活动中心，中心思想，中心问题
例句：这次会议将在老年活动中心举行。
大家围绕这个中心问题展开了讨论。

1232 中旬 zhōngxún (n.) in the middle, midmonth
搭配：上个月中旬，下个月中旬
例句：他从上个月中旬开始住院治疗，到现在已经快一个月了。
下个月中旬我要去北京出差。

实战练习（七十七）

一、听对话，选择正确答案

1. A. 公司　　　B. 家里　　　C. 北京　　　D. 银行
2. A. 三天后　　B. 一个星期后　C. 十天后　　D. 两个星期后

二、选词填空

A 指导　B 治疗　C 中心　D 至于　E 中介　F 志愿者　G 直　H 制度　I 智慧　J 挣钱

1. 我们小区旁边有一个老年活动（　　）。
2. 在老师的（　　）下，我们进行了一次物理实验。
3. 通过（　　）公司，我租到了一间房子。
4. 我们只是打算去旅行，（　　）去哪里，还没有决定。
5. 经过一段时间的（　　），他的病情已经有了好转。
6. 她吓得（　　）发抖，一句话都说不出来。
7. （　　）们正在维持秩序。
8. 他十八岁就放弃了学业，出门打工（　　）去了。
9. 我们每个人都要遵守学校的各项规章（　　）。
10. 她运用自己的（　　），出色地完成了这次任务。

三、完成句子

1. 后期　已经　阶段　广告　进入　这个　制作 _____
2. 中旬　回来　我　要　才能　这个月　到 _____
3. 才　自己　的　他　至今　错误　认识到 _____
4. 是　乐队　李红　一个　指挥　优秀　的 _____
5. 作品中　智慧　了　陈东　的　充满 _____

四、选择合适的词语填空

　　我知道你想___1___，但起码你得先了解一下开一家这样的店需要什么___2___，到哪里办___3___。___4___何时开始动手去做，我建议你先把这些问题弄清楚了再去做。

1. A. 挣钱　　　B. 消费　　　2. A. 证件　　　B. 证据
3. A. 执照　　　B. 文件　　　4. A. 至少　　　B. 至于

Unit 78

种类	主持
重大	主动
重量	主观
周到	主人
猪	主任
竹子	主题
逐步	主席
逐渐	主张

1233 **种类** zhǒnglèi 名 (n.) kind, class, type, variety
搭配：种类繁多，产品的种类
例句：乐器的种类非常多。
　　　他向大家介绍了花茶的种类以及对人体的好处。

1234 **重大** zhòngdà 形 (adj.) great, major, significant, important
搭配：重大消息，重大事件，重大问题，意义重大
例句：那几个人与这件事有重大的关系。
　　　他的生活发生了重大的变化。

1235 **重量** zhòngliàng 名 (n.) weight
搭配：减轻重量，计算重量
例句：我把行李箱里没用的东西拿出来，好减轻重量。
　　　这是三斤苹果吗？重量好像不对啊。

1236 **周到** zhōudào 形 (adj.) attentive, thoughtful, considerate, thorough
搭配：服务周到，招待周到，考虑周到
例句：小王考虑得很周到，给每个人发了一顶帽子。
　　　李红对我的照顾非常周到，你就不用再担心了。

1237 **猪** zhū 名 (n.) pig
搭配：一头猪，杀猪，养猪，属猪
例句：他不想在家里养猪，想出去做生意。
　　　小张是1983年出生的，属猪。

1238 **竹子** zhúzi 名 (n.) bamboo
搭配：一根竹子，吃竹子，竹子制品
例句：大熊猫很喜欢吃竹子。
　　　这些乐器都是用竹子制成的。

1239 **逐步** zhúbù 副 (adv.) step by step, gradually, progressively
搭配：逐步减少，逐步提高，逐步加大，逐步发展
例句：在老师的帮助下，他的成绩在逐步提高。
　　　经过大家的努力，公司的经营状况正在逐步改善。

1240 **逐渐** zhújiàn 副 (adv.) gradually
搭配：逐渐形成，逐渐减少，逐渐增加
例句：北京的人口逐渐增多。
　　　天色逐渐暗了下来，过了一会儿突然下起了大雨。

Unit 78

1241 主持 zhǔchí (v.) take charge of, manage, host
搭配：主持人，主持节目，主持会议，主持婚礼
例句：今天下午的会议由王东主持。
你打算请谁来主持你们的婚礼？

1242 主动 zhǔdòng (adj.) on one's own, initiative
搭配：主动提问，主动提出，主动离开
例句：他学习很积极，经常主动向老师提问。
吵完架后，小红主动向我道歉。

1243 主观 zhǔguān (adj.) subjective
搭配：主观愿望，主观能动性，主观与客观
例句：做事情不能只凭主观愿望，不顾客观条件。
你对他的看法太主观了，这样对他不公平。

1244 主人 zhǔrén (n.) owner, possessor, host, master
搭配：男主人，女主人，国家的主人
例句：既然主人不在家，咱们改天再来吧。
那家女主人招待客人十分周到。

1245 主任 zhǔrèn (n.) director, head, chairman
搭配：刘主任，办公室主任，车间主任
例句：刘主任对工作特别认真负责。
这是新来的办公任主任。

1246 主题 zhǔtí (n.) theme, subject, topical subject
搭配：主题歌，重要主题，会议的主题，讨论的主题
例句：大家很快学会了这部电影的主题歌。
咱们的讨论能换一个主题吗？

1247 主席 zhǔxí (n.) chairman, president
搭配：学生会主席，大会主席，国家主席，工会主席
例句：大家一致赞成王东任学生会主席。
中国国家主席本月中旬将出访欧洲。

1248 主张 zhǔzhāng (v./n.) propose, advocate, stand for; proposal, view, opinion, proposition
搭配：自作主张；一种主张，新主张
例句：王东主张我在北京多留两天，等他开完会一起回去。
他的这种主张得到了大多数人的支持。

实战练习（七十八）

一、听对话，选择正确答案

1. A. 五号之前　　B. 十五号左右　　C. 二十号　　D. 二十五号左右
2. A. 今天约了王东　B. 王东现在医院　C. 自己今天没空　D. 明天看望病人

二、选词填空

A 种类　B 重大　C 主人　D 主张　E 主观　F 逐渐　G 周到　H 重量　I 主动　J 主题

1. 那只小狗正亲热地冲着它的（　　）摇尾巴。
2. 那个购物中心里的商品（　　）非常丰富。
3. 看问题不能太（　　），同时不要忽视客观事物的存在。
4. 最近，科学家们又有了一个（　　）发现。
5. 李明（　　）大家以后要经常在一起聚一聚。
6. 当父母老去的同时，孩子们也在（　　）长大。
7. 这种材料不但（　　）很轻，而且价格便宜。
8. 政府这次工作会议的（　　）是经济安全问题。
9. 这家宾馆的服务员待人热情，服务（　　）。
10. 他工作很（　　），总是能按时完成任务。

三、完成句子

1. 周到　问题　非常　她　考虑 ＿＿＿＿＿＿＿＿＿＿
2. 我　这次　竹子制品　这些　买回来的　旅游时　都是 ＿＿＿＿＿
3. 意见　征求　王主任　在　向　大家 ＿＿＿＿＿＿＿＿＿＿
4. 是　谁家的　小猪　这只　黑色的 ＿＿＿＿＿＿＿＿＿＿
5. 自己　的　加大　他　运动量　逐步　正 ＿＿＿＿＿＿＿

四、看图作文（80字左右）

Unit 79

煮	转告
注册	装
祝福	装饰
抓	装修
抓紧	状况
专家	状态
专心	撞
转变	追

1249 煮 zhǔ (动) (v.) boil, cook, stew
搭配：煮熟，煮饭，煮肉，煮鸡蛋
例句：妈妈早上给我煮了两个鸡蛋。
他很小的时候就学会了煮饭。

1250 注册 zhù cè (动) (v.) register
搭配：注册结婚，注册公司，注册会计师，登记注册
例句：开学已经几天了，他还没到校注册报到。
他准备等资金到位后就去注册一家公司。

1251 祝福 zhùfú (动) (v.) bless, wish happiness to
搭配：祝福你，祝福大家，接受祝福
例句：我祝福大家在新的一年里身体健康！
在婚礼上，他得到了大家的祝福。

1252 抓 zhuā (动) (v.) grab, clutch, grasp, scratch, arrest, catch, take charge of, be responsible for
搭配：抓住，抓起来，抓小偷，抓重点，抓机会，抓痒
例句：他抓着妈妈的手不肯松开。
我后背有点儿痒，你帮我抓一抓。
在大家的共同努力下，那个小偷终于被抓住了。
我们公司现在主要抓产品质量。

1253 抓紧 zhuā jǐn (动) (v.) firmly grasp, pay close attention to
搭配：抓紧时间，抓紧学习，抓紧机会
例句：你得抓紧时间出门，不然赶不上飞机了。
我们现在有许多重要的事情需要抓紧去做。

1254 专家 zhuānjiā (名) (n.) expert, specialist, professional
搭配：一位专家，专家学者，成为专家
例句：公司聘请了一位专家来给我们讲课。
经过专家估算，这座房子现在只值四十万元。

1255 专心 zhuānxīn (形) (adj.) attentive, whole-hearted, be absorbed
搭配：专心工作，专心研究，专心听课
例句：只有专心学习，才能提高成绩。
他正专心思考，我喊了几声他都没有听到。

1256 转变 zhuǎnbiàn (动) (v.) change, convert, transform, turn
搭配：转变思想，转变态度，转变方向，发生转变
例句：老师和他谈过话之后，他的思想发生了很大的转变。
事情发生了戏剧性的转变，我们都不知道该怎么办了。

Unit 79

1257 转告 zhuǎngào (v.) pass on, communicate, transmit
搭配：转告你，转告他人，转告大家
例句：麻烦你转告小王，我明天不能去了，让他别等我。
李红让我转告你，下午她有点儿事，得晚到半个小时。

1258 装 zhuāng (v.) pack, load, furnish, pretend, disguise
搭配：装东西，装电脑，装电话，装病
例句：你的书包里装的是什么，怎么这么重？
他不想上体育课，于是就装出生病的样子。

1259 装饰 zhuāngshì (v./n.) decorate, embellish
搭配：装饰品，装饰会场，装饰新房；各种装饰
例句：联欢会现场被同学们用气球装饰得很有气氛。
她的房间里的各种小装饰品都很精巧。

1260 装修 zhuāngxiū (v.) fit up
搭配：装修房子，装修风格，内部装修
例句：这套房子装修一共花了六万块钱。
他是一名装修工人。

1261 状况 zhuàngkuàng (n.) condition, state
搭配：健康状况，经济状况，身体状况
例句：医生说他现在的身体状况还不错。
李红家的经济状况不太好，所以她放假的时候总是去打工。

1262 状态 zhuàngtài (n.) status, state, condition
搭配：心理状态，战争状态，状态良好
例句：他的身体状态不允许他参加这次比赛。
我现在的状态很好，谢谢大家的关心。

1263 撞 zhuàng (v.) crash
搭配：撞车，撞人，被撞伤了
例句：那辆大汽车一下子撞倒了三个人。
他不小心撞到墙上去了，结果把头撞破了。

1264 追 zhuī (v.) chase after, pursue, catch up with, seek
搭配：追赶，追上去，追时髦，追女孩儿，追问
例句：他飞快地追上了我，然后小声地告诉了我一个小秘密。
张华正在追那个漂亮的女孩儿呢！
我女朋友不断地追问我昨天去哪儿了。

实战练习（七十九）

一、听对话，选择正确答案

1. A. 王东不愿帮自己　　　　B. 女的不了解情况
   C. 自己已有了打算　　　　D. 不想面对这问题
2. A. 办出国手续　　　　　　B. 去领结婚证
   C. 陪朋友逛街　　　　　　D. 见男友家长

二、选词填空

A 装修　B 抓紧　C 抓　D 状况　E 转告　F 专家　G 专心　H 转变

1. 我不知道他出了什么（　　　），怎么搞成了现在的样子。
2. 买房之后我要专心（　　　）了。
3. 旅游的时间有了变动，希望大家互相（　　　）一下。
4. 经理让他（　　　）时间赶过来，因为客户已经快到了。
5. 那个小偷终于被（　　　）住了。
6. 别看这个小伙子年轻，他可是治疗心脏病的（　　　）。
7. 儿子正在（　　　）写作业，你别打扰他！
8. 自从误会解释清楚以后，我对他的看法就有了（　　　）。

三、完成句子

1. 已经　我　和　昨天　结婚了　王东　注册　_____
2. 自己　的　状态　她　不希望　被　看到　醉酒　别人　_____
3. 了　被　撞伤　汽车　他　_____
4. 几件　和　一本书　包里　只　装了　他的　换洗衣服　_____
5. 资金　新公司　需要　注册　足够　的　_____

四、看图作文（80字左右）

Unit 80

追求	自从
咨询	自动
姿势	自豪
资格	自觉
资金	自私
资料	自由
资源	自愿
紫	字母

1265 追求 zhuīqiú (动) (v.) seek, aspire, pursue, woo, court
搭配：追求进步，追求真理，追求名利，追求理想
例句：追求她的几个小伙子，她都不喜欢。
　　　年轻人要追求进步，不能只知道享受。

1266 咨询 zīxún (动) (v.) seek advice from, consult, hold counsel with
搭配：法律咨询，咨询一下，咨询服务
例句：这个问题我要咨询一下律师才能回答你。
　　　如果您还有什么问题，欢迎来电咨询。

1267 姿势 zīshì (名) (n.) posture, gesture
搭配：保持这个姿势，优美的姿势，做出……姿势
例句：请保持这个姿势不要动，我马上就画完了。
　　　他虽然跑的姿势很难看，但速度很快。

1268 资格 zīgé (名) (n.) qualification
搭配：取消资格，没有资格，教师资格证书
例句：学校已经取消了他的考试资格。
　　　你自己都没完成任务，还有什么资格批评别人？

1269 资金 zījīn (名) (n.) fund, capital
搭配：一笔资金，注册资金，流动资金，资金有限
例句：我们公司的注册资金是五百万。
　　　在这么短的时间内筹集这么一大笔资金是不可能的事。

1270 资料 zīliào (名) (n.) data, material
搭配：一份资料，收集资料，统计资料，生产资料
例句：这份复习资料是我借王东的。
　　　上午看了几份资料，我感觉很累。

1271 资源 zīyuán (名) (n.) resource
搭配：自然资源，旅游资源，人力资源，资源丰富
例句：我们必须合理开发利用自然资源。
　　　中国是个资源丰富的国家。

1272 紫 zǐ (形) (adj.) purple, violet
搭配：紫色；青一块，紫一块
例句：李红今天穿了件紫色的大衣。
　　　她不小心摔倒了，腿上青一块，紫一块的。

Unit

1273 **自从** zìcóng 介 (prep.) since, from
搭配：自从……以来，自从……之后
例句：自从毕业之后我们一直没有联系过。
自从认识李红，他整个人都变得活泼起来。

1274 **自动** zìdòng 副/形 (adv./adj.) automatically, spontaneously, of one's accord; automatic, spontaneous
搭配：自动参加，自动帮忙，自动控制；自动铅笔，自动装置
例句：这个机会是他自动放弃的。
你知道这些自动装置有哪些功能吗？

1275 **自豪** zìháo 形 (adj.) proud, with pride
搭配：很自豪，感到自豪
例句：他对自己的成就感到自豪。
李红自豪地向大家介绍起自己的学校。

1276 **自觉** zìjué 形 (adj.) conscientious, of one's own will, be aware of, voluntary
搭配：不自觉，自觉学习，自觉排队，自觉遵守
例句：大家要养成自觉劳动的习惯。
虽然他年龄很小，但他已经学会自觉遵守班级纪律了。

1277 **自私** zìsī 形 (adj.) selfish, self-centred
搭配：自私自利，非常自私，自私的做法
例句：他从小就很自私，别人根本不能碰他的东西。
你每次都只考虑自己，这样太自私了。

1278 **自由** zìyóu 名/形 (n./adj.) freedom, liberty; free, unrestrained
搭配：人身自由；自由参加，自由平等，自由发言
例句：下面一个小时大家可以自由活动。
在我们单位，你可以自由发表意见。

1279 **自愿** zìyuàn 动 (v.) of one's own free will, voluntary
搭配：自愿放弃，自愿参加，双方自愿
例句：这次比赛由学生自愿报名参加。
这次出国学习的机会是我自愿放弃的。

1280 **字母** zìmǔ 名 (n.) letter, letters of an alphabet
搭配：英文字母，希腊字母，大写字母，小写字母
例句：英语共有26个字母。
那座建筑看上去像倒写的字母"V"。

319

实战练习（八十）

一、听对话，选择正确的答案

1. A. 经常说谎　　　B. 非常害羞　　　C. 没有工作能力　　　D. 做事不考虑别人
2. A. 老师没教女的正确的拿笔姿势　　　B. 女的写字姿势很正确
   C. 男的小时候不会写字　　　D. 女的很难改变自己的写字姿势

二、选词填空

A 资格　B 自从　C 姿势　D 资源　E 资料　F 自私　G 自觉　H 资金

1. 你只有赢得这场比赛，才有（　　　）进入下一轮。
2. 针对如何合理开发利用（　　　）的问题，代表们提了许多建议。
3. 她调整了一下枕头，换了个（　　　），慢慢地睡着了。
4. 他（　　　）戒烟后，就不怎么咳嗽了。
5. 请大家遵守秩序，（　　　）排队！
6. 街上有人在发预防流行性感冒的宣传（　　　）。
7. 像这样（　　　）的人，有谁愿意和他做朋友？
8. 他们公司目前（　　　）非常紧张，已经快发不出工资了。

三、完成句子

1. 自愿　参加　都　同学们　劳动　义务　这次 ＿＿＿＿＿＿
2. 他　完美　追求　总是 ＿＿＿＿＿＿
3. 公司　保险　的　这笔资金　用来　是　给员工　买 ＿＿＿＿＿＿
4. 紫色的　穿　非常　衣服　她　喜欢 ＿＿＿＿＿＿
5. 咨询　需要　信用卡　王东　在　哪些手续　银行　办理 ＿＿＿＿＿＿

四、看图作文（80字左右）

Unit 81

字幕	总之	醉
综合	阻止	尊敬
总裁	组	遵守
总共	组成	作品
总理	组合	作为
总算	组织	作文
总统	最初	

1281 字幕 zìmù (名) (n.) subtitles

搭配：看字幕，编辑字幕，制作字幕，滚动字幕，电影字幕

例句：以前的电视剧都是不配字幕的。
　　　他喜欢看有字幕的外国电影。

1282 综合 zōnghé (动) (v.) put together, integrate, synthesize

搭配：综合艺术，综合国力，综合研究，综合利用

例句：戏剧是一门综合艺术。
　　　王主任让李红综合大家的意见写一份报告。

1283 总裁 zǒngcái (名) (n.) president, chairman, general director

搭配：公司总裁，总裁助理，总裁秘书

例句：请你把这份资料送到总裁办公室。
　　　对不起，我们总裁前天就去上海了。

1284 总共 zǒnggòng (副) (adv.) in all, altogether, in the aggregate

搭配：总共有多少，总共多少斤

例句：这个班总共三十个学生。
　　　这三天他总共才睡了七八个小时。

1285 总理 zǒnglǐ (名) (n.) premier, prime minister

搭配：一位总理，副总理，国家总理

例句：两国总理就双方共同关心的问题交换了意见。
　　　他希望能向总理反映这个问题。

1286 总算 zǒngsuàn (副) (adv.) at long last, finally, all things considered

搭配：总算来了，总算答应了

例句：经过几天的连续加班，我们总算按时完成了任务。
　　　我们费了好大的劲儿总算把东西搬到了楼上。

1287 总统 zǒngtǒng (名) (n.) president

搭配：一位总统，选举总统，总统竞选

例句：这个重要的奖是由总统亲自为他颁发的。
　　　他当上总统之后进行了一系列的改革。

1288 总之 zǒngzhī (连) (conj.) in a word, in short, in brief, all in all

例句：你信也好，不信也好，总之，我不再解释了。
　　　她洗完衣服又去拖地，接着又去收拾房间什么的，总之，她一整天都没闲着。

Unit 81

1289 阻止 zǔzhǐ (v.) stop, prevent, hold back, restrain
搭配：阻止不了，无法阻止，阻止发言
例句：你不要阻止我，让我去吧。
　　　没有什么事情可以阻止我要去见她。

1290 组 zǔ (n./v./classifier) group; organize, form; set, series, suite
搭配：小组；组建；一组舞曲
例句：教练把队员分成两组进行训练。
　　　老师要求我们每五人组成一个小组，进行讨论学习。

1291 组成 zǔchéng (v.) compose
搭配：由……组成，组成部分
例句：二班的女同学组成了一支啦啦队，去支持男同学比赛。
　　　"明"由两个字组成，左边的"日"意指太阳，右边的"月"意指月亮。
　　　湖泊是地球陆地水的重要组成部分。

1292 组合 zǔhé (v./n.) assemble, put together; composition
搭配：组合而成，组合在一起；明星组合
例句：今天的新闻上说，中国女双组合顺利打进了澳大利亚网球公开赛十六强。
　　　这场演唱会有如此强大的明星组合，肯定会很精彩。

1293 组织 zǔzhī (v./n.) organize; organization
搭配：组织班级活动，组织起来；一个组织，参加……组织
例句：这个周末，老师组织我们一起去公园游玩儿。
　　　每个组织都有它自己制定的规章制度。

1294 最初 zuìchū (n.) prime, initial, first
搭配：最初的打算，最初的梦想，最初的计划
例句：最初我并不知道小李也会参加这次聚会。
　　　他最初是打算去北京的，后来又改变了计划。

1295 醉 zuì (v.) be drunk, be intoxicated
搭配：喝醉，醉汉，醉酒，醉话
例句：他的酒量很小，喝了一小杯酒就醉了。
　　　我昨天喝醉了，都不知道自己是怎么回家的。

1296 尊敬 zūnjìng (v./adj.) respect, honor, esteem; honorable, respectful
搭配：尊敬老师，受人尊敬；尊敬的女士
例句：他既小气又不诚实，根本不值得别人尊敬。
　　　尊敬的老师，谢谢你这些年来对我的帮助。

1297 **遵守** zūnshǒu (动) (v.) observe, follow, abide by, comply with

搭配：遵守时间，遵守秩序，遵守纪律

例句：请现场观众遵守秩序，比赛马上就要开始了。

他是一个遵守时间的人，一定不会迟到的。

1298 **作品** zuòpǐn (名) (n.) works

搭配：文学作品，艺术作品，发表作品

例句：他用了十年的时间才完成了这部作品。

所有的参赛作品都在王老师那儿。

1299 **作为** zuòwéi (名/动/介) (n./v./prep.) conduct, deed, action; do, conduct, act, accomplish; as, regard as

搭配：有作为；作为……的证据；作为老师，作为领导

例句：评论一个人，不但要看他的谈吐，更要看他的作为。

我把游泳作为锻炼身体的一种好方法。

作为老师，我有责任帮助你改掉这个坏毛病。

1300 **作文** zuòwén (名) (n.) composition

搭配：批作文，写作文，作文比赛

例句：他在这次作文比赛中获得了第一名。

老师规定我们每星期都要写一篇作文。

实战练习（八十一）

一、听对话，选择正确答案

1. A. 昨晚喝酒了　　B. 现在在睡觉　　C. 最近工作很忙　　D. 被男的送回家了
2. A. 今天是星期二　　　　　　　　B. 下午他们准备开会
   C. 销售部共有十二个人　　　　　D. 有二十七人参加劳动

二、选词填空

A 总统　B 组成　C 尊重　D 最初　E 综合　F 醉　G 组合
H 作文　I 组织　J 总算　K 总之　L 作品

1. 孩子应该尊敬父母，父母也要（　　）孩子。
2. 看着这座漂亮的城市，你能想象出它（　　）的样子吗？
3. 中华民族由56个民族（　　）。
4. 我才喝了两杯啤酒，就感觉有点儿（　　）了。
5. 近期，（　　）要去几个国家进行访问。
6. 近年来，中国的（　　）国力明显增强了，人民生活水平也大大提高了。
7. 每个星期天，妹妹都要去上（　　）指导课。
8. 他再作任何解释也没有用，（　　），我不会再和他做朋友了。
9. 这套（　　）沙发分开摆放也挺好看的。
10. 这个（　　）是非法的。
11. 王东打算明年办一个个人（　　）展。
12. 她感冒一个多月，现在（　　）好了。

三、完成句子

1. 代表　参加　她　作为　这次　人民　选举　_____
2. 公司的　只有　这个　总裁　四十岁　_____
3. 这场比赛　决赛　一共　选手　进入　了　八组　有　_____
4. 阻止孩子　有益的　不要　课外活动　家长　参加　_____
5. 记者　回答了　问题　总理　在　所有的　招待会上　_____
6. 字幕　可以　你　听不懂　看　如果　_____
7. 学校　六十个　我们　总共　老师　有　_____
8. 交通秩序　都　每个人　应该做　的　遵守　是　_____

四、选择合适的词语填空

张艺谋是我最___1___的导演,我看过他所有的作品。___2___我听不懂,只能通过___3___了解剧情。后来经过三年的刻苦学习,我___4___能听懂了。

1. A. 尊敬　　　　　B. 可敬　　　　　2. A. 起初　　　　　B. 后来
3. A. 字幕　　　　　B. 汉字　　　　　4. A. 总算　　　　　B. 总是

Keys & Listening Script
答案及听力文本

实战练习（一）

一、1. C 2. C

听力文本

1. 女：明天我们什么时候去？上午还是下午？

   男：最好还是傍晚吧，我得把手头的工作处理完。

   问：他们明天最可能几点走？

2. 男：宝贝，快过来，猜猜这是什么？

   女：啊，太好了，妈妈寄给我的生日礼物到喽。

   男：快打开看看里面装的是什么？

   女：是一盒百科全书的光盘，里面包含了天文、地理、历史、艺术、科学等好多内容呢。

   问：根据对话，下面哪一项正确？

二、1. C 2. E 3. B 4. D 5. A 6. H 7. G 8. I 9. F 10. F

三、1. 我要去重新办理一张身份证。

2. 你赶紧安装一个杀毒软件吧。

3. 妈妈教育我们要爱惜粮食。

4. 傍晚的时候儿子又开始发烧了。

5. 这个是朋友给我从外地寄过来的包裹。

四、1. A 2. A 3. B 4. A

实战练习（二）

一、1. D 2. D

听力文本

1. 女：今天温度低，你穿得太薄了，会着凉的。

   男：没事，我不冷。

   问：女的主要是什么意思？

2. 女：你不是说下了班就过来吗？我都等了半个多小时了。

   男：对不起，对不起，我马上就到。

   女：你别来了，我也不想看电影了。

   男：宝贝，别生气，我也不想迟到，可是公司临时有点儿事，你再等我五分钟。

   问：女的最可能是男的什么人？

二、1. B 2. D 3. E 4. A 5. C 6. H 7. F 8. J 9. G 10. I

三、1. 她打算给自己的车买一份保险。

2. 我最喜欢这张背景是大海的照片。

3. 这份工作报告明天就要交上去。
4. 王东向我抱怨熬夜加班的次数太多。
5. 他把这次的会议纪录保留了下来。

四、1. A 2. A 3. B 4. A

实战练习（三）

一、1. A 2. D

听力文本

1. 女：妈妈今天的心情怎么样？能答应我去旅游的事吗？
   男：还在跟爸爸辩论呢，你那事还是明天再说吧。
   问：关于女的，我们可以知道什么？

2. 女：经理叫你去，他说什么了？
   男：也没什么，就是昨天的事情，他要求我们以后避免再发生那种情况。
   女：明明是那个客人自己把碗碰掉的，还说小王态度不好，谁能不生气？
   男：我知道，但经理说任何情况下都不能和客人吵架。
   问：昨天最可能发生什么事？

二、1. C 2. A 3. D 4. E 5. B 6. F 7. J 8. G 9. I 10. H

三、1. 我们班最终赢得了这场辩论赛。
2. 这一组的男女比例是二比一。
3. 李红已经在编辑部工作快十年了。
4. 许多城市过年的时候不准放鞭炮。
5. 她说完这句话便把电话挂掉了。

四、　　夫妻之间很难避免会发生矛盾，有的年轻夫妻甚至每天都会为一些小事吵架。很多人慢慢便把这种吵闹当成了习惯。但是，吵架毕竟还是很伤感情的。夫妻之间应该多给彼此一些空间，多体贴对方。

实战练习（四）

一、1. A 2. A

听力文本

1. 女：王东平时表现好得不得了，今天怎么了？
   男：听说他脖子昨天受伤了，你看他的表情多痛苦！
   问：关于王东，下面哪一项正确？

2. 女：我还有两份材料要打，最多半个小时可以打完，看样子今天可以按时下班了。
   男：不见得，刚才我看见王东从经理室出来，又拿了不少资料呢。

女：不会吧？我已经连续加班三天了。

男：那也没办法，这两天公司忙，不加班也不行啊。

问：男的是什么意思？

二、1. C 2. A 3. E 4. B 5. D 6. I 7. F 8. H 9. J 10. G

三、1. 最近几年汽油的价格不断上涨。

2. 爸爸知道这件事之后气得不得了。

3. 学校组织我们明天去参观历史博物馆。

4. 她做了那件事后心里一直都很不安。

5. 李红打算找老师了解一下儿子在学校的表现。

四、　　第一次参加比赛的选手当然会有些紧张和不安，这种情绪也会影响选手们接下来的表现。所以我们建议，如果你感到紧张，可以适当地补充一些水或者食物，调节一下心态。

实战练习（五）

一、1. A 2. D

听力文本

1. 女：幼儿园快放学了吧？不如你先走吧，剩下的我来做，不然的话，去晚了你女儿又该哭了。

　　男：唉，我女儿什么时候能像你儿子那样不让人操心就好了。

　　问：男的现在是什么口气？

2. 女：爸，你最近身体怎么样，脖子还疼吗？

　　男：不要紧，我和你妈都挺好的，你不要担心。

　　女：上次给你汇过去的钱收到了吗？去买些好吃的，不要不舍得花。

　　男：你在外面也要照顾好自己，别让我和你妈担心，这是长途，快挂了吧，浪费钱。

　　问：女的最可能在做什么？

二、1. C 2. B 3. D 4. E 5. A 6. I 7. F 8. J 9. G 10. H

三、1. 我不想参与他们的这个计划。

2. 她想用那块布给妈妈做一条裤子。

3. 王东有可能被升为部门经理。

4. 这些参考资料对你的考试有帮助吗？

5. 你应该好好儿找一找自己的不足之处。

四、　　今年上半年，这家餐厅由于管理不善，生意一直都不好。作为参与管理的部门经理和主要负责人，他感到非常惭愧。后来他开始对餐厅进行了一系列改革，对财产进行登记，对工作人员进行了调整。经过他的一番努力，餐厅的生意终于好起来了。

答案及听力文本

实战练习（六）

一、1. C 2. C

听力文本

1. 女：明天去北京出差得多带几件衣服，那边的温度比这儿低多了，小心着凉。
   男：好的，你放心吧，我都准备好了，你照顾好咱儿子就行了。
   问：他们是什么关系？

2. 女：李强这几次测验成绩都不太好，所以请你来说说他最近的情况。
   男：这个孩子太贪玩儿，平时我和他妈妈因为忙生意，很少有时间关心他的学习。
   女：李强很聪明，就是平时很马虎，像这种粗心的孩子，你们在家里应该多辅导辅导他。
   男：好，以后我会注意。
   问：李强怎么了？

二、1. D 2. B 3. A 4. C 5. E 6. H 7. F 8. J 9. G 10. I

三、1. 你得教孩子一些最基本的卫生常识。
   2. 李强这次测验又没有及格。
   3. 他把李红的电话号码抄在那张纸上了。
   4. 李明没课的时候喜欢去操场打球。
   5. 王玲接到李东从北京打来的长途电话。

四、1. A 2. A 3. B 4. A

实战练习（七）

一、1. B 2. C

听力文本

1. 女：对不起，先生，我们这儿是无烟车厢，禁止抽烟，如果您想抽烟，可以去16号车厢。
   男：哦，不好意思，我不抽了。
   问：男的最可能在什么地方？

2. 男：我觉得我和李玲这次是彻底没戏了，她已经一个星期不想见我，也不接我的电话了。
   女：就为了上周你去出差没陪她看电影的事情吗？
   男：是啊，她说我不爱她。
   女：这是她不爱你，这样不知道事情轻重的女孩子，不值得你爱。
   问：根据对话，我们可以知道什么？

二、1. B 2. A 3. C 4. E 5. B 6. G 7. F 8. H 9. D 10. I

三、1. 车库里潮湿得不得了。

2. 上午他把房间彻底打扫了一遍。

3. 外面实在是太吵了。

4. 王玲一直不承认李刚是自己的男朋友。

5. 她非常害怕爸爸妈妈吵架。

四、　　其实，她并不喜欢和男朋友吵架，每次吵架以后两个人之间的那种沉默，让她觉得无法承受。可是今天她说想让男朋友陪自己逛街的时候，对方所表现出来的不耐烦，让她忍受不了。

实战练习（八）

一、1. D　2. D

听力文本

1. 女：上午王东因为什么事情和李强吵架啊？

   男：也没什么大事，王东这个人啊，哪儿都好，就是一点儿亏也不肯吃。

   问：男的说王东怎么样？

2. 女：医生，快来看看我女儿，她一直在吐。

   男：像这样的情况持续多长时间了？

   女：下午我接她放学的时候她说不舒服，回到家一会儿，大概六点半的时候就开始吐了。

   男：到现在已经三个半小时了，怎么才送过来？

   问：现在最可能是几点？

二、1. D　2. A　3. E　4. B　5. C　6. I　7. F　8. H　9. J　10. G

三、1. 这个成语故事非常有教育意义。

2. 我希望你的好心情能一直持续下去。

3. 你能教我怎么编程序吗？

4. 我觉得我已经快要承受不了了。

5. 这个池塘里有很多鱼。

四、1. A　2. B　3. A　4. B

实战练习（九）

一、1. D　2. D

听力文本

1. 男：你刚刚出版的这部作品我看了，写得很出色。

   女：哪里啊，你过奖了，其实现在我自己看还有很多不足之处。

   问：女的主要是什么口气？

2. 男：你们公司主要生产什么产品？
   女：主要是手机充电器。
   男：出口吗？
   女：当然啊，出口业务就归我管。
   问：关于女的，下面哪一项正确？

二、1. E 2. A 3. C 4. D 5. B 6. H 7. F 8. I 9. G 10. J

三、1. 我把钱都放在桌子左边的抽屉里了。
  2. 她的新作品将在下个月出版。
  3. 你把我刚刚讲的话再重复一遍。
  4. 你最好能给我一个充分的理由。
  5. 这个房间里怎么有一股臭味儿？

四、　　她一直都不太喜欢狗，可是儿子却非要养狗。有一天，她下班回家，一进门就感觉房间里到处充满着臭味儿，找了半天才发现，原来是儿子养的那只宠物狗闯的祸。她非常生气，于是立刻给儿子打电话让他回来处理，不然的话，她就把那只狗赶出去。

实战练习（十）

一、1. B 2. B

听力文本

1. 女：我听李刚说你打算辞职，为什么啊？
   男：我叔叔在上海开了个汽车修理厂，技术员不够，希望我过去给他帮忙。
   问：关于男的，我们可以知道什么？

2. 男：你现在怎么样了？
   女：比昨天好多了，但医生让我再住院观察几天。
   男：我和王东下午下班后去看你。
   女：你们别来，医生说我这病传染，我可不想让你们也住院。
   问：女的为什么不让男的来看她？

二、1. C 2. D 3. A 4. E 5. B 6. I 7. F 8. G 9. H 10. J

三、1. 你能说说你辞职的原因吗？
  2. 中国人对传统节日非常重视。
  3. 你现在闯进去不太合适。
  4. 我们全家人都在等着看除夕联欢会。
  5. 经理很欣赏他的发明创造能力。

四、　　除夕是中国的传统节日，每年的这一天，离家在外的人们无论采取哪种方式，都会尽可能地赶回家与家人团聚。除非是因为学习或工作忙，他们实在走不开。回到家后，全家人一起开开心心地包饺子，放鞭炮，吃一顿团圆饭，一起迎接新年的到来。

实战练习（十一）

一、1. A 2. D

听力文本

1. 女：你上次怎么说的，不是答应过我以后不再犯这样的错误了吗？

   男：对不起，妈妈，我以后一定写完作业再去玩儿。

   问：男的经常犯什么错误？

2. 男：听说你跟李红打过交道？

   女：嗯，我们从前在工厂一起打过工。

   男：她人怎么样啊？

   女：有一次借了我好多钱都不还，从此我们就很少打交道了。

   问：关于李红，下面哪一项正确？

二、1. B 2. E 3. C 4. A 5. D 6. G 7. H 8. F 9. I 10. J

三、1. 我炒菜的时候不喜欢放醋。

2. 这个十岁的孩子体重竟达到一百五十斤。

3. 每天早晨她都要催儿子抓紧时间。

4. 运动能促进胃的消化吸收。

5. 他用假期打工赚到的钱为自己交了学费。

四、　　从前打工的时候，她曾经在一家公司从事过销售工作，所以有丰富的与客户打交道的经验。这次公司安排她去接待北京来的李经理，是对她的信任，也是对她的考验。她表示自己一定努力做好一切，争取达到让客户满意。

实战练习（十二）

一、1. B 2. D

听力文本

1. 男：你帮我打听那件事了吗？

   女：我正想给你打电话呢，昨天晚上我问王东了，王东说他们公司的待遇不是很好，而且工作很累，你还打算去吗？

   问：男的想做什么？

2. 女：你看，宝贝打喷嚏了吧，刚刚不让你给它洗澡，你偏不听。

   男：应该没事，让它跑一会儿就好了。

   女：我看还是算了，你快点儿把它身上的毛吹干，可能会好一些。

   男：你别催了，我正准备呢。

   问：根据对话，我们可以知道什么？

二、1. D 2. A 3. E 4. B 5. C 6. H 7. F 8. G 9. I 10. J

三、1. 我还是第一次单独参加这样的活动。
　　2. 小王的这辆车是用贷款买的。
　　3. 你帮我打听一下李红最近的情况吧!
　　4. 这座大厦里有很多大型公司。
　　5. 我们单位每年都会安排员工做一次身体检查。

四、　　自从老张担任了我们厂的厂长之后,他采取了一系列的新措施,不但整顿了单位的纪律,改变了员工的工作态度,而且还贷款买了一台大型机器。有了这些变化,我们的工作效率明显提高了,半年后,我们的待遇也随之有了很大的改善。

实战练习（十三）

一、1. B　2. A

听力文本

　1. 男：这次出去感觉怎么样？
　　 女：三亚的景色确实不错,尤其是那个小岛,漂亮极了,怪不得很多导演都选中那儿当外景地。
　　 问：女的前两天最可能去做什么了？
　2. 女：你看到我的登机牌没有？
　　 男：没有啊,这个是我自己的,你包里有没有？
　　 女：我找过了,没有,刚刚明明放在这儿的,怎么办？马上就到登机时间了。
　　 男：在这儿,你座位底下呢,可能你不小心把它碰掉了。
　　 问：他们最可能在什么地方？

二、1. C　2. E　3. A　4. B　5. D　6. J　7. I　8. H　9. F　10. G

三、1. 他们计划今年暑假去那个岛国旅游。
　　2. 办理营业执照前要先到有关部门进行登记。
　　3. 那个著名的导演要来我们这儿选演员。
　　4. 他躺在手术台上紧张地等待医生的到来。
　　5. 你不认为我说的有道理吗？

四、1. A　2. B　3. A　4. A

实战练习（十四）

一、1. C　2. A

听力文本

　1. 女：我的手机电池没电,开不了机了,你如果找我,就打办公室的电话吧。
　　 男：好的,知道了。
　　 问：女的手机怎么了？

2. 女：你去超市买什么？
　　男：李玲让我下班时去买几瓶宠物罐头，给豆豆当点心。
　　女：你家小狗的家庭地位不低啊，还专门给它买吃的！我们家不是这样。
　　男：它可是李玲的宝贝，不买也不行啊。
　　问：根据对话，我们可以知道什么？

二、1. B　2. E　3. A　4. D　5. C　6. H　7. J　8. F　9. I　10. G

三、1. 妹妹在我们当地的广播电台做主持人。
　　2. 这个地区的气候最适合种植小麦和棉花。
　　3. 你能把这本书递给我吗？
　　4. 她在地理知识竞赛中得了第一名。
　　5. 今天这件事的确是我错了。

四、　除非是天气特别恶劣的时候，不然，每个星期天他都要带上一些点心和水，去那个安静的小岛上钓一天的鱼。对他来说，能钓到多少鱼是次要的，他享受的是等待的过程。

实战练习（十五）

一、1. A　2. C

听力文本

1. 男：妈，你早上给我拿的衣服呢？我快冻死了。
　　女：跟你说了今天特别冷，让你穿厚点儿去上学，可是你就是不听。
　　问：根据对话，我们可以知道什么？

2. 男：孩子这么小，你就让他自己去上学，能行吗？
　　女：没事，学校离家并不远，中间只要过一个路口。
　　男：还是再过两年，等孩子上了初中再让他自己上学吧。
　　女：男孩子就应该锻炼锻炼，早点儿学会独立挺好的。
　　问：男的主要是什么语气？

二、1. E　2. A　3. D　4. C　5. B　6. F　7. G　8. J　9. H　10. I

三、1. 你了解对方的情况吗？
　　2. 弟弟总能把奶奶逗得很开心。
　　3. 今天他们要采访的对象是一位成功的企业家。
　　4. 你这样对待他太不公平了！
　　5. 动画片是孩子们最喜欢的电视节目。

四、　现在，喜欢看动画片的已经不仅仅是孩子，还包括一些大人。据说，很多年轻人的休息时间就是在看动画片中度过的。确实，有些动画片以其独特的表现方式把人逗得很开心，同时，看动画片也能有效缓解工作带来的一些压力。

实战练习（十六）

一、1. C 2. D

听力文本

1. 男：女儿，你昨天去参加辩论会了吧，觉得怎么样？
   女：别人说得都很好，只有我没有机会发表意见。
   问：根据对话，下面哪一项正确？

2. 男：您好，女士。有什么需要帮助吗？
   女：我的电脑有点儿问题，能免费修理吗？
   男：请问您是什么时候买的？要是在一年内，而且有发票，我们就可以免费帮您修理。
   女：唉，买电脑的发票找不到了。
   问：根据对话，下面哪一项正确？

二、1. J 2. B 3. C 4. F 5. H 6. G 7. I 8. A 9. D 10. E

三、1. 电脑是非常重要的发明。
2. 他为没有工作发愁。
3. 这个城市的经济比较发达。
4. 这次比赛他发挥出了很高的水平。

四、　　这个山区的生活条件非常恶劣，夏天蚊虫特别多，所以来这儿的人必然都会带上蚊香。这次我带的是电蚊香，可是由于停电却发挥不了它的作用。多亏同事小张借给了我一些普通蚊香，不然我可得发愁了。

实战练习（十七）

一、1. B 2. D

听力文本

1. 男：小王，你们的厕所修好了吗？
   女：小白找小元修好了。
   男：修理费贵不贵？
   女：我不知道，应该是房东花钱吧，这房子是我们租小李的。
   问：修理厕所谁花了钱？

2. 男：小白，小孩子看电视对眼睛不好。
   女：我知道，不过我家儿子吃饭的时候非看动画片不可。反正时间不长，看就看吧。
   问：根据对话，下面哪一项正确？

二、1. D 2. I 3. C 4. F 5. A 6. J 7. B 8. E 9. G 10. H

三、1. 在马路边乱停车会被罚款。

2. 他的表演有自己独特的方式。

3. 王东在向领导反映法院存在的问题。

4. 我想参考以前的活动方案。

四、　　他们调查了这个地区的教育状况，写了一份报告。报告说这个地区的学校教育存在一些问题，妨碍了学生兴趣的发展。学校经过反复研究讨论，最终提出了一个方案，希望这个方案能够解决问题，以便让学生更好地接受教育。

实战练习（十八）

一、1. C　2. B

听力文本

1. 男：小张，你找的那些参考材料怎么样？

　　女：我觉得都是一些废话。

　　问：小张觉得参考材料怎么样？

2. 男：小周，你和老板说什么了？

　　女：我们只是吵了几句。他说我老妨碍他工作。

　　男：老板看起来很愤怒，你不担心没工作吗？

　　女：没事，我正想辞职呢。

　　问：根据对话，下面哪一项正确？

二、1. F　2. A　3. D　4. B　5. I　6. C　7. J　8. H　9. E　10. G

三、1. 记者们纷纷采访这位班主任。

2. 旅游的时候我们应该尊重当地的风俗。

3. 他在这个公司奋斗了十年。

4. 实施这个计划你会冒很大的风险。

四、　　我最近很发愁，因为有个朋友常常让我跟他一起做一些疯狂的事，他说这样很刺激。朋友们纷纷告诉我别跟他去冒风险，但是我不好意思直接拒绝他，却又找不到合适的借口，我该怎么办呢？

实战练习（十九）

一、1. D　2. A

听力文本

1. 男：小白，你的孩子没人照顾，要是公司让你出差怎么办？

　　女：我不能辞职吧，要是找不到别的同事去出差，我就去，找朋友帮忙照顾孩子。

　　问：如果公司让小白出差，小白会怎么做？

2. 男：老王，我对新新公司的方案不感兴趣。

女：你不打算再好好儿考虑一下吗？

男：不用了，上次他们的方案一点儿创造力都没有。

女：但是他们换了设计师，现在已经改进了。

问：根据对话，下面哪一项正确？

二、1. G 2. C 3. J 4. B 5. F 6. D 7. A 8. E 9. H 10. I

三、1. 老板每次都否定我的建议。

2. 公司的管理制度需要改革。

3. 妈妈请了一个老师辅导我数学。

4. 我保证会改正所有的错误。

四、1. B 2. A 3. A 4. B

实战练习（二十）

一、1. A 2. C

听力文本

1. 男：小于送你的这个礼物多少钱？

女：我不知道，反正他喜欢买高档的东西，价钱应该不便宜。

问：小于买的东西一般怎么样？

2. 男：周小姐，这是您的包裹。

女：我不姓周，我姓王。

男：这里不是3号楼2303吗？

女：你送错了，2303在隔壁。

问：根据对话，下面哪一项正确？

二、1. J 2. D 3. A 4. F 5. C 6. G 7. B 8. I 9. H 10. E

三、1. 家里只有我一个人干活儿。

2. 一般老人很难接受新概念。

3. 李红的回答格外干脆。

4. 我必须赶快完成这个报告。

四、　　为了研究出这个成果，我们共同奋斗了很多年，期间遇到了很多困难，也想过要放弃。多亏当时得到了很多人的帮助，我们才坚持下来，现在终于成功了。对此我们每个人都有很多感想，也很感激那些曾经帮助过我们的人。

339

实战练习（二十一）

一、1. B 2. C

听力文本

1. 男：小安，听说你们老板做事很公平。

   女：是吗？同事们都说我和小刘的方案一样好，可是老板总是安排小刘做重要的工作。

   问：根据对话，下面哪一项正确？

2. 男：经理，我对你们宾馆的服务很不满意，你们的服务员态度很恶劣。

   女：先生，很抱歉。但是我想您遇到的是个别服务员。

   男：希望是这样。你们打算怎么处理呢？

   女：我会给您一个满意的答案，希望您下次还住我们宾馆。

   问：根据对话，下面哪一项正确？

二、1. B 2. A 3. G 4. F 5. D 6. H 7. C 8. J 9. E 10. I

三、1. 科学技术革命促进了经济发展。

2. 张成离开得格外匆忙。

3. 他根本不想出席晚会。

4. 这部手机的功能非常先进。

四、1. A 2. B 3. B 4. A

实战练习（二十二）

一、1. A 2. C

听力文本

1. 男：小白，听说你姑姑在博物馆工作，能帮我一个忙吗？

   女：你听谁说的，小安？我爸爸没有姐妹，那是我丈夫的姑姑。

   问：根据对话，下面哪一项正确？

2. 男：小高，你家里人不反对你炒股票吗？

   女：炒股能赚钱，为什么反对呢？

   男：炒股不影响你的工作吗？我觉得钱应该存在银行，炒股风险太大了。

   女：小白，你的想法太传统了，银行里有些钱就够了，而且我买的也不多，风险没那么大。

   问：根据对话，下面哪一项正确？

二、1. D 2. H 3. A 4. J 5. C 6. E 7. B 8. F 9. G 10. I

三、1. 他是修建高速公路的工人。

2. 你瘦得只剩下骨头了。

3. 我妈妈对古典音乐很感兴趣。

4. 他试着跟那位姑娘打招呼。

四、 我们公司有很多工程师负责研究开发产品的新功能，因为如果一种产品没有独特的功能，就很难跟同类的产品竞争。但我们公司的新产品都有独特的功能，在市场上很受欢迎，因此我认为工程师对公司发展有很大的贡献。

实战练习（二十三）

一、1. B　2. A

听力文本

1. 男：我们别买火车票了，这次坐长途汽车或者自己开车去上海吧。

   女：但是听说高速公路和机场都已经关闭了。

   问：他们可能怎么去上海？

2. 男：小文，你喜欢运动吗？

   女：喜欢啊，我打乒乓球是高手。

   男：看不出来啊，你参加过什么比赛吗？

   女：我在比赛中得过冠军，但那次比赛开始报名的有十个人，最后只有六个人参赛。

   问：小文参加比赛的最好成绩是什么？

二、1. H　2. B　3. J　4. A　5. C　6. F　7. G　8. D　9. I　10. E

三、1. 新方案应该广泛征求大家的意见。

2. 连接热水器的管子坏了。

3. 开会的时候他提出了一些新观点。

4. 导演仔细观察了每个演员的表现。

四、 我家附近有一家工厂，招了很多工人。但是听说最近工厂被关闭了，已经没人在那儿干活了。原来，那家工厂不但污染环境，还会导致一些怪病，怪不得工厂的一些工人身体越来越差。我认为这样的工厂确实不应该再继续存在下去。

实战练习（二十四）

一、1. C　2. C

听力文本

1. 男：欢迎光临，请问你们几位就餐？

   女：两位，我们想坐在无烟区。

   问：对话最可能发生在什么地方？

2. 男：我以为晚会的规模会很大。

   女：规模不大，不过明星都很有名。

男：那请明星的费用一定很高吧。

女：好像场地的费用更高。

问：根据对话，下面哪一项正确？

二、1. D　2. H　3. E　4. A　5. G　6. B　7. C　8. F

三、1. 妈妈希望孩子有广泛的兴趣。

2. 他租了一个柜台卖服装。

3. 人们应该尊重自然规律。

4. 开车以前我们要学习交通规则。

四、　　这是一家高档宾馆，宾馆的墙和地面用的是传统的红色和金色，看起来是古典风格。地面上铺着一层厚厚的地毯，所以走路的时候很安静。这家宾馆的服务员很热情，她们面带着微笑欢迎来自不同国家的客人的光临。

实战练习（二十五）

一、1. C　2. C

听力文本

1. 男：小白，你们国庆节休息吗？

    女：不休息，国庆节是我们最忙的时候，不过我们可以选择国庆节假期前三天或者后三天休息。

    问：小白什么时候可以休息？

2. 男：小安，你怎么了？哪儿不舒服？

    女：爸，我肚子有点儿疼，是不是因为喝了冰箱里的牛奶啊？

    男：冰箱里的牛奶？我看看，哎呀，已经过期3天了。

    女：可这是我上个星期买的，下次我得注意看生产日期了。

    问：小安为什么不舒服？

二、1. D　2. A　3. H　4. C　5. F　6. E　7. G　8. B

三、1. 他突然哈哈大笑起来。

2. 小孩子对新鲜事物都很好奇。

3. 这份工作合同受法律保护。

4. 我们公司的处理程序完全合法。

5. 我跟好客的主人合了个影。

四、　　国庆节的时候我们去北京旅游，去了很多有名的地方，还认识了一些外国朋友。快要分别的时候，我们照了一张合影，照片里有的人在哈哈大笑，还有人张着嘴好像在大喊。因为是国庆节，有的人脸上还画着中国的国旗。这次旅行很有意思，我想我不会忘记这次经历。

实战练习（二十六）

一、1. B 2. C

听力文本

1. 男：小王，明天的测验你不担心吗？
   女：考的都是常识，何必担心呢？
   问：根据对话，下面哪一项正确？

2. 男：听说小林工作三天，新新公司就不要她了。
   女：你听谁胡说的？是她自己辞职的。
   男：为什么？那份工作她不是一直想要吗？
   女：因为有更好的公司聘用她了。
   问：根据对话，下面哪一项正确？

二、1. C 2. A 3. G 4. J 5. D 6. H 7. F 8. B 9. I 10. E

三、1. 这是北京最宽的一条胡同。
   2. 你不要忽视那些个别情况。
   3. 新规则把我搞糊涂了。
   4. 我们的办公楼忽然停电了。

四、1. A 2. B 3. A 4. B

实战练习（二十七）

一、1. C 2. D

听力文本

1. 男：小平跟她的男朋友在一起怎么只说英文，不说汉语？
   女：你说小风吗？因为他是华裔，没上过汉语学校，小时候在家都说英文。
   问：根据对话，下面哪一项正确？

2. 男：小安，你有没有计划去云南玩儿？
   女：当然计划了，我打算秋天去。
   男：秋天？会不会太冷啊？
   女：不会，小南说春天和秋天都是云南的黄金季节。
   问：根据对话，下面哪一项正确？

二、1. E 2. A 3. F 4. B 5. C 6. J 7. G 8. H 9. D 10. I

三、1. 她一直生活在幻想的世界里。
   2. 王东的病情得到了极大的缓解。
   3. 思想活跃的小孩子更有创造力。
   4. 他家里到处都是一层厚厚的灰尘。

四、 我去旅游的时候看到一次划船比赛,他们划的船很特别。参加划船比赛的有六个队,每个队有七个人,六个人负责划船,船头有一个人好像在鼓舞大家,让大家努力划。划船中有的人看起来有点儿慌张,有的人激动得站起来了,最后第三队得了冠军。

实战练习(二十八)

一、1. A 2. B

听力文本

    1. 女:儿子,你的测验成绩怎么样?

       男:还能怎么样啊,刚刚及格。

       问:儿子的测验成绩可能是多少?

    2. 女:我听说小文的工厂关闭了。

       男:是啊,因为贸易合同出了问题。

       女:那小文现在是不是很灰心啊?

       男:开始的时候是,多亏朋友们都鼓励他,他已经好多了。

       问:根据对话,下面哪一项正确?

二、1. H 2. F 3. G 4. J 5. B 6. I 7. D 8. E 9. A 10. C

三、1. 球队集合的地点并不固定。

    2. 我知道制作蛋糕的基本步骤。

    3. 这个发明是集体劳动的成果。

    4. 运动员的肌肉非常发达。

四、 他的英语不太好,妈妈请了一个老师辅导他,他也很努力。可是这次考试还是没有及格,所以他很灰心。不过伙伴们都来安慰他,鼓励他,妈妈也说虽然没有及格但是已经进步了,所以他很快就恢复了信心,精神也活跃起来了。

实战练习(二十九)

一、1. B 2. C

听力文本

    1. 女:小王,你认识小白没多长时间,怎么跟她变得那么熟?

       男:我们都是北京人,而且上的是同一所中学。

       问:根据对话,下面哪一项正确?

    2. 女:马阿姨最近觉得很寂寞。

       男:怎么会呢?她儿子跟女儿呢?

       女:她两个孩子都上大学了,平时在学校,不在家里住。

       男:那怪不得,她丈夫那么忙,也没时间陪她。

       问:根据对话,下面哪一项正确?

二、1. C 2. E 3. G 4. F 5. I 6. A 7. J 8. B 9. H 10. D

三、1. 下面请特别嘉宾发言。

2. 我对五六岁的时候发生的事没有记忆。

3. 他请了一位阿姨帮他做家务。

4. 他们队第一次在国际比赛中破了记录。

四、　　关于"妈妈是否应该出去工作"这个问题，大家看法不一。有人认为妈妈不应该出去工作，因为一个家庭需要有人照顾孩子，家务活儿也需要有人做。如果妈妈留在家里，爸爸就可以集中精力工作。不过妈妈如果只在家，很少跟外界联系，那么在精神上她会感觉很寂寞。可是假如爸爸妈妈都出去工作，他们可能就没有那么多时间照顾孩子，这也是个问题。

实战练习（三十）

一、1. C 2. D

听力文本

1. 男：小安，你放假的时候都做些什么？

   女：我会选择读书或者做运动，有时候也网购一些衣服。

   问：小安周末可能会去什么地方？

2. 男：我看了你的简历，我觉得你很优秀。

   女：感谢您的鼓励，非常希望能与您共事。

   男：我们这儿的工作条件很艰苦，今年的工作任务也很艰巨。

   女：没问题，我有思想准备。

   问：根据对话，下面哪一项正确？

二、1. B 2. E 3. I 4. A 5. F 6. C 7. H 8. D 9. G 10. J

三、1. 请你把那把剪刀递给我。

2. 妈妈坚决不会同意这样的安排。

3. 我简直一分钟都不能放松！

4. 我受不了在这么艰苦的条件下工作。

四、　　我的朋友不想一个人去健身房，正好我也想锻炼锻炼，我就跟他一起去了。因为是第一次去，所以我做的运动都不激烈。我以为这样不会很累，但是在健身房待了两个小时以后，我简直要累死了！以后我坚决不会再去了。

实战练习（三十一）

一、1. D 2. C

听力文本

1. 男：昨天下午你去哪儿了？我去找你，结果你没在家！
   女：我的电脑键盘坏了，所以到商店买键盘去了。
   问：女的昨天做了什么？

2. 男：不是才洗的衣服吗？你怎么又洗呢？
   女：刚才浇花儿时不小心弄脏了。
   男：你可真讲究！洗好陪我去买手机吧，我想换一个新的。
   女：马上就好了，等我一下。
   问：关于男的，我们可以知道什么？

二、1. I 2. J 3. D 4. B 5. G 6. A 7. F 8. H 9. C 10. E

三、1. 他把大家的建议告诉了张经理。
2. 李红去超市买了酱油和胶水。
3. 这套教材是解放后发行的。
4. 这个狡猾的对手最近非常活跃。
5. 父母应该多从孩子的角度考虑问题。

四、　　张明看问题的角度很特别。同一个讲座，他能得出与旁人不同的观点，提出不同的建议。他曾经以"什么时间浇花儿最合适"为题写过一篇文章，引起了很多爱花儿养花儿人的关注。

实战练习（三十二）

一、1. B 2. C

听力文本

1. 男：李楠，我们俱乐部的排球教练是有七个男的和四个女的吧？
   女：不是，前几天又来了一个男的和两个女的。
   问：这家俱乐部有几名女教练？

2. 男：时间来不及了，第一节课我们肯定要迟到了。
   女：我们打车去，这样能节省时间，你先把厨房里的牛奶喝了。
   男：行，把桌子上的教材收拾收拾，我喝完就出去叫车。
   女：我收拾好马上就来。
   问：他们现在可能在哪儿？

二、1. D 2. I 3. C 4. H 5. J 6. A 7. B 8. E 9. G 10. F

三、1. 小丽这么谨慎的人也会犯这样的错。

2. 请你把这座建筑物的结构图拿给我看看。

3. 我希望你能尽快制订出下一阶段的目标。

4. 网上有很多招聘体育教练的信息。

5. 他刚才已经去前台结账了。

四、　　接待客人的时候，应该让客人坐在正对门的位置上，自己则要坐在靠近门口的位置。因为一是服务员要在门口上菜，二是吃完饭你出去结账也方便。这样，既能节省大家的时间，还可以给对方留下一个好印象。

实战练习（三十三）

一、1. A　2. C

听力文本

1. 女：这个足球比赛解说员特别优秀，你觉得呢？
   男：我很喜欢他在第二十七届奥运会中的解说，实在是太精彩了！
   问：他们在谈论什么？

2. 女：你不是答应我要戒烟、戒酒吗？
   男：晚上我和李刚陪客户一起吃饭，只喝了两杯。
   女：不要找借口，我也是为了你和孩子好。
   男：我知道，以后我不再抽烟喝酒了。
   问：他们可能是什么关系？

二、1. F　2. D　3. B　4. I　5. I　6. A　7. G　8. H　9. E　10. C

三、1. 舅舅为了救一个小女孩儿被车撞了。

2. 桔子是一种非常好吃的水果。

3. 周末我常去酒吧放松放松。

4. 经典的作品总有很多令人难忘的地方。

5. 他把那些进口香烟送给了李经理。

四、　　婚礼上，我给我的新娘戴戒指的时候感觉很幸福，但也有点儿紧张。当时，我拿着戒指的手都有点儿发抖，差一点儿把戒指掉到地上。最后，我都不知道自己是怎么把这枚戒指戴到她手上的，感觉这一切就像发生在梦中一样。

实战练习（三十四）

一、1. D　2. D

听力文本

1. 男：刘红，这个酒吧的环境怎么样？你常来吗？
   女：对，有空儿就会过来坐坐，酒吧是我舅舅开的，生意特别好。
   问：关于对话，我们可以知道什么？

347

2. 男：上周六你去参加同学聚会了吗？据说连老师都去了。

　　女：当然去了，你没去真是太可惜了！

　　男：我上周正好去广州出差了。

　　女：我留了咱们老师和同学的联系方式，有空儿你也可以给他们打电话。

　　问：他们正在做什么？

二、1. G　2. D　3. E　4. F　5. H　6. A　7. B　8. I　9. C　10. J

三、1. 俱乐部的体育教练正在为大家演示锻炼方法。

　　2. 开发新项目前需要做很多准备工作。

　　3. 很多人都具备申请出国留学的资格。

　　4. 这场军事演习可能要持续一个星期左右。

　　5. 开幕式的节目绝对不会让你们失望的。

四、　　昨天晚上，舅舅在市中心的一家酒吧举办了一个小型聚会。八点左右，不知道为什么，突然有一个人晕倒在地上，大家赶紧拨打了急救电话。几分钟后，救护车赶到，把病人送去了医院。之后，酒吧又恢复了它原有的热闹。

实战练习（三十五）

一、1. B　2. A

听力文本

1. 女：师傅，快追上前面那辆小卡车，我的病例和手机掉在上面了。

　　男：好，您坐稳了！

　　问：他们可能是什么关系？

2. 女：晚会开幕式就要开始了，快点儿换频道。

　　男：还有十几分钟呢，先让我把这场决赛看完，你先帮我洗个苹果吧。

　　女：没有苹果了，吃桔子吧，我去帮你拿。

　　男：好，我一会儿就给你换台。

　　问：男的正在做什么？

二、1. I　2. E　3. G　4. F　5. D　6. H　7. C　8. B　9. A　10. J

三、1. 这套试卷中的客观题非常多。

　　2. 封闭黑暗的空间容易让人产生恐惧感。

　　3. 刻苦学习的人最终将会考上理想的大学。

　　4. 快把这件令人开心的事告诉王导演。

　　5. 张林把这学期的课程表复印了十份。

四、　　这场篮球决赛对比赛双方都很关键，因为胜利的一方将代表祖国去参加明年的奥运会。因此，在比赛中，不论是队员还是教练都很紧张，都希望自己可以赢得这场比赛。观众们则聚精会神地观看比赛，等待着见证胜利的那一刻。

实战练习（三十六）

一、1. C 2. B

听力文本

1. 女：李师傅，外面有一桌的客人点名要吃你做的烤鸭！
   男：请他们稍等，一会儿就好。
   问：男的可能是做什么的？

2. 女：客厅的桌子上有面包和牛奶，你起来后吃点儿东西再去上班。
   男：好，我知道了，你在火车上小心点儿。
   女：没事，放心吧，我不在家这几天你就到阿姨那儿去吃饭。
   男：行，你就不要担心我了，快点儿走吧。
   问：男的现在可能在哪儿？

二、1. E 2. H 3. B 4. J 5. C 6. I 7. A 8. F 9. D 10. G

三、1. 他不能忍受这种辣椒的特殊口味。
2. 张会计到超市买了三箱矿泉水。
3. 劳驾您帮我拦一辆出租车。
4. 王老板决定带一名会计到深圳出差。
5. 从小经常被夸奖的孩子都很有自信。

四、1. B 2. B 3. A 4. B

实战练习（三十七）

一、1. C 2. C

听力文本

1. 男：你不喜欢这种口味的菜吗？怎么都没吃啊？
   女：不是，我有点儿牙疼，不想吃东西。
   问：女的为什么没吃东西？

2. 男：这烤肉太辣了，估计是他们辣椒放多了！
   女：这儿有矿泉水，快喝点儿。我去告诉老板，让他们少放点儿辣椒。
   男：行，顺便再点几瓶啤酒吧。
   女：没问题，你在这儿等着。
   问：女的要去做什么？

二、1. H 2. G 3. F 4. A 5. E 6. B 7. D 8. C 9. I 10. J

三、1. 常吃梨对嗓子好。
2. 我老婆把所有的精力都放在了弟弟的婚礼上。
3. 乐观的人很少为生活小事伤心难过。

4. 请你立即到机场接一下姥姥吧。

5. 一厘米的距离也可能让两个朋友产生误会。

四、　　有一天，王会计拿着一百块钱去超市买矿泉水，老板给他找完钱后，他没看就放到了钱包里。等回到家才发现老板多找了他二十块钱。于是，王会计急忙赶到店里把钱还给了老板。超市老板直夸他是个老实人。

实战练习（三十八）

一、1. B　2. D

听力文本

1. 男：平时你要多看些书，少看这些恋爱题材的电视剧，太浪费时间了。

　　女：知道了，爸，我会注意的！

　　问：关于女的，我们可以知道什么？

2. 女：您好，请问你们公司是不是正在招聘员工？

　　男：是的，请问您想应聘哪个职位？

　　女：我想利用暑假时间来你们公司做营业员，可以吗？

　　男：对不起，我们不招临时员工。

　　问：女的现在在做什么？

二、1. H　2. G　3. E　4. D　5. F　6. B　7. C　8. A

三、1. 恋爱中的人常常一起去电影院看电影。

2. 他喜欢一边吃零食一边看电视连续剧。

3. 员工们联合起来抗议公司的新规定。

4. 你处理问题时一定要灵活。

5. 很多了不起的人都有一种永不放弃的精神。

四、　　小红和小丽是非常好的朋友，她们共同的爱好就是看电影。每周六晚上，她们都会在小红家里一边吃零食一边看电影。她们喜欢看幽默电影，常常是边看边笑，看完后感觉心情特别好。

实战练习（三十九）

一、1. D　2. C

听力文本

1. 男：一会儿就要轮到你表演了，领导都在下面坐着，别紧张。

　　女：我现在脑子一片空白，什么都不知道。

　　问：关于女的，我们可以知道什么？

2. 女：龙年春节的晚会特别精彩，你觉得呢？
   男：我没看，不过我在浏览报纸的时候看到观众的评价挺高的。
   女：你怎么连春节晚会都没看？
   男：那晚公司刚好有事！对了，咱们下周六高中同学聚会，你不要忘了参加。
   问：他们可能是什么关系？

二、1. I 2. D 3. A 4. F 5. C 6. J 7. B 8. H 9. E 10. G

三、1. 请各位轮流到前面做一下自我介绍。
    2. 龙的传说已经流传很长时间了。
    3. 刘教授是我写的那篇逻辑学论文的指导老师。
    4. 陆续经过那儿的人都没有发现这个粉色的钱包。
    5. 论文资料被小华落在李老师的办公室里了。

四、 今天早上，公司的领导来销售部检查上个月的销售情况。浏览完报告之后，他大骂了销售部经理一顿。他认为由于销售计划缺少逻辑性，方案没有得到很好的实施，所以直接导致了销售量连续下降。

实战练习（四十）

一、1. D 2. C

听力文本

1. 男：帮我拿个麦克风进来，我试试这台新电脑的音质怎么样。
   女：我在帮孩子穿衣服，你自己出来拿一下吧！
   问：根据对话，我们可以知道什么？

2. 女：小智，这么冷的天，你怎么只穿一件毛衣呢？快进去穿衣服！
   男：我刚运动完，一点儿都不冷。今天吃什么？
   女：买了馒头，再做点儿菜就行，你想吃什么菜？
   男：西红柿炒鸡蛋，再做个紫菜汤吧。我爸说中午不回来吃了。
   问：他们可能是什么关系？

二、1. D 2. A 3. E 4. J 5. C 6. H 7. F/F 8. B 9. G 10. I

三、1. 每一对矛盾的存在都有它存在的理由。
    2. 他把所有秘密都告诉了媒体。
    3. 煤炭为经济的发展提供着重要的能源。
    4. 再有魅力的人也经不起岁月的打磨。
    5. 你最好改掉边听歌边看书的毛病。

四、1. B 2. B 3. B 4. A

实战练习（四十一）

一、1. A 2. C

听力文本

1. 男：你这么苗条，根本不用减肥，多吃点儿吧！

   女：不行，我一定要坚持住，你哪里懂得我们女孩子的心思？

   问：关于女的，我们可以知道什么？

2. 女：公司正在面临着一场前所未有的大战，大家都要打起精神来！

   男：李经理，您放心吧，各部门经理都做出了详细的备战计划。

   女：很好，通知大家今天下午两点开会，顺便让王娜下午来公司一趟。

   男：知道了，我马上通知大家。

   问：他们可能是什么关系？

二、1. D 2. A 3. J 4. F 5. I 6. C 7. H 8. E 9. G 10. B

三、1. 蜜蜂对某些气味儿特别敏感。

2. 这位明星明显感觉到了工作的压力。

3. 麦克参观了北京的很多名胜古迹。

4. 那家名牌服装店里的销售员都很热情。

5. 李秘书意外发现了经理的一个大秘密。

四、　　作为一名秘书，平时主要负责经理的日程安排，辅助经理更好地完成工作任务。当经理面临麻烦时，秘书应该适当为其排解，还要为其保守秘密。优秀的秘书是经理的一张无形名片，他的举动能从侧面反应出经理的识人能力。

实战练习（四十二）

一、1. A 2. C

听力文本

1. 男：你怎么又喝酒了，我现在骑摩托车送你回家！

   女：我爸妈总是吵架，我不想回家！

   男：那我先带你去我那儿，你不要再喝了。

   女：我不去，你自己回去吧！

   问：女的怎么了？

2. 女：黑板上的字有点儿模糊，真希望张老师能写字用力点儿。

   男：我看得挺清楚的呀！你应该是近视了。

   女：看来我得找时间去查查视力了，配副眼镜。

   男：明天正好放假，我陪你去吧。

   问：关于女的，我们可以知道什么？

二、1. H 2. F 3. C 4. I 5. B 6. G 7. D 8. E 9. J 10. A

三、1. 我的脑袋差点儿撞到那块木头上。

2. 大家已经努力完成了第一阶段的目标。

3. 模仿明星唱歌不是一件简单的事。

4. 他的摩托车被一辆汽车撞坏了。

5. 那位模特儿对这儿非常陌生。

四、　　长城又被称为"万里长城"，因为它东西绵延一万多里。它是我国古代劳动人民创造的伟大奇迹，是中国历史的见证。它是中国著名的名胜古迹，每年都有成千上万的中外游客来参观旅游。长城是外国友人来中国旅游不可不去的景点之一。

实战练习（四十三）

一、1. B 2. C

听力文本

1. 男：我想买条牛仔裤，你明天下午陪我去逛逛吧？

   女：可是我明天要去农村看舅舅和舅妈，咱们以后再去吧！

   问：女的明天要去做什么？

2. 女：我看到你那张年轻时候拍的照片了，帅极了！

   男：哪张啊？

   女：就是你穿白色衬衫、蓝色牛仔裤站在河边的那张。

   男：那是我上大学时去青岛旅游的时候照的，不错吧！

   问：他们在谈论什么？

二、1. B 2. J 3. G 4. F 5. I 6. A 7. D 8. E 9. H 10. C

三、1. 这是一位来自东北农村的老农民。

2. 你穿牛仔裤显得更苗条。

3. 节约能源已经成了现代人们的一种生活习惯。

4. 农业生产是一个国家发展的基础。

5. 谁也不知道他脑袋里都在想些什么。

四、1. A 2. A 3. B 4. B

实战练习（四十四）

一、1. C 2. D

听力文本

1. 男：你好，我是排球队的体育教练，你呢？

   女：我去年在一家报社工作，现在在一个学校上班。

问：女的现在可能是做什么的？

2. 女：休息一下吧，长时间看书眼睛容易疲劳。

男：后天就要考试了，我得抓紧时间复习才行。

女：一会儿再看吧，我给你做了点儿面，你吃了再看。

男：好，我马上就来！

问：男的马上要做什么？

二、1. H 2. E 3. B 4. I 5. A 6. C 7. G 8. J 9. F 10. D

三、1. 我盼望着早日和你一起去云南旅游。

2. 公司还没有把所有的赔偿金打到他的卡上。

3. 吃完这一盆菜至少需要十五分钟的时间。

4. 王工程师正在对新工人进行培训。

5. 配合李刚工作的女士是张丽的表姐。

四、　　每位教练训练运动员的方式方法都有所不同，但无论用什么方法，他们都希望队员们能够配合训练安排。张亮就是一位非常优秀的教练，他在训练运动员上很有自己的一套成功方式。他为国家队培养出了很多优秀的运动员，这些运动员曾多次被派往国外参加国际大型运动会。

实战练习（四十五）

一、1. C 2. C

听力文本

1. 男：妈妈，这种菜花儿怎么是绿色的呀？

女：这是菜花儿中的一个品种，叫西兰花儿，它非常有营养。

问：他们在谈论什么？

2. 女：你平常总来酒吧玩儿吗？

男：心烦时就会来这里玩儿玩儿。没想到今天能在这里碰到你！

女：今天是我生日，朋友们一起来这里热闹热闹！

男：祝你生日快乐！

问：关于对话，我们可以知道什么？

二、1. E 2. G 3. I 4. A 5. J 6. B 7. D 8. H 9. C 10. F

三、1. 他们班这次考试的平均分数是九十一分。

2. 李教授对张南的评价非常高。

3. 祝您一路平安。

4. 儿童都非常喜欢看少儿频道的节目。

5. 教师应该平等对待每一位学生。

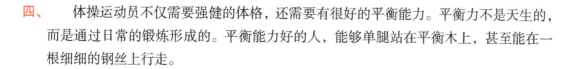

四、 体操运动员不仅需要强健的体格，还需要有很好的平衡能力。平衡力不是天生的，而是通过日常的锻炼形成的。平衡能力好的人，能够单腿站在平衡木上，甚至能在一根细细的钢丝上行走。

实战练习（四十六）

一、1. C 2. A

听力文本

1. 男：宝贝，你喜欢深色的衣服还是浅色的啊？
   女：我喜欢浅色的，但是我不喜欢白色。
   问：女的可能喜欢什么颜色？

2. 女：这个方案通过经理的审核了吗？
   男：基本上通过了，但是经理还没有签字，还存在一点儿问题。
   女：那我们再修改一下吧。
   男：我已经改了一些了，咱们先去吃饭吧，其余的吃完饭再改。
   问：关于对话，我们可以知道什么？

二、1. D 2. G 3. F 4. J 5. E 6. B 7. H 8. C 9. I 10. A

三、1. 那个坏消息破坏了这里欢乐的气氛。
2. 我找到了一个非常有前途的工作。
3. 我期待会有奇迹发生。
4. 我想找个加油站加点儿汽油。
5. 他迫切希望能找到一份理想的工作。

四、 李阿姨被车撞了，而且撞得很严重。在她住院期间，家里的气氛非常沉重，她的家人迫切希望她能够早日康复。可医生说李阿姨再也不能站起来了。但是全家人没有放弃，并希望奇迹能够发生。

实战练习（四十七）

一、1. A 2. C

听力文本

1. 男：亲爱的，今天我去接你下班，咱们一起去吃西餐吧。
   女：有什么高兴的事吗？你升职了还是加薪了？
   问：他们可能是什么关系？

2. 女：昨天我因为生病没参加会议，新经理有什么指示吗？
   男：他在会上多次强调了企业文化的问题。
   女：这说明新领导是一位很注重员工精神文化建设的人。

男：是啊，看来今后公司的前途很光明啊！

问：根据对话，我们可以知道什么？

二、1. H　2. G　3. F　4. A　5. E　6. B　7. D　8. C　9. I　10. J

三、1. 他多次向儿子强调了学习的重要性。

2. 这个决定遭到了工人们的强烈反对。

3. 那座青色的山远远看去就像一条卧着的青龙。

4. 大家强烈要求经理组织一次集体旅游。

5. 体育频道很受青少年欢迎。

四、　　离家多日，我最思念的除了父母，还有亲爱的妻子和孩子。我多么希望自己每天都能亲自陪儿子玩儿玩具枪，陪他一起去公园。这种念头悄悄地在我心中生根发芽，后来越来越强烈，以至于我想马上回到他们的身边。

实战练习（四十八）

一、1. C　2. C

听力文本

1. 男：你不是在一家外贸公司工作吗，什么时候开了一家眼镜店啊？

女：今年3月份开的。经过市场调查，我发现现在青少年近视现象很严重，这个领域的发展空间很大，所以我就转行了。

问：关于女的，我们可以知道什么？

2. 女：昨天的球赛真是太精彩了，你看了吗？

男：我可是小罗的球迷，当然不会错过他的任何一场球赛了！

女：为了庆祝小牛队的胜利，我们决定今晚七点在世纪广场小聚一下，你也来参加吧。

男：好啊，不过我可能会晚点儿过去，我要先去快递公司拿奶奶寄给我的东西。

问：男的今晚要做什么？

二、1. F　2. G　3. D　4. E　5. H　6. A　7. J　8. C　9. I　10. B

三、1. 每一位球迷都高高地举着偶像的照片。

2. 全面开展这项计划还需要一些时间。

3. 你没有权力让任何人离开单位。

4. 很多青少年都把社会想得太简单了。

5. 他的病情已经有了好转的趋势。

四、　　足球这项运动吸引了成千上万的球迷。球迷们，特别是青少年球迷，看到自己喜欢的球队赢球时，往往都会欢呼庆祝。作为一名球迷，去年我还在现场观看了一场世界杯足球赛，球员在球场上努力拼搏的情景，真让人感动。

实战练习（四十九）

一、1. B 2. C

听力文本

1. 男：王阿姨在这个小区很受欢迎，大家都亲切地喊她"王妈妈"。

   女：她是一个什么样的人啊？

   男：她很喜欢帮助别人，大家遇到烦心事都喜欢找她帮忙。

   女：原来是这样啊，我还以为她很幽默，很会与人交际呢！

   问：王阿姨是一个什么样的人？

2. 女：你确定昨天晚上把空调关了吗？

   男：确定，我走的时候还检查了一下呢！

   女：那我今天早上来公司的时候，空调怎么可能还开着呢？

   男：可能是我走后，又有别的同事回来拿东西吧。

   问：他们正在讨论什么？

二、1. B 2. I 3. F 4. G 5. E 6. J 7. D 8. A 9. C 10. H

三、1. 每一位热心人都应该得到应有的回报。

2. 不同物品燃烧会有不同的燃点。

3. 我们应该从小培养孩子们要热爱祖国。

4. 我看见一个陌生人在门口绕来绕去。

5. 谁能把这个方案给人事部门的张经理送过去？

四、　　上星期我们公司来了一位新经理，他长得很帅，但不知道工作能力怎么样。今天上午开会，他提出了一个非常完美的方案，大家听后都为他鼓起了热烈的掌声。原来，这位新经理还是一位非常有才华的人。

实战练习（五十）

一、1. B 2. C

听力文本

1. 男：我明天的日程安排很满，估计没时间陪你去买日用品了。

   女：没关系，我自己去，反正超市离这里不远。

   问：男的是什么意思？

2. 女：咱们公司要招几名清洁工，你下午在网上发布一条招聘信息吧。

   男：好的，有性别和年龄的要求吗？

   女：性别不限，年龄在50岁以下吧。

   男：好的，没问题。

   问：他们正在做什么？

二、1. F 2. A 3. E 4. D 5. H 6. C 7. G 8. B

三、1. 他忍不住回头看了看已经走远的女朋友。

2. 计算机软件的研发需要一个艰辛的过程。

3. 经理的日程安排都是由秘书长做的。

4. 地上洒了很多水。

5. 报社把截稿日期推迟到了下个月底。

四、　　这个架子上整齐地摆放着一些日用品：最上面一层是我们各自的杯子；下面一层放的是各种毛巾，有洗脸用的，也有洗澡用的；中间几层摆放着我们平时用的一些小东西，如化妆品、充电器等；最下面一层是换洗的衣服。

实战练习（五十一）

一、1. D 2. C

听力文本

1. 女：我特别喜欢这些扇子，你看，上面的图案多么精美。

   男：是的，我们买些回去送给妈妈吧。

   问：他们准备买什么？

2. 男：亲爱的，蜜月旅行你想去哪儿？

   女：我想去马尔代夫，坐在沙滩上，晒晒太阳，多有情调！

   男：好，那我们下个月就去吧，我现在就去订机票和酒店。

   女：我们还是先给父母打个电话，告诉他们一声吧。

   问：他们可能是什么关系？

二、1. B 2. I 3. F 4. J 5. E 6. A 7. D 8. C 9. H 10. G

三、1. 我把手机上的照片都删除了。

2. 教师应该更加注重保护嗓子。

3. 沙漠中有很多我们不知道的动物和植物。

4. 他傻傻的样子很可爱。

5. 善于记忆的人通常也很善于理解。

四、　　大家都知道，沙漠是一个非常干燥的地方。可是生活在沙漠中的动物却很善于寻找水源和食物，同时，它们也很懂得如何在缺水的环境中保护自己。比如骆驼，就是人们在沙漠中行走时不可缺少的好朋友。

实战练习（五十二）

一、1. C 2. D

听力文本

1. 男：摄影师怎么还没来啊？所有的设备都已经准备好了，就差他了。
   女：我已经给他打电话了，他五分钟之后就到了。
   问：男的可能是做什么的？

2. 女：最近我在减肥，不能吃太多东西。
   男：你身材这么好，根本不用刻意减肥的。
   女：我下个月要拍一套写真，摄影师建议我减减肥。
   男：那你少吃一点儿吧，一点儿不吃的话对身体不好。
   问：男的在做什么？

二、1. G 2. B 3. F 4. H 5. D 6. A 7. J 8. C 9. I 10. E

三、1. 我舍不得放弃摄影师这个职业。
  2. 深刻的教训让大家知道了下一步的工作方向。
  3. 射击选手和飞行人员对视力都有很高的要求。
  4. 这位演员一直都充满了神秘感。
  5. 幼儿园的设计图是他精心设计出来的。

四、　　李明的身份很神秘，这里的人都不知道他是做什么的。他射击水平很高，但不是射击运动员；他很善于设计服装，却又不是服装设计师；他很富有，却从来都舍不得浪费一分钱。他到底是做什么的呢？大家都很好奇。

实战练习（五十三）

一、1. A 2. D

听力文本

1. 男：明天演讲比赛的最后结果就要公布了，我特别紧张，睡不着。
   女：快睡吧，不论胜利或失败，你已经尽力了。
   问：关于男的，我们可以知道什么？

2. 女：你怎么了？脸色这么难看，生病了吗？
   男：没有，我失业了。
   女：那就再找份工作，要对自己的未来有信心！
   男：可是找一个自己喜欢的工作多不容易啊！
   问：女的正在做什么？

二、1. E 2. F 3. I 4. B 5. D 6. C 7. H 8. C 9. A 10. G

三、1. 他们把这个过程中最重要的一个环节省略了。

2. 诗人时常会有一些异于常人的思想情感。

3. 穿着时髦的女孩儿很容易引起路人的注意。

4. 每一个时代都有它独有的特点。

5. 遇到烦心事的人就很容易失眠。

四、1. B 2. A 3. A 4. B

实战练习（五十四）

一、1. C 2. C

听力文本

1. 男：你是按照什么标准选择公司的办公用品的？
   女：我看重它们的外观，但更看重它们的实用价值。
   问：女的最注重办公用品的哪个方面？

2. 女：你现在在忙什么呀？
   男：我在一家单位实习，想积累一些工作经验，毕业后准备找工作。
   女：论文写得怎么样了？
   男：我已经写完了。
   问：关于男的，我们可以知道什么？

二、1. D 2. G 3. H 4. A 5. I 6. B 7. E 8. J 9. F 10. C

三、1. 很多农村都开展了实验田种植项目。

2. 那位退伍士兵在这里实习了三个月。

3. 并不是所有的事物都像我们想象中那么美好。

4. 价格应该由市场决定。

5. 他装得好像不认识我似的。

四、　　为了实现自己的理想，找到一种完全没有污染的材料，李教授做了很多实验，却始终没有成功。正当他要放弃的时候，实验室里的一块石头的变化又给了他信心。经过不懈的努力，他终于研究出了一种实用的有机材料。

实战练习（五十五）

一、1. D 2. C

听力文本

1. 女：你打字很熟练，是不是经常用电脑啊？
   男：对，我经常上网聊天儿，如果字输入太慢，对方就该着急了。
   问：男的善于做什么？

2. 男：丽丽，能帮我写个请假条吗？我昨天打球时，手指受伤了，不能写字。

女：好，不过得等我把手套洗好了才能帮你。

男：你先忙，那你洗完手套再帮我吧。

女：好，你一会儿再过来找我吧。

问：男的希望女的做什么？

二、1. C 2. G 3. D 4. J 5. E 6. B 7. A 8. H 9. I 10. F

三、1. 老师把试卷发给了大家。

2. 病人在做手术前还需要做一些相关的身体检查。

3. 我把梳子放到书架上了。

4. 社会环境和经济发展都会对人的平均寿命有影响。

5. 书架的最上面一层有很多关于中国文化的书。

四、　　医院里每天都有很多受伤的病人被送进来，也有很多人需要做手术。这时候医院前台的护士是最忙的。她需要输入病人的病房号、病因等一系列信息，还要帮病人家属办住院或出院手续。这些都需要他们能够熟练地掌握工作程序，也需要熟练地使用电脑。

实战练习（五十六）

一、1. D 2. C

听力文本

1. 男：小亮说他明天不会去参加张丽的私人聚会，你看怎么办？

女：放心，我去说服他，保证他明天会出现在聚会现场。

问：关于小亮，我们可以知道什么？

2. 女：你怎么了？心情这么低落。

男：我整理的一个星期的数据被同事不小心删掉了。

女：说不定回收站中有呢，你去看一下。

男：我看过了，没有，看来我只能再重新整理一次了。

问：男的为什么心情不好？

二、1. B 2. H 3. F 4. A 5. C 6. G 7. J 8. E 9. I 10. D

三、1. 这个地方出土了一件唐代的丝绸制品。

2. 你所选的专业属于现代汉语方向。

3. 公司要求所有职工都必须能够熟练使用机器。

4. 喜欢吃蔬菜和水果的人很少生病。

5. 秘书把整理好的市场调查数据放在了经理的办公桌上。

四、　　这些天，张强一直在思考一个问题：到底什么才是幸福。有人说幸福就是有钱花，有大房子住，有好车开，可他并不这样认为。他觉得和家人在一起，每天健健康康、开开心心地生活才是最大的幸福。即使天天骑自行车、摩托车上下班,他的内心也充满了幸福和快乐。

实战练习(五十七)

一、1. C 2. B

听力文本

1. 女:咱们宿舍楼外有好多老年人在打太极拳,我还看见你爸了呢!

   男:咱们小区的老人一直都挺注重养生和锻炼的!

   问:他们可能是什么关系?

2. 男:喂,李红,你能回来一趟吗?我进不了实验室了。

   女:怎么回事?

   男:我光顾着思考问题,随手就把门给锁了。

   女:以后你还是随身带把钥匙。

   问:关于男的,下面哪一项正确?

二、1. I 2. E 3. F 4. A 5. G 6. B 7. D 8. C 9. H 10. J

三、1. 最后一个走出宿舍的人请自觉关灯锁门。

2. 他似乎并不关心这场比赛的结果。

3. 做任何事情都应该多思考一下事情的前因后果。

4. 他的故事让人心碎。

5. 请尽快把公司的所有损失都统计出来!

四、1. A 2. B 3. A 4. B

实战练习(五十八)

一、1. D 2. A

听力文本

1. 男:昨天天气还很暖和,今天怎么会下雪了呢?

   女:这里的天气虽然多变,却逃不出天气预测员的眼睛。

   问:女的是什么意思?

2. 女:后天我要去参加一场面试,需要注意点儿什么呀?

   男:你要穿着得体,在面试官提问以及回答的时候,要尽量看着面试官的眼睛。

   女:我去之前要提前准备什么吗?

   男:你最好看一下面试公司的发展史以及最近几年公司的大事件。

   问:男的正在做什么?

二、1. D 2. G 3. J 4. B 5. H 6. A 7. E 8. C 9. I 10. F

三、1. 它的叶子具有一种特殊的香味儿。
2. 他把要找的人的特征向工作人员介绍了一下。
3. 你总是逃避问题也不是个办法啊!
4. 请大家注意看一下这篇论文提纲的格式。
5. 谈判的时候免不了讨价还价。

四、1. A 2. B 3. B 4. B

实战练习（五十九）

一、1. B 2. B

听力文本

1. 女：爸爸这几天没有什么精神。他是不是身体不舒服？
   男：应该不是。他刚刚退休，可能还没适应现在的生活。
   问：关于女的爸爸，我们可以知道什么？

2. 女：你明天忙吗？晚上我想请你去我家吃饭。
   男：好啊，我让秘书把明天的日程安排调整一下，空出晚上的时间。
   女：如果你很忙的话，可以改天再去。
   男：没事，明天晚上下班我开车来接你!
   问：根据对话，我们可以知道什么？

二、1. E 2. J 3. F 4. G 5. I 6. B 7. D 8. A 9. H 10. C

三、1. 他陪伴我走过了那段最痛苦的日子。
2. 天真的孩子们在田野上自由自在地玩闹着。
3. 这是一家最新的科技产品体验店。
4. 那个调皮的孩子把妈妈的手机弄坏了。
5. 我从来没有体验过从这么高的地方往下跳的感觉。

四、1. A 2. B 3. B 4. A

实战练习（六十）

一、1. D 2. D

听力文本

1. 女：你昨天看球赛了没有？上海队五比零大胜对手，看得那叫一个痛快!
   男：别提了，昨天晚上我们公司加班，我根本没时间看。
   问：根据对话，我们可以知道什么？

2. 女：唉，我儿子的身体真是太差了，上午在学校又吐了。
   男：是吃坏肚子了吧，去看医生了没有？

女：中午带他去看了，是受凉了，大夫让他好好儿休息。

男：那等会儿你早点儿回家吧，这些文件我打出来就行了。

问：女的现在最可能在什么地方？

二、1. B 2. A 3. E 4. D 5. C 6. H 7. G 8. F 9. I 10. J

三、1. 你应该好好儿找一找成绩退步的原因。

2. 大风把路边的广告牌吹歪了。

3. 这块土地不适合种小麦。

4. 我们要把这种环保新技术大力推广出去。

5. 妈妈去超市买了两斤土豆。

四、1. B 2. B 3. A 4. A

实战练习（六十一）

一、1. B 2. C

听力文本

1. 女：你怎么能让咱妈一个人去旅游呢？她年纪那么大了，万一路上出点儿事怎么办？

男：她是和以前的同事一起去的，好多人呢，没事的。

问：女的主要是什么意思？

2. 女：我真受不了小王，没见过他这样的！

男：怎么了？

女：全公司的人都知道上班不许迟到，人家都能按时来上班，只有他总是违反公司的规定，说他还不听。

男：你别生气了，我找个时间和他谈谈。

问：根据对话，我们可以知道什么？

二、1. C 2. D 3. A 4. E 5. B 6. H 7. G 8. J 9. I 10. F

三、1. 他是一名出色的外交官。

2. 我外公对网络产生了很大的兴趣

3. 这把玩具枪适合十岁以上的儿童。

4. 她希望可以早日遇到属于自己的"白马王子"。

5. 大家围绕着这个主题进行了讨论。

四、　　他弯下腰，看着妻子手机上收到的儿子发来的短信，脸上露出了微笑。由于儿子工作很忙，常年往返于各个城市之间，已经有半年多没有回家了。短信上说，儿子这次是特意调整了假期，回来陪父母过几天。这个决定让父母高兴极了，他们期待着儿子的归来。

实战练习（六十二）

一、1. B 2. D

听力文本

1. 女：主任，去北京学习的事情，我想跟家人商量一下行吗？我女儿最近一段时间老是生病，我出去那么长时间，不知道她爸爸能不能照顾好她。

   男：小王，你可要考虑清楚啊，这是咱们公司唯一的一个名额，错过了这次机会，下次再去总公司学习可就不知道是什么时候了。

   问：男的主要是什么意思？

2. 女：爸，饭做好了，来吃饭吧！

   男：王东怎么不来吃饭？还在忙他的设计图？

   女：他这两天胃不太好，说晚饭不想吃了。

   男：胃不好，以后少喝些酒，就是需要陪客户也得先考虑自己的身体才行。

   问：王东为什么不吃饭？

二、1. D 2. E 3. B 4. A 5. C 6. H 7. F 8. J 9. G 10. I

三、1. 明明在文具店买了一些铅笔。

2. 她是个受不得一点儿委屈的人。

3. 在公共汽车上给老人让座是一种文明行为。

4. 她是学校里唯一的女体育老师。

5. 天气预报说未来一周将会有一场大雪。

四、1. A 2. A 3. A 4. B

实战练习（六十三）

一、1. D 2. D

听力文本

1. 女：李明，医生说你妈妈的情况已经稳定下来了，你昨天一夜没睡，现在回家休息一下吧，我今天值班，帮你看着就行了。

   男：你上班也挺忙的，我姐姐马上就来了，等她来了以后，我再回家。

   问：根据对话，我们可以知道什么？

2. 男：你准备好了没有？我们得出发了。

   女：马上就好，现在才七点二十，咱们开车三十分钟就到公司了。

   男：今天雾这么大，路上肯定得耽误时间，不早点儿出发我们就会迟到了。

   女：好，我们现在就出发。

   问：男的主要是什么意思？

二、1. C 2. B 3. E 4. A 5. D 6. G 7. A 8. I 9. H 10. F

三、1. 武术是奥运会的比赛项目之一。

2. 这种音乐可以让人的情绪很快就稳定下来。

3. 他在这次全国物理竞赛中得了二等奖。

4. 请勿在办公室内吸烟。

5. 他把女朋友的手放在嘴边吻了一下。

四、1. B 2. A 3. A 4. A

实战练习（六十四）

一、1. B 2. D

听力文本

1. 男：我昨天见到李红了，听她说你现在已经升为部门经理了？
   女：她跟你开玩笑瞎说呢，你也信？
   问：女的主要是什么意思？

2. 女：你觉得这件衣服怎么样？
   男：样子还可以，只是颜色太鲜艳了吧？
   女：我觉得还不错啊，这样显得人很年轻。
   男：我怕我妈不好意思穿。
   问：根据对话，我们可以知道什么？

二、1. C 2. D 3. B 4. A 5. E 6. J 7. H 8. I 9. G 10. F

三、1. 李明的女朋友是个戏剧演员。

2. 下载这个文件需要几分钟的时间。

3. 问题显然是出在王东的身上。

4. 大雾天气要注意行车安全。

5. 他这样做只是想向大家显示自己的能力。

四、1. A 2. B 3. A 4. B

实战练习（六十五）

一、1. C 2. D

听力文本

1. 男：你的这条项链是不是和李红的一样？挺好看的，我打算下个月我老婆生日的时候也给她买一条这样的。
   女：不一样，李红的那条五千八呢，比我的贵了一千二，还有一款也很漂亮，才三千四百块，你可以去看看。
   问：女的项链多少钱？

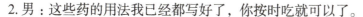

2. 男：这些药的用法我已经都写好了，你按时吃就可以了。
   女：只吃药就可以了？还有其他要注意的事情吗？
   男：你以后不要再吃凉的、刺激性的食物了，否则还会像上午那样难受。
   女：知道了，医生，谢谢您。
   问：女的上午怎么了？

二、1. C 2. E 3. A 4. D 5. B 6. H 7. I 8. F 9. J 10. G

三、1. 这种电脑操作系统要相对简单一些。
   2. 经理刚刚给了我一项新任务。
   3. 他打算把这条项链当作生日礼物送给女朋友。
   4. 这家饭店的面条儿与我妈妈做的味道很相似。
   5. 现在的形势相对来说还算是稳定的。

四、　　我劝你还是清醒一点儿、面对现实吧！你和她相处的这两年，大家都能看得出来，她显然是个喜欢追求物质生活、喜欢享受的女孩儿。和你在一起的时候，她只知道让你给她买东西，你们分手其实是件好事。

实战练习（六十六）

一、1. D 2. C

听力文本

1. 男：墙上的这幅画儿是谁挂的？好像有点儿斜了。
   女：是吗？我自己挂的，也没人帮我看着。
   问：男的主要是什么意思？

2. 男：那边出了什么事，怎么围了那么多人？
   女：唉，一个年纪轻轻的小伙子，个子又高，长得又帅，偏偏不学好，当小偷，被人抓住了。
   男：现在有些年轻人啊，总是想着不劳而获。
   女：是啊，他做了这样的事，家里人要是知道了，不知道会怎样伤心呢。
   问：女的主要是什么口气？

二、1. D 2. C 3. E 4. A 5. B 6. I 7. J 8. H 9. F 10. G

三、1. 这台老旧的机器影响了我们的工作效率。
   2. 商家就是抓住了消费者的心理才做的促销活动。
   3. 如何打开销售市场是我们面临的最大的问题。
   4. 有空儿的时候回家陪父母吃顿饭也是一种孝顺。
   5. 王东对象棋不感兴趣。

四、　　虽然分隔两地，但他们一直都在想念着彼此，享受着短信传情的甜蜜。情人节到了，男孩儿打算送给女友一条项链，他认为项链象征着他们的爱情。想象着女朋友收到礼物时开心的样子，他心里也感觉甜甜的。

实战练习（六十七）

一、1. B　2. B

听力文本

1. 男：这些都是李红包的饺子？都是什么形状啊？这能吃吗？
   女：她是第一次包，能包成这样已经不错了。
   问：根据对话，我们可以知道什么？

2. 女：今天不是星期一，怎么堵车堵得这么厉害？
   男：现在哪天不堵车啊，尤其是上班高峰。对了，现在几点了？
   女：七点五十，能来得及吗？
   男：幸亏我提前十分钟出发，如果还像昨天那样七点半才走，我们肯定会迟到的。
   问：他们今天几点从家里出来的？

二、1. C　2. A　3. E　4. B　5. D　6. G　7. J　8. H　9. F　10. I

三、1. 一个新的计划在他心里逐渐形成。
2. 我们要教孩子学会看交通信号灯。
3. 总裁很欣赏这个对工作充满热情的小伙子。
4. 你不觉得你的行为是错误的吗？
5. 这种手机的信号不太稳定。

四、　　他是个善良又孝顺的小伙子。他的母亲心脏不好，为了给母亲治病，他去了一家超市打工挣钱。有一次，在上班的时候，他不顾危险抓住了一个小偷，使超市避免了损失。老板非常欣赏他的勇气和工作态度，于是让他当了超市的负责人。

实战练习（六十八）

一、1. C　2. D

听力文本

1. 男：你告诉小王他们几个，这次发货得迅速点儿，上次大光公司都提意见了。
   女：我上午已经告诉小王了。
   问：大光公司提了什么意见？

2. 男：电视台那边你去联系了没有？
   女：昨天去了一趟，但他们的广告部主任不在，我下午再打电话和他们联系一下。
   男：公司对这次的产品宣传很重视，这件事你一定得办好。

女：我知道。

问：根据对话，我们可以知道什么？

二、1. D　2. E　3. B　4. C　5. A　6. H　7. G　8. J　9. F　10. I

三、1. 他最小的那个兄弟已经离家好几年了。

2. 这件事情还没正式向大家宣布。

3. 这样的好人好事我们要大力宣传。

4. 下学期我们就要去参加实习了。

5. 这些作文都是老师修改过的。

四、　　通过分析当前形势，他认为今后的房地产生意一定会很火。但他的兄弟却不赞同这个想法。可是他坚持自己的意见，立即行动起来。幸运的是，经过努力，他终于获得了成功。当他的形象一再出现在电视上的时候，他的兄弟也不得不承认他当初的眼光。

实战练习（六十九）

一、1. B　2. D

听力文本

1. 男：就送到这儿吧，我自己坐车去机场，你回去吧，公司里还有好多事呢。

女：好的，一路平安，到了给我打个电话。

问：男的要做什么？

2. 男：请问，以前每天晚上在你们这儿唱歌的那个小伙子去哪儿了？

女：你是说王东？他上个月就离开了，听说他们公司调他去北京工作了。

男：他不是你们酒吧的人？

女：不是，他和我们老板是朋友，很喜欢唱歌，他是业余时间出来唱着玩儿的。

问：女的主要是什么意思？

二、1. B　2. E　3. D　4. A　5. C　6. F　7. I　8. H　9. J　10. G

三、1. 这个结果让经理很不满意地摇了摇头。

2. 这种药的止痒效果特别好。

3. 他利用业余时间自学了一门外语。

4. 今天下午四点我们要进行业务学习。

5. 宴会将于晚上六点在新华饭店举行。

四、　　为了训练自己的口语能力，他经常利用休闲时间去跟外国朋友聊天儿。另外，每当遇到自己不会的问题时就虚心请教别人。除此之外，他还积极参加公司的一些宴会，在宴会上，他尽量用外语与外商交流。通过不懈的努力，他的语言表达能力得到了迅速提高。

实战练习（七十）

一、1. C 2. D

听力文本

1. 男：今天去参加同学聚会的感觉怎么样？
   女：见到老同学肯定很高兴，尤其是李红，以前听说她出国了，今天看到她我感到很意外。
   问：根据对话，我们可以知道什么？

2. 男：你们商量了半天，有结果了没有？打算去哪儿旅游？
   女：大家的意见不一致，到现在还没决定呢。
   男：一共就三天时间，太远的去不了，找个近点儿的地方去就行了。
   女：那总得是个大家都想去的地方啊。
   问：女的主要是什么意思？

二、1. E 2. A 3. B 4. F 5. C 6. H 7. D 8. J 9. G 10. I

三、1. 当地许多人都不满意这项移民政策。

2. 出现这样的意外太令人遗憾了。

3. 这次的意外事件引起了学校的高度重视。

4. 大家有什么疑问可以直接提出来。

5. 我不知道他们在议论什么事情。

四、1. A 2. B 3. A 4. A

实战练习（七十一）

一、1. A 2. C

听力文本

1. 女：你身上有硬币没有？等会儿车来了，要投硬币的。
   男：你不说我还真忘了，你在这儿等一会儿，我去那边的超市换一下。
   问：男的现在最可能在什么地方？

2. 男：你下班没有？
   女：还得半个小时，有什么事？
   男：今天饭店里的人很多，小王一个人忙不过来，我想让你来帮忙应付一下。
   女：要不打电话让张玲去吧，我最快也得到七点才能去。
   问：男的想让女的做什么？

二、1. B 2. D 3. C 4. A 5. E 6. F 7. H 8. G 9. J 10. I

三、1. 你现在再做这些事情没有任何意义。

2. 这条银项链是男朋友送给她的。

3. 爷爷经常给我讲战斗英雄的故事。

4. 这次意外带来了很多消极因素。

5. 这次演讲的意义非常重大。

四、　六十年前,老王和他的家人一致决定移民海外。从此,他们再也没有回过国。这成了他们全家人心中的遗憾。现在,他们全家非常怀念家乡的树林、小河以及那里的人。因而,今年夏天他和他的家人准备回国度过一段美好的时光。

实战练习(七十二)

一、1. C　2. B

听力文本

1. 男:你到底去不去报名学驾驶啊?你不去我可自己去了。

　女:我有点儿犹豫,你让我再想想。

　问:女的是什么意思?

2. 男:怎么样,你觉得经理知道这件事后生气了吗?

　女:我又没见他,怎么能知道他生不生气?

　男:他刚才在电话里的语气怎么样啊?

　女:听不出来。

　问:根据对话,我们可以知道什么?

二、1. B　2. D　3. E　4. A　5. C　6. F　7. J　8. G　9. I　10. H

三、1. 李明经常出入这些娱乐场所。

2. 我们要有勇气去面对一切困难。

3. 这家幼儿园的收费非常高。

4. 中国是个历史悠久的文明古国。

5. 我们打算用两天的时间游览黄山。

四、　这家工厂的原料主要由小王负责运输。可是,今年小王的运气不太好,一个月内已经连续发生了三起交通事故。更糟糕的是,因为这个原因,这家工厂决定暂停小王的工作。这下可把小王给急坏了。

实战练习(七十三)

一、1. C　2. C

听力文本

1. 男:你好,我想预订一个双人间。

　女:抱歉,现在只剩下单人间和三人间了。

　问:男的想预订什么样的房间?

2. 女：不知道怎么回事，我今天有点儿头晕，去医院检查也没什么事。

男：天气预报说下午有大雨，气压比较低，身体不好的人有可能会头晕。

问：根据对话，下面哪一项正确？

二、1. A 2. B 3. C 4. E 5. D 6. G 7. H 8. I 9. F 10. J

三、1. 天气预报说今天有大暴雨。

2. 我现在有点儿头晕。

3. 他的特长是演奏乐器。

4. 王东始终坚持自己的做事原则。

5. 我的愿望是成为一名艺术家。

四、1. A 2. A 3. B 4. A

实战练习（七十四）

一、1. B 2. A

听力文本

1. 女：王总，您看这个方案还需要修改吗？

男：想法非常有创意，我举双手赞成。

问：王总对这次计划的态度怎么样？

2. 女：小王怎么了？从经理室出来就一直坐在那儿，也不说话。

男：我估计他现在的心情应该很糟糕，经理没同意他去北京学习的要求。

女：不是说让小张去北京吗？

男：小张临时有事，去不了，所以小王想去，但经理派了李红去。

问：根据对话，我们可以知道什么？

二、1. B 2. F 3. A 4. D 5. E 6. C 7. G 8. I 9. J 10. H

三、1. 战争时期人们的生活很艰苦。

2. 我不赞成你现在买这么好的车。

3. 这则报道要马上发出去。

4. 王东摘了很多新鲜的红苹果。

5. 你这段话是从网上粘贴来的吧。

四、　　他以跑运输为生，以前他一直跟一家化工厂签订了运输化工原料的合同。可是今年他的运气实在很差，不仅车老出毛病，更糟糕的是，不知道什么原因，那家工厂终止了与他签订的那份合同，不再让他继续做了。

实战练习（七十五）

一、1. B 2. A

听力文本

1. 女：你刚才在做什么呢？手机一直占线。
   男：我问小王去公司了没有，想让他帮我把桌子上的文件复印一份交给经理。
   问：男的刚才在做什么？

2. 女：你昨天看新闻了没有？油价又要涨了。
   男：今年一年都涨三次了。
   女：是啊，我四月份买车的时候油价才六块多，可是过了七八个月，比那时候贵了两块多。
   男：唉，如果再涨的话，我只有骑自行车来上班了。
   问：根据对话，我们可以知道什么？

二、1. C 2. E 3. B 4. D 5. A 6. H 7. I 8. F 9. J 10. G

三、1. 我的银行帐户里已经没有钱了。
2. 这个女孩儿值得你一辈子珍惜。
3. 公司的权力都掌握在他的手里。
4. 她非常喜欢研究哲学。
5. 最近青菜的价格涨得很厉害。

四、 今天我校召开了中层以上领导的会议，会议主要针对书画展览的事情而展开讨论。最后会议决定，这个双休日照常上课；另外，从下周一起开始举行为期一周的青少年书画展。这次展览的内容主要以解放战争为主题，目的是想通过这次展览，让同学们多了解一下中国的历史。

实战练习（七十六）

一、1. C 2. C

听力文本

1. 女：你现在还在公司吧？我刚刚拿到了诊断书，妈妈没事。
   男：是吗？那太好了，你在医院等着，我马上过去。
   问：男的要到哪儿去？

2. 男：你现在感觉怎么样，头还晕吗？
   女：比在学校的时候好一些，你帮我拿个枕头过来，我现在躺着不舒服。
   男：不行的话，我给咱妈打电话，让她去接玲玲放学，我还是送你去医院吧。
   女：不用，我是因为这两天赶材料赶得太急了，休息一会儿就好了。
   问：女的怎么了？

二、1. C 2. D 3. B 4. A 5. E 6. F 7. J 8. G 9. I 10. H

三、1. 这项政策遭到了大多数人的反对。

2. 这个文具盒里只有一支铅笔。

3. 当地政府应该对这件事负全部责任。

4. 我争取下周一赶回来参加考试。

5. 今天下午的政治课调到了明天上午。

四、　　王东睡得正香的时候，床头的手机振动起来，可是他连眼睛都不想睁。但手机却一直在振动，最后实在没办法，他才不得不接电话。原来是弟弟打来的，因为拿不定主意报考哪所大学，所以想征求一下王东的意见。

实战练习（七十七）

一、1. C 2. D

听力文本

1. 女：找到经理给你签字了吗？

   男：签好了，你看，会计刚刚把支票都开给我了，我马上去取钱，下午好去北京出差。

   问：男的下午要去哪儿？

2. 男：你打算什么时候报考驾驶执照？

   女：过几天再去。

   男：既然打算报名了，你还等什么？

   女：这段时间单位比较忙，差不多半个月之后我才有时间去学。

   问：女的想什么时候去学驾驶？

二、1. C 2. A 3. E 4. D 5. B 6. G 7. F 8. J 9. H 10. I

三、1. 这个广告已经进入后期制作阶段。

2. 我要到这个月中旬才能回来。

3. 他至今才认识到自己的错误。

4. 李红是一个优秀的乐队指挥。

5. 陈东的作品中充满了智慧。

四、1. A 2. A 3. A 4. B

实战练习（七十八）

一、1. B 2. D

听力文本

1. 女：李经理什么时候过来签合同？

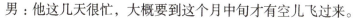

男：他这几天很忙，大概要到这个月中旬才有空儿飞过来。

问：李经理什么时候来？

2. 男：你听说了吗？刘主任的母亲住院了。

女：已经住了一个星期了，听说治疗效果不是太好。

男：要不，咱们下班后去看看吧。

女：明天去吧，和王东他们几个说好了明天下午去医院的。

问：女的主要是什么意思？

二、1. C　2. A　3. E　4. B　5. D　6. F　7. H　8. J　9. G　10. I

三、1. 她考虑问题非常周到。

2. 这些竹子制品都是我这次旅游时买回来的。

3. 王主任在向大家征求意见。

4. 这只黑色的小猪是谁家的？

5. 他正逐步加大自己的运动量。

四、　　元旦期间，一些志愿者放弃了在家休息的机会，他们纷纷走上街头，帮助交警们指挥交通。他们虽然脸冻得通红，却仍然始终面带微笑。在他们的帮助下，交通秩序逐渐变得越来越好。

实战练习（七十九）

一、1. C　2. B

听力文本

1. 女：你到底打算怎么办啊？让你去找王东帮忙你也不去。

男：你不要瞎操心了，我自有主张。

问：男的主要是什么意思？

2. 男：李红下午请假要去干什么？

女：好像要和男朋友一起登记注册去。

男：她才和那个小伙子谈了多久啊，最多半年吧？

女：那个男孩子要出国了，所以想抓紧时间把事情办了。

问：李红下午要做什么？

二、1. D　2. A　3. E　4. B　5. C　6. F　7. G　8. H

三、1. 我和王东昨天已经注册结婚了。

2. 她不希望自己醉酒的状态被别人看到。

3. 他被汽车撞伤了。

4. 他的包里只装了几件换洗衣服和一本书。

5. 注册新公司需要足够的资金。

四、　　根据病人现在的身体状况，专家诊断后得出结论，认为他的情况不太乐观。因此，他们准备建议其家人要抓紧时间进行治疗，不然的话，病情再发展下去，可能会有生命危险。

实战练习（八十）

一、1. D　2. D

听力文本

1. 女：你赞成小王当这个部门经理吗？
   男：我们组的人全都不赞成，他这个人太自私，有什么资格当领导？
   问：男的认为小王怎么样？

2. 男：你这是怎么写字的啊，老师没教你正确的拿笔姿势吗？
   女：教了，可是我觉得那样写的字不好看。
   男：我小时候也像你这样拿笔，被爷爷批评了好几次才改过来。
   女：可是我改不过来了。
   问：关于这段对话，下面哪一项正确？

二、1. A　2. D　3. C　4. B　5. G　6. E　7. F　8. H

三、1. 同学们都自愿参加这次义务劳动。
   2. 他总是追求完美。
   3. 这笔资金是公司用来给员工买保险的。
   4. 她非常喜欢穿紫色的衣服。
   5. 王东在银行咨询办理信用卡需要哪些手续。

四、　　自从上次比赛失败之后，她一直都在责备自己，认为是自己没发挥好才导致失败的结果。在父母和老师的鼓励下，她才慢慢找回自信。经过努力，她终于在这次比赛中获得了冠军。

实战练习（八十一）

一、1. A　2. D

听力文本

1. 男：王东昨天晚上回家还好吧？
   女：别提了，醉得什么都不知道，到家就上床睡觉了。
   问：关于王东，我们可以知道什么？

2. 男：小张，各部门参加义务劳动的人数统计得怎么样了？明天总共多少人去？
   女：下午大家才报上来，销售部有十五人参加，开发组十二人，办公室的人因为要布置会场，所以不能去。

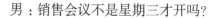

男：销售会议不是星期三才开吗？

女：提前一天，改到明天了。

问：根据对话，我们可以知道什么？

二、1. C　2. D　3. B　4. F　5. A　6. E　7. H　8. K　9. G　10. I　11. L　12. J

三、1. 她作为人民代表参加这次选举。

2. 这个公司的总裁只有四十岁。

3. 这场比赛一共有八组选手进入了决赛。

4. 家长不要阻止孩子参加有益的课外活动。

5. 总理在记者招待会上回答了所有的问题。

6. 如果你听不懂可以看字幕。

7. 我们学校总共有六十个老师。

8. 遵守交通秩序是每个人都应该做的。

四、1. A　2. A　3. A　4. A